근대 한국의
정치변동과 담론

이행의 구조적 특이성

근대 한국의
정치변동과 담론

이행의 구조적 특이성

인 쇄 | 2018년 2월 23일
발 행 | 2018년 2월 28일

지은이 | 김동택
발행인 | 부성옥
발행처 | 도서출판 오름
등록번호 | 제2-1548호 (1993. 5. 11)

주 소 | 서울특별시 중구 퇴계로 180-8 서일빌딩 4층
전 화 | (02) 585-9122, 9123 / 팩 스 | (02) 584-7952
E-mail | oruem9123@naver.com
ISBN   978-89-7778-483-3   93340

이 도서의 국립중앙도서관 출판예정도서목록(CIP)은 서지
정보유통지원시스템 홈페이지(http://seoji.nl.go.kr)와 국가
자료공동목록시스템(http://www.nl.go.kr/kolisnet)에서
이용하실 수 있습니다. (CIP제어번호: CIP2018006578)

근대 한국의
정치변동과 담론

이행의 구조적 특이성

김동택 지음

Political Transformation and Discourse of Modern Korea

Structural Uniqueness in Transition

Dongtaek Kim

ORUEM Publishing House
Seoul, Korea
2018

머리말

이 책은 개항 이후 근대 이행기에 한국이 어떤 역사적 경험을 해왔는가를 독자들에게 설명하고 있다. 현재 한국은 남한과 북한으로 분단되어 있고 각각 나름대로 주목받는 정치경제적 역할을 하고 있다. 그러나 한국은 현재와 같은 모습에 이르기까지 여러 차례의 우여곡절을 겪어야만 했는데, 이 책은 그 가운데서 개항 이후부터 식민지 직전까지의 역사를 다루고 있다.

19세기 말과 20세기 초 사이의 다른 여러 나라들과 비교하여 한국의 근대 이행이 유별난 것이라 할 수는 없다. 세계 대부분의 지역들과 나라들이 제국주의와 접촉하는 과정에서 상당한 고통을 경험했다. 한국의 경우 다른 나라들과 다른 점이 있다면 아마도 다음과 같은 점일 것이다.

한국은 중국이라는 커다란 나라 옆에 존재했던 까닭에, 근대 이전 시기에 중국의 영향을 크게 받았다. 중국의 세계관은 조선에 커다란 영향을 미쳤고, 조선의 지배층은 중국 중심의 세계관과 체제에 사로잡혀 있었다. 이런 조선의 지배층에게 서구의 침략은 세계관의 변화를 동반한 커다란 혼란을 가져다 주었다.

다음으로 한국은 유럽이나 미국이 아니라 같은 아시아, 그 가운데서도 역사적으로 오랫동안 무시해 왔던 일본의 식민 지배를 받았다는 점이다. 이는 한국인에게 상당한 상처를 주었다. 중국 중심의 조공체제에서 중국이 대국 즉, 사대(事大)를 해야 할 대상이었다면 일본은 교린(交隣), 즉 어르고 달래야 할 대상이었다. 오랫동안 그러한 관념에 물들어있던 조선인들에게 일본의 지배는 받아들이기 힘든 상처를 남겼다. 이로 인해 한국인들의 역사 서술은 이후 강력한 반일, 혹은 민족주의적 주장을 가지게 되었다. 오늘날에도 일상적인 생활과 제도에서 중국과 일본의 영향을 발견하기란 그리 어렵지 않다. 그러나 정치적 역사적 올바름이란 측면에서 볼 때, 특히 한국의 근대사 서술에서 일본에 대한 저항 의식, 민족주의 의식은 대단히 중요한 바탕을 이루고 있다.

근대 이행기에 관한 많은 연구들 속에서 이 책이 특별히 강조하고자 하는 것은 안팎으로 가해지는 변화의 압력에 한국인들은 어떻게 대응했고 그러한 것들이 어떠한 결과를 낳게 되었는지, 그리고 그것이 오늘날까지도 어떻게 영향을 미치고 있는지를 설명하는 데 있다. 이를 위해 역사적인 설명과 더불어, 사회과학자로서 구조적인 설명을 시도하였다.

한국의 근대가 특정한 방식으로 전개되는데 어떤 사회적·경제적·정치적 구조가 존재했는지, 그리고 그것이 결정적으로 어떤 역할을 했는지를 이해하고자 노력했다. 다음으로 당시 사람들이 자신들이 닥친 문제를 해결하기 위해 어떤 개념적 틀을 활용했는지, 그리고 그것을 표현하기 위해 서구의 다양한 개념들을 어떻게 수용하고 활용했는지를 이해하고자 했다. 즉 근대 이행기의 역사와 그 속에 나타난 개념을 통해 그 시대와 한국인들의 생각을 이해하고자 했다.

이러한 방식으로 이 책은 19세기 조선이 어떠한 현실에 직면하고 있었는지를 검토하고 이어서 당시 조선사회가 안팎의 도전에 대해 어떻게 대응하고자 했고, 그러한 노력들이 어떻게 해서 조선사회를 통합이 아닌 해체의 방향으로 몰아갔는지를 보여줄 것이다. 이를 통해 기존에 무기력하게 외세의 압력에 일방적으로 굴복했던 것으로 묘사되는 한국이 아니라 실제로는 매우 다양한 대응들이 있었다는 점. 그리고 조선의 식민화가 그러한 다양한 대응의 결과들이 외세의 압력과 더불어 상승작용을 일으키며 초래되었다는 점. 요약하면 식민화는 근대를 향한 움직임이 없었기 때문이 아니라 그것의 결과로서 초래되었다는 점을 밝히고자 할 것이다.

한국의 근대 역사를 살펴보면서 이 책은 특정한 이론적인 구조를 갖고 있다. 정치학자로서 필자는 역사학자들이 이루어놓은 성과들을 한편으로 활용하면서도 다른 한편으로 차별적인 서술이 되고자 노력했다. 그리하여 한국사회의 지배구조와 그것의 변화과정을 왕, 관료, 근대적 지식인, 농민이라는 주체의 상호 갈등과 연합이라는 집합행동을 통해 설명하고자 했다. 이러한 이론틀은 당시 한국사회의 변동을 역사적 사실로서가 아니라 체계적으로 이해하는 데 도움을 줄 것이다. 그런 점에서 이 책은 단순한 역사서가 아니며 오히려 한국 근대 정치를 특정한 구조 위에서 분석하는 사회과학적 접근을 채택하고 있다. 따라서 세부적인 사실이나 새로운 사실의 발견에 초점을 맞추기보다는 전체적인 구조의 변동, 그러한 구조변동에 기여하거나 혹은 영향을 미쳤던 생각의 흐름, 개념의 흐름에 주목하고자 했다.

또 이 책은 조선의 근대 이행기를 비교사적 관점에서 설명하고자 하였다. 이는 한국의 근대를 특권화하기보다는 모든 사회가 경험했던 근대로의 이행과정의 하나로 분석할 것이며 그럼으로써 한국이 세계 속에서 다른 여러 나라들과 어떤 공통점과 차이점을 갖고 있는지를 객관적으로 이해하려고 노력하였다. 사실 이러한 관점은 암묵적으로 한국사를 이해할 때 많은 연구자들이 취하고 있는 관점이기도 하다. 예를 들어, 조선을 막스 베버가 설명한 관료제 혹은 가산제로 설명한 다거나 혹은 봉건사회인지의 여부, 대한제국을 절대주의 국가와 비견 하는 것, 그리고 자본주의 맹아론이나 정체성론 모두 서구 역사와의 비교를 통해 제시한 것이라 할 수 있다. 하지만 조선과 근대 이행기를 다른 사회들의 그것과 본격적으로 비교하는 시도는 아직 발견하기 힘 들다. 이 책에서 다루어질 주제들은 가능한 다른 사회들의 그것과 비 교함으로써 한국 근대의 위상을 비교사적 관점에서 시도하고자 할 것 이다.

이 책의 순서를 간단히 소개하면 먼저 1장에서는 19세기 조선이 처했던 구조적 위기를 설명할 것이다. 먼저 조선이 속했던 특별한 국 제관계를 조공(朝貢)체제라는 측면에서 검토할 것이다. 중국을 중심으 로 동쪽에 위치했던 조선이 속해 있었던 세계질서가 어떻게 위기에 직면하게 되었는지를 조공체제와 서구의 근대국가간체제 혹은 국제질 서와의 충돌이라는 측면에서 검토하고 아시아에서 이러한 근대경험이 갖는 의미를 살펴볼 것이다. 이어서 조선이 내부적으로 어떠한 상황 에 처해 있었는지를 살펴볼 것이다. 이어서 이러한 와중에서 조선을 유지시키고 있었던 정치체제의 구조와 갈등을 설명할 것이다.

2장에서는 개항이 지배 구조에 어떤 영향을 미쳤는지, 그리고 그 결과 어떤 정치변동이 초래되었는지를 지배집단 내부의 움직임을 중 심으로 검토하고 이어서 지배집단과 피지배집단 사이의 갈등을 사회 정치적 운동을 통해 살펴볼 것이다. 이어서 3장에서는 청일전쟁이라 는 동아시아 내부의 패권변동과 그것이 초래한 조선의 정치변동을 국가와 다양한 사회정치세력들과의 연결을 중심으로 살펴볼 것이다. 그리고 4장에서는 당시 중요한 사회정치세력으로 간주되었던 독립협회와 독립신문이 어떤 근대국가를 구상하고 있었는지를 검토하여 개화세력을 둘러싼 논란에 대해 나름대로의 평가를 내릴 것이다.

5장에서는 일련의 정치변동의 결과로 성립된 대한제국을 다룬다. 대한제국에 대한 평가는 연구자들 사이에서 많은 논란을 일으키고 있는데 이에 대해 필자나름의 견해를 밝히고자 할 것이다. 그리고 6장에서는 당시 활발하게 나타났던 국가, 국민, 민족 담론을 통해 지배계급을 포함한 엘리트들이 대한제국의 미래를 어떻게 구상하고 있었는지를 검토하고 그 시대와 식민지 시기 그리고 오늘날과의 관련에 대해 설명할 것이다. 그리고 마지막으로 근대 한국인들이 어떤 방식으로 시대의 과제에 답했고, 그 한계는 무엇이었는지 오늘날 그것이 갖는 함의는 무엇인지에 대해 결론적으로 설명할 것이다.

한국의 학계에서는 이 시기의 여러 가지 문제를 둘러싸고 대단히 많은 논쟁이 벌어지고 있다. 식민지로 전락하게 된 원인, 각종 개혁의 성과와 의미, 고종의 역할, 대한제국의 성격 등등이 그러한 것들이다. 이러한 논쟁은 단순한 학문적 논쟁에 그치지 않고 현재 한국의 정치세력들 간에 이루어지는 현재적인 문제와도 연결되어 있다. 그러한 까닭에 이 시기를 이해하는 일은 현대 한국사회를 이해하는 데 대단히 중요한 문제이다.

이 책을 통해 한국의 근대를 충분히 설명했다고 하기는 불가능하다. 다만 이 책은 근대로의 이행이라는 세계사적 시작에서 한국의 궤적을 검토해보고, 그 속에서 의식의 흐름들을 개념사라는 관점에서 추적함으로써 현대 한국을 이해하는 데 기여하고자 할 목적에서 집필되었다. 이를 통해서 흔히 간과되고 있는 한국의 개항기, 근대 전환기에 대한 학문적 관심을 불러일으킬 수 있었으면 한다.

차 례

제 _1_ 장

도전

도전

1절 조공(朝貢)체제에서 제국주의체제로

1) 조공체제

아시아(Asia)의 어원은 그리스인들이 자신들의 동쪽에 있는 나라들을 가리킬 때 사용한 '아수(asu 즉 동쪽)'라는 아시리아어에서 유래되었다. 그리스인들은 이 단어를 오리엔트(orient 즉 동쪽)와 함께 자유롭고 민주적인 그리스와 자신들을 위협했던 동쪽의 전체주의적인 페르시아인들을 구별하기 위해 사용하였다. 이로써 오랫동안 아시아는 억압적이고 반문명적인 이미지를 갖게 되었다. 이런 이미지는 유럽이 이슬람과 대립하고 기독교 문명의 우월함을 강조하면서 되살아났다.[1] 이후 근대에 들어와서는 유럽이 다른 대륙을 정복하는 과정에서 이 관념은 유럽이 스스로를 세계의 중심과 보편적인 문명의 기준으로 강조하는 유럽중심주의를 창출하면서 더욱 강화되었다. 이 과정에서 아시아는 비유럽 문명을 대표하는 존재로 형상화되었다. 이처럼 오랜 역사를 통해 아시아는 유럽을 위해 규정된 지리적 범주로 규정되어 왔던 것이다.[2]

유럽이 규정한 아시아의 관념과 달리 아시아가 스스로를 규정했던 관념도 있다. 19세기 중반 이전, 중국은 스스로를 중심으로 세계를 설명했으며 이런 세계관은 독특한 아시아의 질서를 만들어왔다. 이 질서는 화이(華夷)라는 개념 혹은 세계관으로 설명된다. 지리적으로 중국은 문명의 중심인 중화이고 그 주변 지역은 중화 문명보다 열등한 지역으로 동서남북에 존재하는 오랑캐 즉, 사이(四夷)라는 이름으로 존재했다. 이 관념에 따르면 문명을 대표하는 중국이 다른 지역보다 우월하며 따라서 중국은 다른 지역들을 예로써 가르쳐야 하며 다른 지역들은 문명의 표본인 중국을 섬겨야 한다. 사대자소(事大字小)라는 이러한 관념이 제도화된 것이 바로 조공체제였다.

아시아 특히 동아시아가 서구의 본격적인 압력을 받기 이전에 조선은 바로 이 체제의 일부로 존재하고 있었다. 따라서 동아시아 질서 전체가 변화의 소용돌이에 빠져들게 되자 조선 또한 그것으로부터 자유로울 수 없었다. 한국의 근대 역사를 이해하기 위해서는 조선을 둘러싼 세계의 구조와 조선의 지배층들이 지니고 있었던 세계관을 이해하는 것이 무엇보다 중요하다.

때문에 이 책의 1장에서는 조선이 속했던 전통적인 세계질서의 본성이 무엇인지 그리고 조선은 자신이 속했던 체제를 어떠한 방식으로 규정했는지를 검토할 것이다. 그런 다음 19세기 이후 서양의 국가간 체제와 동아시아의 고유한 화이체제가 어떤 방식으로 마주쳤는지, 그리고 그러한 변화에 대해 조선의 지배층들이 어떻게 대응했는지를 검토할 것이다. 이어 이 무렵 조선이 겪고 있었던 내부적인 문제들을 살펴볼 것이다. 서구와의 충돌이 본격적으로 발생했던 시기에 조선은 내부적으로도 상당한 어려움에 봉착하고 있었다. 따라서 한국에서 근대로의 이행과정은 조선의 지배세력들과 조선 사람들이 안팎의 문제에 대응해 나갔던 과정이라고 볼 수 있다. 이 문제를 해결하는 복잡한 과정이야말로 한국의 근대가 진행되었던 과정이었다.

조공체제 혹은 중화질서라고 불리는 아시아의 독특한 체제는, 월러스틴의 말을 빌자면, 하나의 세계체제로서 하나의 정치적 중심과 다수의 경제 권역으로 이루어진 '제국'적 질서이다.³) 하나의 정치적 중심이라는 것은 형식적으로 최고의 권력이 정점에 있으며, 다른 권력들은 그것의 하위 권력으로 존재하는 방식으로 위계화되어 있으며 대조적으로 각각의 하위 단위들은 자립적인 경제적 실체를 유지해 왔다. 동아시아에 존재했던 이 위계적인 권력의 특징은 그것의 형식성이다. 실질적으로 중국과 주변 나라들의 정치는 서로 독립적이었다. 중국은 주변 나라들의 정치에 실질적으로 관여하지 않았고, 주변 나라들은 자기 나라의 내부 문제에 대해 중국으로부터 간섭을 받지 않았다. 대신 주변 나라들은 문명을 대표하는 중국에 대해 존경의 표시로 정기적으로 사절과 선물을 보냈고 중국은 그에 대한 보답으로 주변 나라들의 왕권을 존중하고 보답하는 선물을 보냈다. 이것이 바로 조공과 책봉체제이다.

전통적인 동아시아 질서를 거시적인 틀에서 설명하는 방식으로 크게 두 개의 입장이 있다. 하나는 동아시아체제의 핵심을 중국과 중국의 북서쪽에 존재했던 나라들과의 관계를 중심으로 설명하는 것이며 다른 하나는 중국과 중국의 동남쪽에 위치하고 있는 나라들과의 관계를 중심으로 설명하는 것이다.⁴)

중국과 서북방 유목민과의 관계를 동아시아체제의 핵심으로 보는 연구자들은 중국의 내륙 아시아권(Inner Asian Frontiers of China)이 전통적인 동아시아 세계를 이해하는 데 중요한 의미를 갖는다고 지적한다.5) 이들은 20세기 이전, 2000년 동안의 동아시아 역사에서 중국의 북방에서 흥기한 유목 제국들이 중국을 지배했던 기간이 거의 절반에 해당한다는 점에 주목한다. 이들 북방 제국들은 중국의 역사 절반을 지배해 왔는데 흉노, 요, 금, 원, 청나라는 모두 북방 유목 제국으로서 중원에 커다란 영향을 미쳤거나 중원을 지배했다. 따라서 북방 제국과의 관계를 제대로 이해하지 못 한다면, 중국의 역사는 물론 동아시아의 독특한 국제질서와 그것의 변화를 이해할 수 없다고 지적한다.

동아시아의 전통적인 국제질서였던 조공-책봉 관계도 그 기원이 한나라와 흉노 사이에 형성된 관계였다. 중국과 서북방 지역 간의 관계는 19세기 이전까지 어느 한쪽의 우위로 설명될 수 없는 반복적으로 되풀이되는 역사였다. 중원을 차지한 왕조는 어떤 경우든 서북방의 여러 나라들과의 관계를 안정시키기 위해 노력했으며, 이것이 바로 조공/책봉체제였다. 이렇게 파악된 조공-책봉 관계는 한족이 중국을 지배했을 때에도 결코 일방적인 것이 아니었다. 그것은 늘 견제와 균형을 통해 유지되다가 해체되고 다시 통합되는 역동적인 관계였다.

이와는 달리 중국과 중국의 동남쪽과의 관계를 동아시아를 이해하는 데 핵심적인 것이라 설명하는 입장이 있다. 중국과 중국의 동남쪽과의 관계는 한반도 북쪽의 고구려가 중국과 일시적으로 패권을 두고 갈등했던 시기를 제외하면 대체로 안정된 관계를 유지했다. 이 안정성은 중국이 우위를 차지하고 주변국들이 하위에 배치되는 위계적인 질서에 의해 유지되었다. 일본학자 니시지마 사다오(西嶋定生)는 이렇게 위계화 된 동아시아 국제질서를 '동아시아 세계'로 규정한다.6) 이 체제는 한자 문화권에 속한 것으로 페어뱅크(John K. Fairbank)가 중화권(Sinic Zone)이라고 부르는 영역에 속해 있다. 니시지마는 이 체제가 전형적으로 나타났던 시기가 명나라 이후였다고 주장한다. 이 체제는 주변국들이 중국에 대한 종주권을 인정하는 대신 중국은 주변국들의 정치적 자율성을 보장해주고, 정기적인 사절의 교환으로 그 관계를 유지해 왔다.

중국과 주변국들의 세력 관계에 대한 서로 다른 해석에도 불구하고, 이 두 입장들이 갖는 공통점은 이 지역의 질서는 중국과 그 주변과의 관계에 의해 이루어진다는 것이다. 즉 동아시아의 질서는 서북방 세력과 중국이 대등한 힘으로 서로 갈등하던 관계이든 아니면 동남방 세력과 중국이 위계적인 관계이든, 그 자체가 중국을 중심으로 설명되는 하나의 세계질서였다. 이렇게 보면 한반도에 존재했던 나라들의 역사에 국한시켜 동아시아 질서를 설명하는 데 흔히 사용되는 해석은 니시지마의 것이다. 특히 명나라 이후, 조선과 중국의 관계를 설명할 때, 이 해석은 상당한 설득력을 갖고 있다. 명의 건국과 비슷한 시기에 건국했던 조선은 명을 종주국으로 간주하고 명나라에 정기적인 외교사절(연행사)을 파견했다. 조선의 조공은 명이 몰락하고 청이 그 자리를 대신한 이후에도 계속해서 유지되어 왔다.

명나라는 이러한 체제를 법제화시켰는데 대명회전(大明會典)은 조공국, 조공 횟수, 조공 절차 및 규정을 명문화시키고 있다. 이렇게 명문화된 조공 질서는 이후 이 지역에서 500년간 유지되었다. 명나라가 이러한 질서를 설명하기 위해 사용한 개념은 사대자소(事大字小)이다. 사대자소는 기본적으로 하늘의 이치에 즉 천리(天理)에 입각한 질서로서, 서구의 자연법에 가까운 것이다. 이 개념에 따르면 큰 나라인 천자의 나라인 중국은 제국으로서 하늘의 이치 곧 천하의 질서를 즐기며, 변경의 국(제후국)들은 이러한 하늘의 이치를 두려워함으로써 나라를 보존한다. 중국과 주변의 나라들이 모두 이러한 이념에 동의하고 이러한 이념이 규정한 질서를 예(禮)로서 따르는 것이 바로 이 지역의 독특한 질서를 설명하는 개념이었다.[7] 조선은 사대자소의 질서에서 제국의 하위인 국(國)에 속하면서 명과 청에 대해서는 사대를 하고 동등하거나 혹은 하위에 있다고 간주했던 일본에 대해서는 교린의 관계를 유지하고 있었다.

조선은 명나라가 규정한 규칙에 따라 매년 3회(설날과 황제의 생일, 태자의 생일)에 걸쳐 연행사절을 보냈고 나중에는 동지사(冬至使)라는 사절단이 새로 만들어졌다. 또 특별히 축하를 하거나 방문할 이유가 있는 경우에는 특별 사절단을 파견하였다. 정기적인 연행은 1881년에 비로소 중단되었다. 중국에 파견된 사절단은 공식적인 사절 이외에 다른 많은 역할을 수행했다. 많은 상인들은 연행사를 따라서 중국과 무역을 했고 그것을 통해 많은 이익을 얻을 수 있었다. 또한 많은 조선의 지식인들은 중국의 새로운 문물을 접하기 위해 사신을 따라 나섰다. 조선이 파견한 사절단과 조선의 지식인들은 중국 여러 지역을 자유롭게 돌아다니면서 필요한 문물, 서적, 과학적 발명품, 기계, 그리고 나중에는 서양에서 전래된 다양한 문물들을 조선으로 가져왔다. 중국도 조선의 사절단에 대한 답례형식으로 사절단을 파견하였다. 이러한 방식으로 중국과 조선의 관계는 유지되었다.

정기적인 사절 활동을 중심으로 한 조공/책봉체제하에서 중국과 조선은 각 나라의 내정에 대해 논의하거나 간섭하지 않는 것이 원칙이었다. 비록 조선의 왕이 즉위과정에서 중국의 허락을 받는 절차를 거쳤다고 해도, 이는 중국의 선택이 아니라 조선의 선택에 의한 것이었으며, 중국은 조선의 선택을 인정하는 형식으로 두 나라의 관계는 유지되었다. 흥미로운 점은 두 나라의 사절단이 행위에서 나타난 차이이다. 사절로 파견된 외교관들의 행동반경은 중국과 조선이 서로 달랐다. 조선의 사신들은 북경뿐만 아니라 원하는 곳이면 대부분 갈

수가 있었다. 때문에 조선의 사절단과 지식인들은 주요한 문물과 정보를 필요에 따라 얼마든지 가져올 수 있었다. 그러나 중국의 사신들은 모화관이라는 공식적인 사절단 숙소에 머물러야 했고 허락받지 않은 인사들과의 교류는 금지되었다.

또한 조선은 중국에 대한 조공의 의무와 상충되지 않는 한, 다른 어느 나라와도 자주적인 관계를 유지하였다. 조선에 대한 중국의 우위는 동아시아의 제국질서 즉, 중화질서의 특징인 예치에 의해 유지될 수 있었다. 중국은 문명의 중심이며, 도덕과 질서의 중심이었다. 그것은 오늘날과 같은 국가 간의 관계이기 이전에 인간이라면 지켜야 할 질서이자 도덕이었다. 천하의 중심인 중국이 그것의 대표자였고 조선은 그것이 유지되는 한 중국을 대국으로 섬겼던 것이다. 만약 중국이 더 이상 예의 중심이 아닌 상황이 발생할 경우, 그러한 상황은 양국관계에 심각한 영향을 미쳤다. 청과 조선의 관계가 그러했다. 예치의 전형이라고 할 수 있는 명이 오랑캐로 간주된 청에 의해 붕괴되고, 청이 중국을 지배하게 되자 조선의 지배세력들은 청에 대해 격렬하게 반발했다. 심지어 몰락하는 명과 흥기하는 청 사이에서 중립을 지키고자 했던 광해군이 예치에 따르지 않는다고 폐위되는 사태가 발생할 정도였다. 청의 존재를 인정하지 않는 조선을 응징하기 위해 청이 조선을 침략하고 굴복시켰으나, 이후에도 오랫동안 조선의 지배세력들은 명나라를 회복(예치의 복원)시킨다는 의미에서 북벌이라는 구호를 지배이데올로기로 활용하였다. 즉 현실적으로는 힘의 우위를 받아들일 수밖에 없어서 청을 종주국으로 인정하고 조공을 바쳤으나 이념적으로는 청을 오랑캐로 규정하고 이미 멸망한 명을 중화체제의 전형으로 따르면서 스스로를 소중화(작은 중화)로 자부하였던 것이다. 사대자소의 원리에 입각하여 스스로 사대를 선택했던 조선의 정치적 자율성은 그런 정도로 컸다고 볼 수 있다.

조선과 일본의 관계는 그와는 좀 달랐다. 조선시대에는 일본과의 관계는 교린(交隣)이라는 유교적 원리에 의해 지배되었다. 일본이 명나라로부터 책봉을 받게 되면서 비로소 조선은 일본과 교린 관계를 맺게 되었다. 조선의 사절단은 통신사라는 이름으로 일본에 파견되었으며, 일련의 서류와 선물 등을 주고받았다. 두 나라 관계는 비교적 평등한 편이었으나, 조선은 일본에 대해 보다 우월한 문화적 위치에서 문물을 전수하는 것으로 스스로의 역할을 규정했다. 중국과의 교류를 통해 필요한 것들을 거의 충족시킬 수 있었던 조선은 일본과는 의례적인 교류외의 다른 필요성을 느끼지 못했다.

그러나 조선과는 달리 일본은 정기적인 사절단의 파견으로 만족하지 못했다. 중국과의 직접적인 교류도 중요했지만, 조선을 통한 간접적인 문물의 수입과 교역의 활성화를 기대했던 일본은 보다 적극적인 교역을 원했다. 이를 위해 다이묘들이 지배했던 일본은 마치 중국이 특정한 지역을 설치하여 외국인들과의 무역을 허락했듯이, 대마도를 대표로 내세우는 간접적인 방식을 통해 보다 적극적으로 조선과의 교류를 추구했다. 이에 대응하여 조선 정부는 동래 근처에 왜관(일본인이 머물도록 제한된 지역)을 설치하고 그것을 통해 일본과의 교역을 통제했다. 일본이 조선을 침략한 임진왜란 이후 양국은 형식적으로는 관계를 끊었으나 곧 실질적인 교류가 재개되었다. 1609년 이후 관계가 점진적으로 회복되었고 그 관계는 1870년까지 유지되었다. 임진왜란 이전에는 무역선이 년 50척 정도 할당되었으나 임진왜란 이후 보통 21척의 배가 무역을 하도록 할당되었다. 조선의 입장에서 볼 때, 일본은 상대적으로 열등한 나라였으며, 특히 임진왜란이라는 전쟁 이후에는 멀리해야할 상대로 인식되었다.

따라서 19세기 후반 일본이 근대화로 무장하고 전함을 보내 조선의 항구를 개방하려 했을 때 조선 정부의 태도는 양면적이었다. 전통적인 양반 유학자들은 서구의 문물을 받아들인 일본은 서양 오랑캐들과 같은 것이며 따라서 개항을 하지 말아야 한다고 강력하게 주장했다. 이에 대해 조선 정부는 비록 서양의 영향을 받기는 했으나 일본은 과거부터 오랫동안 교린관계를 맺고 있었던 나라로서, 전통적인 관계를 복원한다는 논리를 내세워 개항에 따른 내부의 반발을 무마하고자 했다. 개항 이후에는 일본에 대한 태도가 급속하게 달라졌다. 오랜 양국 관계에서 늘 조선보다 못한 존재로 여겼던 일본이 근대화된 무력으로 조선을 압박하는 것에 대해서 커다란 거부감을 갖고 있었지만, 개화에 성공한 일본은 조선을 개화시키려는 열정에 불탔던 개화 사상가들에게 관심의 대상이 될 수밖에 없었다.

지금까지 조선에서 근대 이행 과정에서 전개되었던 다양한 시도들과 그것들이 미친 영향을 이해하기 위해 19세기 이전의 동아시아가 유지하고 있었던 질서를 검토하였다. 이하에서는 서구 중심의 세계질서의 특성과 그 질서가 동아시아에 미친 영향, 그리고 조선이 어떠한 과정을 통해 이 질서에 편입되게 되었는가를 설명할 것이다. 이를 통해 19세기 한국에서 전개되었던 근대로의 이행이 왜 그러한 방식으로 진행되었는가를 이해할 수 있을 것이다.

2) 근대 세계체제로의 편입

동아시아의 독특한 국제질서는 19세기 중반 이후 급격한 변화를 겪게 된다. 그 이전까지만 해도 동아시아는 다른 지역들과 평등하거나 혹은 우월한 지위에서 관계를 맺어왔다. 두 대륙 사이의 교류는 멀리 한나라와 로마제국 시대까지로 올라간다. 그때부터 동아시아와 유럽은 간헐적이나마 지속적인 교류를 해왔다. 두 대륙은 대륙을 가로지르는 실크로드의 긴 여정을 따라 펼쳐지는 원거리 무역을 꾸준히 유지해 왔다. 두 대륙 사이의 관계는 늘 평화롭지만은 않았다. 370년 경 유럽 남동부를 침략했었던 이후 140여 년간 유럽에 지속적인 영향을 미친 훈족이 아시아에서 건너간 흉노족이라는 주장도 있으며, 이들의 영향으로 게르만족들이 4세기경부터 서쪽으로 이주하게 됨으로써 로마제국의 붕괴와 중세의 시작을 가져왔다고 한다. 결국 아시아로부터 시작된 일련의 연쇄적인 이동이 유럽의 역사에 영향을 미쳤던 셈이다.

이후 이슬람 세력이 팽창하면서 아시아와 이슬람 간의 갈등과 교류가 진행되었다. 무함마드 사후에 이슬람은 칼리프가 지배하는 신정체제를 구축하였고 세력을 확장하여 7세기 중반에는 아프리카 북부와 중동으로, 8세기 초반에는 유럽의 이베리아 반도로, 그리고 8세기 중반 중앙아시아로 진출하였다. 이후 이슬람 세력은 유럽과 십자군전쟁과 같은 갈등을 겪으면서도 다른 한편으로는 아시아와 유럽을 연결하는 중계무역으로 커다란 부를 축적하면서 아시아의 문물을 유럽에 전파하는 역할을 담당하였다. 이러한 문명 교류를 통해 종이, 나침반, 화약, 인쇄술 등이 중앙아시아, 중동을 거쳐 유럽으로 전해졌으며, 이것은 유럽에서 전쟁 기술의 변화, 르네상스, 지리상의 발견에 중요한 역할을 했다.

동아시아 세력이 유라시아의 다른 여러 세력들과 직접적으로 충돌했던 것은 13세기 몽골제국의 팽창 때문이었다. 몽골제국은 동쪽으로는 한반도로부터 서쪽으로는 중동 및 북아프리카지역, 그리고 러시아를 거쳐 중부 유럽까지 이르는 광대한 지역을 정복하였다. 비록 오래 지속되지는 못했지만, 몽골제국은 정치적으로뿐만 아니라 경제적 그리고 문화적으로 아시아와 유럽의 문명교류에서 대단히 중요한 역할을 수행했다.[8] 13세기 몽골의 유럽 침공으로 인한 일시적인 정치 군사적 충돌을 제외하면, 15세기 이전까지 유럽과 아시아의 관계는 몽골이 건설한 대륙을 횡단하는 무역 네트워크로 이루어졌다. 이 무역 네트워크에서 주요한 상품 공급자는 주로 아시아였다. 중국의 비단, 차, 도자기, 귀금속 등은 주요한 수출품이었다. 유럽의 상인들은 아시아의 물건들을 직접 수입하거나 이슬람 상인들을 통해 수입하여 많은 이익을 얻을 수 있었다. 당시 유럽과의 교역은 동아시아 질서에 별다른 영향을 미치지 못했으며, 아시아 제국체제에서 이루어지는 수많은 무역 네트워크 가운데 하나였을 뿐이었다.

15세기 이후 몽골의 원을 대신해 들어선 한족의 국가인 명은 건국 초기에 정화(鄭和)를 중심으로 대규모의 선단을 해외로 파견하였다. 정화의 선단은 동남아, 인도양, 중동을 거쳐 멀리 아프리카까지 항해를 하였는데 이는 명의 조공체제를 근간으로 시도되었으며, 이후 해당 지역에 상당한 영향을 미쳤다. 하지만 정화의 원정으로 만들어진 조공체제는 명나라 내부의 복잡한 정치적 상황으로 인해 오래 지속되지 못했으며 공식적인 해로 무역은 금지되었고 주로 명의 동남쪽 즉 베트남, 조선, 일본, 오키나와를 중심으로 조공체제가 유지되었다.[9]

정화의 원정 이후 유럽과 아시아의 무역은 유럽인들에 의해 확대되었다. 이른바 지리상의 발견이 이루어지면서, 유럽은 대서양에 접한 아프리카 서쪽해안을 따라 희망봉을 거쳐 아프리카 동쪽 해안을 올라가 인도양으로 진출하는 항로를 개척했고, 인도양을 중심으로 인도와 동남아 그리고 중국의 광동을 연결하는 중개무역에 종사하게 되었다. 유럽인들에 의해 만들어진 유럽과 아시아를 연결하는 무역 네트워크는 이 지역에 오랫동안 존재해왔던 다양한 무역 네트워크와 결합되었다.

좀 더 넓은 범주의 아시아에서는 대륙과 해양에 걸쳐 중국과 연결된 다양한 공식적 비공식적 네트워크와 인도가 중심이 된 지역 네트워크, 보다 넓게는 아랍 문명권 그리고 서구와 연결된 무역 네트워크가 동시에 존재하고 있었고[10] 동아시아의 조공체제[11]는 그 한 축을 차지하고 있었다. 이 광범위한 네트워크는 본격적인 서구의 우위가 시작된 19세기 초반까지 활발하게 작동하고 있었으며, 당시의 상황에서는 서구의 위상은 미약한 존재에 불과했다.[12]

16세기 이후 동아시아에서 전개된 이 해양 무역 네트워크는 동아시아의 지역적 차이를 반영하면서, 매우 다양한 형태로 발전하였다. 정치적으로 전통적인 정치체제가 발전하지 못했던 혹은 혼란 상태에 있었던 일부 지역은 유럽의 영향권 혹은 식민지가 되었고, 전통적인 정치체제가 강력한 영향력을 행사하고 있었던 일부 지역은 유럽 상인들이 현지 무역망의 하위 파트너로 편입되어 활동하고 있었다.

중국은 유럽과의 교역을 중국의 조공 무역, 즉 주변의 오랑캐와 교류하는 형식의 하나로 간주하였다. 그리하여 주로 광동을 중심으로 일부 제한된 지역을 개방하여 무역을 담당하게 했다. 유럽세력들이 내륙진출을 요구하자 전통적인 조공의례 즉, 황제에게 머리를 9번 조아리도록 했다. 이러한 상황 속에서 서구 여러 나라들은 중국의 요구를 받아들이거나 아니면 그저 경제적 이해를 만족시키는 무역 파트너로 머물러야 했다. 최소한 19세기 초반까지, 형식적으로 평등한 주권국가들로 이루어진 국제체제라는 근대 국가간체제(inter-state system)를 만들어 나갔던 유럽인들로서도 이러한 상황은 어쩔 수가 없는 것이었다.

하지만 19세기 초반 이후 청의 힘이 약해지고 상대적으로 유럽의 힘이 강해지자 이러한 관계는 변화하게 되었다. 유럽의 여러 나라들은 아편전쟁을 계기로 힘의 우위에 입각하여 중국과 불평등조약을 맺게 되었다. 그리하여 동아시아 지역을 오랫동안 지배해왔던 질서, 즉 조공체제는 붕괴하기 시작했으며, 동아시아인들에게는 전혀 낯선, 새로운 국제질서가 도입되었다. 대략 1840년을 전후로 동아시아에서 패권은 중국에서 유럽으로 서서히 넘어갔다. 오늘날 우리가 아시아라고 부르는 지역이 '아시아'로 불리게 된 것은, 서구의 패권이 확실해지면서 서구 중심적 개념이 우세하게 되었던 사정을 반영한 것이다.

동아시아의 조공체제가 확립되었던 14세기 무렵 유럽에서는 과거와 다른 새로운 질서가 만들어지고 있었다. 봉건체제가 서서히 붕괴하고 자본주의 세계경제가 점차 형성되어가고 있었다. 정치적으로는 다양한 분권화된 제후국들로 이루어진 제국체제에서 주권을 가진 정치체제들이 국가라는 이름을 내걸고 등장하게 되었다. 그리고 이 국가들은, 서로가 형식적으로는 나라의 크기에 상관없이 평등한 것으로 간주되는 '주권'이라는 이름으로 정당화되었다. 이렇게 만들어진 체계가 바로 국제체제, 즉 실질적으로는 힘의 우위에 입각한 현실 정치, 약육강식이 지배하는 체제이지만 형식적으로 평등한 주권 국가들 간의 조약으로 이루어진 것이 국제체제 혹은 국가간체제이다.

현재까지 역사학의 주류는 유럽에서 발생한 자본주의가 점차 팽창하여 나머지 세계를 지배하고 자본주의를 이식했으며, 독자적으로 이러한 발전을 성취한 유럽의 기적에는 유럽의 내적인 역동성이 존재한다고 주장한다.[13] 이러한 견해에 따르면 근대 역사는 자생적인 자본주의적 발전을 만든 유럽과 그렇지 못한 나머지 세계로 대비되고, 유럽은 비유럽을 문명화시켰다. 하지만 최근 이에 대한 비판적인 견해는 19세기 초반에 유럽의 우위가 확실해지기 전까지 세계적으로 우위를 점하고 있었던 지역은 아시아였다고 주장한다. 단적인 예로 지리상의 발견 이후 1500년~1800년까지 전 세계적으로 생산된 은의 50% 이상이 아시아로 흘러들어왔고 이는 중국 상품의 압도적 우위에 입각한 세계 무역을 보여준다고 지적되고 있다.[14]

근대 무역 네트워크는 남아메리카 은광에서 생산된 은이 유럽을 거쳐 중국의 비단, 차, 도자기 등의 구입을 위해 사용되는 방식으로 이뤄졌다. 또 영국의 강제적인 억압이 아니었다면 세계시장에서 인도의 면 산업은 충분한 비교 우위를 누릴 수 있었다고 주장된다. 유럽과 아시아의 무역에서 유럽의 우위는 1820년이 되어서야 어느 정도 분명해졌다.15) 이 학자들에 따르면 서구의 패권이 압도적이었던 기간은 기껏해야 19세기 중반에서 20세기에 걸쳐 있는 상대적으로 단기적인 시기였을 뿐이다. 여기서 주목해야 할 것은 다양하게 존재했던 아시아의 네트워크들과 그 가운데서 차지하는 조선의 위치이다.16)

당시 조선은 이 네트워크들 가운데서 하나 혹은 둘 정도의 네트워크에 속해 있었을 뿐이었다. 하지만 바로 그 제한된 네트워크는 조선에게는 세계 자체를 의미했다. 조선이 그토록 고집했던 세계, 중화체제는 보다 넓은 시야에서 보면 그저 하나의 부분이었을 뿐이었다. 조선에게는 세계 전체가 붕괴된 것처럼 받아들였던 역사적 현실은 실제로는 기존 네트워크의 일부가 붕괴된 것에 불과했다는 점을 주목할 필요가 있다. 왜냐하면 이러한 상황이야말로 조선의 지배세력들이 근대로의 이행을 추구하는 데 있어 다양한 선택을 심각하게 제약하는 요소로 작용했기 때문이다. 아마도 조선은 이 지역에서 전통적인 중화질서를 체화하고 있었던 유일한 나라, 그만큼 고립이 심했던 나라였기 때문에 변화에 따른 충격은 그만큼 강했고 이에 대한 새로운 선택을 하는 데 상당한 고통이 따를 수밖에 없었다. 일본의 경우 오랜 기간 동남아 무역 네트워크의 일부를 이루고 있었기 때문에 상대적으로 서구의 충격도 약했으며 그에 대한 해결을 모색하는 과정에서도 다양한 선택을 생각할 수 있었다.

19세기 이후 유럽이 강요했던 국제질서, 제국주의질서는 동아시아 여러 나라들에게는 이질적인 것이었고 동아시아 여러 나라들은 기존 체제의 붕괴와 새로운 체제에의 적응이라는 공통의 어려움에 봉착하게 되었다. 하지만 조선의 경우는 기존 천하체제는 스스로의 존재를 정당화할 수 있는 유일한 체제였기 때문에 기존 체제의 붕괴에 따른 위기감은 다른 어느 나라들 보다 컸다고 할 수 있다. 그리고 그것은 내부적인 혼란과 결합되어 심각한 위기를 만들어냈다.

3) 조선의 고립

19세기 중반 조선이 서구 나라들과 자주 대면하기 시작하면서 얻었던 이름이 은자의 나라(Korea the Hermit nation)이다. 조선이 이러한 이름으로 불리게 된 배경에는 조선 내부의 정치적 상황과 외부에서 조선을 보는 이미지가 결합되어 있었다. 한국에 대해 최초로 언급한 인물은 기욤 드 루브룩(Guillaume de Rubrouck)이었다. 그는 1254년 몽골의 4차 고려 침입 이후, 몽골에 끌려온 고려인 포로들을 만났으며 이들의 이야기를 자신의 저서인 『몽골제국 여행기』에 적고 있다. 그는 롱가(아마도 만주인, 혹은 여진인으로 추측됨)와 솔랑가(무지개를 뜻하는 말로 고려를 의미함)의 외교사절을 만났다는 언급을 하고 있다.

한국에 대한 두 번째의 언급은 중국의 화폐와 문자를 소개하면서 카올(Caule)이라고 소개되는데, 카올은 고려의 중국식 발음으로 추측된다. 17세기까지 한국은 반도가 아니라 섬으로 묘사되고 있는데, 루브룩의 저서에도 한국은 '중국 국경의 동쪽에 산과 숲에 숨어사는 은둔자들', '섬에 사는 사람들', '위구르를 넘어서면 탕구르가 있고 그다음에 티베트가 있으며, 티베트를 넘어가면 롱가와 솔랑가가 있다'는 식으로 설명되고 있다. 그의 저작에서 한국의 위치는 지리적으로 험준한 산악과 바다로 둘러싸여 접근이 힘든 나라, 고립된 나라로 묘사되고 있다.[17]

한국에 대한 보다 체계적인 설명은 1653년 제주도에 표류했다가

13년 동안 억류되어 있었던 네덜란드 사람 하멜(H. Hamel)이 1666년 일본으로 탈출한 다음 집필한 『제주도 난파기』와 『조선왕국기』에서 나타난다. 그는 1653년 바타비아에서 동인도회사 소속 스패로호트의 화물관리인으로 배가 일본으로 항해하던 중 풍랑을 만나 표류하다가 제주도에 도착했다. 이 과정에서 선장을 포함한 스물여덟 명이 사망했고 나머지 승무원들은 조선의 포로가 되었다. 당시의 상황에 대해 제주목사 이진원은 한양에 다음과 같은 보고서를 올린다.

> 푸른 눈에 높은 코, 금빛 머리에 짧은 수염을 하고 있는데, 수염을 자르거나 기른 자도 있다. 상의는 길어 넓적다리까지 내려오고 옷의 앞부분과 두 팔, 소매에는 모두 단추가 있다.[18]

이들은 한양으로 호송되어 좋은 대접을 받았지만, 엄중한 감시를 받았다. 그 뒤 1655년 청나라의 사신과 접촉하여 탈출을 계획하다가 많은 사람들이 사형에 처해지고 나머지는 남부로 추방되었다. 1659년과 1663년 사이에 열한 명이 질병과 영양실조로 사망했으며 나머지 스물두 명의 생존자들은 세 집단으로 격리되었다. 1666년 9월 하멜을 포함한 아홉 명이 탈출을 시도하여 가까스로 일본으로 건너가게 되었다. 하멜의 표류기는 출판되어 상당한 상업적 성공을 거두었는데, 그 때문에 출판사가 대중의 인기에 부응하고자 표류기와 연관이 없는 아시아의 이미지를 그린 판화를 게재했으며, 하멜이 쓰지도 않은 내용을 덧붙이기도 했다. 하멜의 표류기가 판을 거듭할수록 달라지는 내용을 보면 표류기 자체가 유럽인들의 한국에 대한 이미지가 어떠한지 그리고 그 이미지가 어떻게 바뀌어 갔는지를 알 수 있다.

하멜이 집필한 표류기는 당시 유럽인들이 조선을 섬이라 생각하고 있었고, 중국과 조선이 험준한 산과 강으로 접근하기 힘들다는 관념,

혹독한 추위와 맹수들 등에 대해 언급하고 있다. 이를 통해 당시 유럽인들이 조선을 자연적이고 지리적인 측면에서 폐쇄적이고 숨어있는 나라라는 이미지를 갖고 있음을 알 수 있다. 아울러 자신들을 붙들어 두고 돌려보내려 하지 않고 외국인들과의 접촉을 막는 조선의 행동을 통해 조선 자체가 외부에 스스로를 알리기 싫어한다는 점도 지적하고 있다. 하멜의 표류기는 당시 서양인들의 조선에 대해 갖고 있던 일반적인 이미지를 드러내 주고 있다. 즉 야만이 지배하면서도 독특한 교육열과 유교 문명의 영향을 강하게 받고 있는 상반된 이미지를 보여주고 있다.

하멜이 표류했던 때와 비슷한 시기에 예수회 선교사들은 중국에서 활발하게 활동하고 있었다. 이들이 수행했던 중요한 일 가운데 하나는 아시아 지역의 지도를 제작했던 것이다. 1655년 조선의 지도를 제작한 예수회 선교사는 마르티노 마르티니(Martino Martini) 신부였다. 그의 지도가 실려 있는 『중국 대지도(*Atlas Sinesis*)』는 암스텔담에서 라틴어로 출판된 다음 같은 해에 프랑스어로 출판되었다. 마르티니는 지도에 첨부한 주석에서 '코리아Corea 반도 혹은 조선'을 다음과 같이 묘사한다.

> 유럽인들은 코리아가 섬인지 대륙인지에 대해 의견이 분분하다. 나는 … 코리아가 반도이며 따라서 해상으로 한 바퀴를 돌 수 없다고 확신한다. 어떤 사람들은 해상으로 코리아를 한 바퀴 돌았다고 말하지만 그것은 이들이 코라이 남쪽의 풍그마Fongma섬(아마도 제주도: 필자)을 코리아로 착각했기 때문이다.[19]

마르티니 신부는 다른 예수회 선교사들처럼 직접 조선을 방문한 것이 아니라 중국에서 얻은 자료들을 활용하여 조선을 연구했다. 그리고 그가 남긴 아시아 지역에 대한 지도 제작 작업과 한국에 대한 연구는 다른 예수회원들에 의해 18세기 중반까지 수행되었다.

유럽과 중국의 교류는 17세기부터 활발하게 진행되었다. 유럽 상인들, 선교사들은 중국의 여러 가지 측면을 유럽에 소개했고 그 반대로 유럽의 많은 과학 저서들과 물건들이 중국에 소개되었다. 특히 18세기에 오면 유럽의 지배층들에게 중국의 도자기, 차, 비단, 의상 심지어 중국식 정원 등은 신분을 과시하는 데 반드시 필요한 물품들이었다. 이러한 상품들과 더불어 중국과 관련된 많은 지식과 정보들이 유럽에 소개되어 상당한 영향을 주었다. 반대로 유럽의 과학적 발견과 발명품 그리고 다양한 지식과 기술들도 중국에 소개되었다.

청나라의 조정에는 황제의 허락하에 많은 예수회원들이 과학서 편찬, 번역, 기기제작, 지도제작을 하고 있었다. 강희황제를 위해 지도를 제작했던 장 밥티스트 레지스(Jean-Baptiste Régis) 신부는 『한국 관찰기(Observations géographiques & historie de Corée)』를 집필하였다. 그의 글은 다시 1735년 장 밥티스트 뒤 알드(Jean-Baptiste de Halde) 신부의 『청국기』에 수록된 이후 1748년에는 아베 프레보(l'Abbé Prévos)의 『여행의 역사(Historie des Voyages)』[20]에 편집 수록되었다. 주로 중국과의 비교를 통해 조선을 설명하고 있는 그의 글은 청과 조선 모두의 숭배를 받고 있는 백두산과 두 개의 큰 강으로 중국과 국경을 접하고 있는 조선의 특성, 다양한 생활모습, 언어, 종교 등 광범위한 문제를 다루고 있다. 여기서도 조선의 이미지는 야만과 문명을 동시에 지니고 있으며 지리적으로 먼, 그리고 단단히 잠겨 있는 고립된 나라로 그려지고 있다.

외부에서 보는 시선이 조선을 고립되고 멀리 있는 접근하기 힘든 나라로 형상화된 것과 더불어 조선 자체도 점차 자발적이고 선택적인 고립을 고착화시켰다. 조선 이전에 한반도에 존재했던 여러 왕국들은 외부 세계와 활발하게 교류했다. 신라의 무덤에서 로마의 유리구슬이 발견되었고, 돈황의 벽화에서는 고구려 사신의 그림이 그려져 있다. 현재 코리아라고 불리는 나라 이름도 고구려 그리고 고려의 이름에서 비롯된 것이었다. 조선 이전에 존재했던 고려시대는 대륙과 해양을 연결하는 실크로드의 한쪽 끝에 자리하면서 중국 북쪽의 여러 나라들, 요와 금 그리고 원나라, 중앙아시아의 여러 나라들, 그리고 이슬람 제국들과도 활발한 교류를 맺고 있었다. 세계와 널리 교류했던 고려의 이름은 현재 한국이 코리아로 불리게 되는 데 중요한 역할을 했다.

이러한 상황은 14세기 말 조선이 건국된 직후에도 이어졌다. 건국할 무렵, 조선은 주변의 여러 인종들과 상당한 교류를 맺고 있었다. 외국인들은 조선의 조정에 중요한 지위를 차지하고 있었다. 그리고 실지로 한국 사람들 가운데 많은 수의 성씨(last name)들은 여러 인종들의 귀화를 통해 만들어졌다. 그러나 조선은 임진왜란과 병자호란을 겪으면서 점차 외부에 대해 폐쇄적인 경향을 보였다. 조선의 정치체제가 안팎의 혼란에 직면하여 경직될수록 고립은 더욱 강해졌다.

근대 이전에 확립된 동아시아의 질서인 조공체제 혹은 중화체제는 특히 명과 조선의 관계에서 전형적인 모습을 하고 있다. 유교를 나라의 운영원리로 채택한 조선에게 명은 세계문화의 중심이었다. 따라서 유교를 존중하는 조선이 유교 문명을 구현했다고 간주되는 명나라를 따르는 것은 나라 사이의 우열이 아니라 문명에 대한 존중을 의미했다. 이는 근현대 유럽의 여러 나라들이 그리스와 로마 문명을 자신들의 모범으로 생각하는 것과 유사하다. 차이가 있다면 그리스와 로마 문명은 오래전에 사라졌음에 반해, 중국은 같은 시간대에 존재했다는 점이다.

중국과의 관계에서 왕위 계승과 관련하여 중국의 인정을 받는 것을 제외하면 정치 경제 외교 어떤 부분에서도 중국의 간섭은 허용되지 않았다. 조선 정부는 독자적인 정치 외교 경제 문화적 결정을 행사했다. 중국에 대한 조선의 태도는 임진왜란 때, 명나라가 거의 붕괴직전에 놓여있던 조선에 원병을 보내주어 조선 왕조를 유지시켜줌으로써 더욱 강화되었다. 때문에 명을 멸망시킨 만주족의 청에 대해 적대적인 태도를 취했고, 스스로를 작은 중국, 즉 소중화(小中華)라 간주했다. 이때의 중국은 문명의 표준이지 특정한 정치체제를 의미하는 것은 아니었다. 명에게 그랬던 것처럼, 조선은 청나라에 대해 조공을 바치고 교류를 지속했지만, 청을 문명의 기준으로 간주했던 적은 거의 없었다.

엄청난 피해를 입힌 임진왜란으로 인해 조선은 일본에 대해 완전히 문을 걸어 잠그게 된다. 물론 실질적인 교류는 다시 열렸지만, 공식적인 교류는 제한되었다. 17세기 중반 청이 중원을 점령하자, 이번에는 북쪽과의 교류도 제한되었다. 조공체제에 의해 정해진 사신단의 교류를 제외하고는 모든 종류의 교류가 금지되었고 필요할 경우 반드시 정부의 허락을 얻어야만 했다. 이른바 동아시아체제는 중국과 조선 사이의 공식 교류인 연행사와 답방, 조선과 일본 사이의 공식 교류인 수신사와 답방, 그리고 왜관의 설치를 제외하면 철저하게 통제되고 있었다. 인접국들과의 교류가 이런 정도였던 까닭에, 다른 나라들과의 교류는 상상할 수 없었다. 조선만이 유일한 문명국, 소중화였으며, 따라서 고립은 체제의 운영원리인 유교적 문명의 기준에 따라 당연한 것이었고 체제가 유지되는 한 지켜야 할 덕목이었다.

이러한 상황이 근본적인 도전을 받게 된 것이 바로 무력을 동반한 서구의 제국주의적 팽창이 강화된 19세기 중반이었다. 화이관(華夷觀)에 입각한 중화체제 혹은 조공체제의 동아시아 제국체제는 제국주의로 변모한 서구와 충돌하기 시작했다. 오래전부터 서구 여러 나라들과 비공식적인 무역만 허용했던 중국이 아편전쟁(1840~1842)을 계기로 서구 국가들과 이른바 국가 간 조약을 맺었으며, 일본은 페리 제독의 흑선(黑船)에 의해 개항을 강요받았다. 서양 여러 나라들과의 교류는 조선의 입장에서 볼 때, 양이(洋夷) 즉 서양 오랑캐들과의 교류이며, 문명의 중심인 조선의 입장에서 용납할 수 없는 것이었다. 그것은 사대자소에 입각한 예치와 양립될 수 없는 것이었다. 때문에 조선은 여러 차례 개항 압력을 받았으나 강력하게 저항하다가 결국 1876년에 일본과 개항에 동의하는 조약을 체결하였다.

한국에서 본격적인 근대로의 이행은 이 무렵부터 시작된다. 비록 조선이 그 이전에는 연행을 통해 서양의 문물을 접했고, 여러 차례 서양과 충돌을 했지만, 공식적으로 서양과의 국제관계가 시작되고, 그것이 조선 내부의 사회변화에 본격적인 영향을 미친 것은 바로 이 무렵부터였다. 조선은 전통적인 교린관계에 있었던 일본과의 수교를 통해 양이(洋夷)들과의 직접적인 교섭을 반대하는 유학자들의 항의를 회피할 수 있었으나, 유학자들이 정확하게 지적했듯이, 이때의 일본은 과거의 일본이 아니라 메이지유신으로 탈바꿈한 근대 국가 일본이었다. 중국은 조선이 서구의 영향력하에 들어가게 되면 곧 자신들의 안보에 위협이 될 것이라고 판단했다. 따라서 중국은 조선을 개방시키기 위해 적극적인 노력을 했고, 이렇게 해서 조선은 중국의 조언 아래 미국, 영국, 독일 등 서양 국가들과 차례로 조약을 맺게 되었고 근대 세계체제로 편입되었던 것이다.

4) 개항의 역사적 위상

조선이 서양인들을 대하는 태도는 '너희 나라로 돌아가라'였다. 1816년 서해안의 한 섬에 닻을 내린 영국 군함 선장 바실 홀(Basil Hall)은 조선인들이 처음에는 자신들의 옷에 관심을 가졌으나 곧 바로 자기나라로 돌아가라고 계속해서 말했다고 한다. 1832년 영국의 동인도회사는 로드 앰허스트(Lord Amherst)호를 조선에 파견했으나 곧바로 자국으로 귀환할 것을 요구받았다.

그러나 베이징을 방문한 많은 조선인들은 서양의 지식에 대해 많은 관심을 가졌고, 그들을 만나 이야기하기를 원했으며, 한문으로 번역된 서양 책들을 구입하는 데 열심이었다. 특히 정조는 서양의 도서를 체계적으로 구해 왕실 도서관에 비치하였다. 따라서 서양에 대한 지식들은 비록 양반집단에 한정되었지만 그리 희귀한 것은 아니었다. 따라서 조선인들의 서양에 대한 거부는 서양을 몰랐기 때문이 아니라 대부분 현실적인 정치적 판단에 의한 것으로 서양의 원리가 조선에 맞지 않거나 조선사회를 위험하게 할 수 있다는 판단 때문이었다. 여기에 큰 영향을 미친 것이 천주교였다.

천주교가 갖고 있는 하느님 앞에 사람들은 다 평등하다는 교리는 양반과 평민 그리고 노비로 구성된 조선의 신분제적 지배원리를 파괴할 뿐만 아니라 유교가 가르치는 나라에 대한 충성, 부모에 대한 효도, 연장자에 대한 공경, 남성에 대한 여성의 순종 등으로 지켜지는 사회질서 또한 위험하게 만들 수 있었다. 실제로 천주교를 수용한 대부분의 사람들이 여자, 서자, 몰락한 남인 양반, 평민이나 노비들이었다. 천주교의 본래 교리가 어떤 것이든 조선에 수용된 천주교는 조선사회에 위험한 것임에 분명했고 그것을 수용한 사람들 또한 조선사회의 주류라기보다는 소외된 사람들이었다. 이러한 체제 유지에 대한 위기감으로 인해 천주교는 박해를 받았고 외세와 결탁할 수 있는 세력으로 간주되었다. 황사영의 백서 사건은 지배 세력의 위기감을 더욱 강화시켰다. 1801년 황사영이라는 한 신자가 베이징의 프랑스 주교에게 서양군함 100척과 군대를 파견해달라는 백서(帛書: 비단편지)를 갖고 가다 발각된 사건으로 이로 인해 신유사옥이 발생하여 이승훈, 이가환, 정양용 등이 처형 혹은 유배되었고 중국인 신부인 주문모 등 1백여 명의 교도가 처형되었다. 1831년 교황청은 조선에 대목구를 설정하고 교구장을 임명하였으며, 1836년 프랑스 선교사 3인이 입국하여 교회 건설을 강화했다. 그러나 1839년 3명의 프랑스 신부들과 78명의 가톨릭 신자들이 처형되는 사건이 벌어졌고 다시 1860년 병인사옥이 발생하여 수천 명의 신자들이 살해되었다.

계속되는 천주교 탄압은 프랑스로 하여금 조선을 개방하고 자국인 신부들을 보호하려는 개입의지를 갖게 했다. 대원군은 1865년부터 천주교를 박해하여 주교, 신부, 신도들을 처형하였는데, 프랑스 선교사들이 다수 포함되었다. 때문에 프랑스는 1866년 극동함대 사령관 로즈 제독을 파견하여 7척의 군함을 보내 선교사 처형의 책임을 물으며 강화도를 점령하였다(병인양요). 프랑스 군대는 약 1개월간 강화도를 점령하면서 대량의 정부 문서와 금 은 등 보물을 약탈하였다. 이에 조선은 2만의 병력으로 프랑스의 공격을 물리쳤고, 쇄국정책을 더욱 강화하였다. 조선에서 후퇴한 프랑스는 방향을 돌려 인도차이나를 식민화하게 되었다. 조선의 지배층들은 이로 인해 천주교인들이 외세와 결탁하여 체제를 위협할지도 모른다는 두려움을 갖게 되었다.

서구의 다른 여러 나라들도 조선에 대한 탐사와 개항을 시도하였다. 영국은 1787년 제주도와 울릉도 주변을, 1797년에는 영흥만과 동래 용당포를, 1816년에는 서해안을 답사 측량하였다. 미국과 러시아도 다양한 이유로 조선의 개방을 요구했고 조선의 지리를 답사했다. 1866년 미국상선인 제너럴셔먼호가 평양을 향해 대동강을 거슬러 올라왔고 통상을 요구하였다. 조선 정부가 통상을 거부하자 선원들이 발포했고 이에 평양감사였던 이규수가 공격을 명령하여 선원 전원이 사망하였다. 미국은 이를 비난하고 1871년 프레드릭 로우(Fredric Low)에게 명령하여 아시아 함대를 보내 강화도를 침공하였다(신미양요). 4

척의 대형 함선과 20척의 소형 함선으로 구성된 미국의 아시아 함대는 해병 105명을 포함한 651명의 상륙부대를 싣고 강화도 근처로 접근하였다. 이에 조선의 군대가 포와 총을 사용하여 저항하자 맹렬한 전투가 벌어졌다. 미군은 강력한 조선의 저항에 직면하여 전투에서는 승리했으나 큰 성과는 거두지 못하고 물러갔다.

지적 교류의 측면에서는 그렇게 갈등적이지는 않았다. 17세기 초반 유럽지역의 지도인 곤여만국전도(坤輿萬國全圖)나 마테오 리치(Matteo Ricci)의 『천주실의』가 조선의 식자층에 알려지게 되었다. 이외에도 다양한 서양 서적들과 천리경, 자명종, 안경과 같은 서양의 기구들이 조선에도 도입되었다. 병자호란 이후 볼모가 되어 중국에 머물렀던 소현세자는 천구의와 천문서와 같은 여러 책들을 가져왔으며, 선교사인 아담 샬과 만나 서양 문물에 대한 다양한 지식을 가질 수 있었다. 한역(漢譯)된 여러 서양 서적들이 소개되었으며 이 서적들은 이수광, 이익, 이가환, 안정복 등과 같은 학자들에게 많이 읽히게 되었다. 18세기 후반기에 북학론이 대두되면서, 서양의 서적들이 적극적으로 도입되었다. 청의 문물을 적극적으로 도입해야 한다고 주장했던 북학파들은 천문, 역학, 의약, 건축, 조선, 농업, 무기 제조 등 여러 분야에 걸친 청과 서양의 서적들을 수입하였다.

이런 추세 속에서 19세기 조선에서는 서양에 대해 어느 정도의 정보를 갖게 되었다. 그러나 19세기 중반 청이 서양에 의해 침략당하는 것을 목격하면서, 이들을 위험한 세력으로 규정하고, 쇄국정책을 펴게 되었다. 동아시아에서 조선의 현실적 위치를 고려해 봤을 때 소중화는 의식의 문제였을 뿐, 현실이 될 수는 없었다. 천하를 자처하는 소중화의 의식을 지니고는 있었지만, 오랑캐를 다스리기에는 역부족인 상황에서 조선이 선택할 수 있는 방법은 소중화를 보호하기 위한 고립이라고 할 수 있다. 대원군은 두 차례에 걸친 침공에 강력한 저항을 했고 나름대로 성공을 거둠으로써, 쇄국정책에 자신감을 갖게 되었다.

전체적으로 보면 제국주의 서구와 중화질서가 충돌하는 과정에서 중국과 여타 서구 나라들 간의 위상에 관한 오랜 줄다리기 끝에 아편전쟁이라는 물리적인 충돌이 일어났고, 그 결과 중국은 마지못해 형식적으로 평등한 국가 간 조약이라는 서구의 질서를 수용하게 되었다. 자신들이 당면한 현실이 어떤 것인지를 이해하기 위해 중국의 지배층들은 서구의 학문을 열심히 번역하였다. 이른바 (형식적으로) 평등한 국가들 간의 조약에 의해 이루어지는 국제질서를 설명하기 위해 만들어진 관념이 바로 만국공법(萬國公法)이다. 서구의 근대 국가들 간의 체제를 설명할 때 사용되는 international과 그것을 규제하는 law가 만국공법이라는 관념으로 (잘못) 투사되었다. 물론 동아시아에 존재했던 조공-책봉 관계의 명문화된 위계질서와 달리 서구의 국제체제는 각 국가의 주권과 그것의 평등함을 형식적으로 인정하였다.[21] 그러나 이 시기 서구적인 국제질서는 기본적으로 동아시아보다 훨씬 억압적이고 위계적이었으며, 약육강식의 원리가 작동하고 있었다.[22] 따라서 공법이라는 번역어는 한편으로 자연법과도 같은 동아시아적인 천하질서의 원리에 적합한 것 같으면서도 다른 한편으로 힘에 의한 위계라는 서구의 국가간체제의 현실을 가림으로써 현실을 오도했다.

주권이라는 개념과 중화 그리고 사대라는 개념은 서로 상충될 수밖에 없었다. 동아시아 여러 나라에게 그것은 세계관의 변화를 요구하는 것이면서 동시에 사회질서 전체에 대한 관점의 획기적인 변화를 요구하는 것이기도 했다. 따라서 그것이 일으킨 인식상의 혼란이 얼마나 큰 것인가는 짐작할 수 있다. 동북아의 나라들은 이 질서를 각자의 상황에 맞게 받아들였다. 나중에 설명하겠지만 조선의 경우 조공체제와 국제법체제의 상충되는 현실을 정당화하기 위해 개발된 개념이 김윤식의 '양편체제(兩便體制)' 그리고 유길준의 '양절체제(兩截體

制)'였는데 이는 전통적인 조공관계와 근대 주권국가체제 사이에 어정 쩡하게 존재하고 있는 조선의 애매한 입장이 반영된 개념이었다. 청에게도 서구의 근대 국제질서는 중화개념과 근본적으로 충돌하는 개념이었고 따라서 세계관을 근본적으로 전환하지 않는 이상, 현실적으로 밀려들어오는 서구의 압력에 맞서 상황에 따라 대응하는 대외정책을 추구할 수밖에 없었다. 반면 일본은 역사적으로 이미 존재했던 막부체제의 실력상응원리로 이를 받아들일 수 있었다. 힘있는 자가 승리하는 것이 미덕인 실력상응원리는 힘에 의해 지배되는 근대 세계체제에서 적절하게 계승될 수 있었던 것이다.

일단 개항을 단행한 이후에 조선에 주어진 문제는 서구가 말하는 공법에 의존하여 현상을 유지할 것인지 아니면 실력 양성을 통해 적극적인 개화를 선택할 것인지의 근본적인 문제에 봉착하게 되었다. 전자는 기존 전통을 인정한 위에 현실의 문제를 수동적으로 해결해 가는 방법이었고, 후자는 국가간체계의 적극적인 행위자가 되기 위해 전통을 거부하는 방법이었다. 이 둘의 선택 사이에서 조선은 내부적인 갈등을 겪게 되었다.[23] 그리고 그 갈등은 전통적인 조선의 갈등구조로 인해 한층 복잡한 양상으로 전개되었다.

2절 농민반란

1) 전통적 농민반란과 19세기의 특성

19세기에 들어서서 조선은 심각한 내부 문제에 시달리게 되었다.

1800년 정조가 사망한 다음, 나이 어린 후계자인 순조가 즉위하자 정순왕후가 수렴청정을 시작했다. 이후 1863년 고종이 즉위하기 전까지 거의 60여 년 동안 왕이나 선왕의 외척들을 중심으로 소수의 문벌들이 권력을 장악했던 시기를 역사학자들은 세도정치기라 부르고 있다. 세도정치(勢道政治)란 왕비와 왕비의 친척들이 왕의 후계를 결정하고 어린 왕들을 조정하면서 정치권력을 독점하는 것을 가리키는데, 그 결과 왕권은 급격하게 위축되었고 고위 관직을 차지한 왕비의 친척들이 실질적인 권력을 행사하였다. 정순왕후를 중심으로 한 외척들과 고위관료들은 정조가 왕권 강화를 위해 만들어놓은 국왕의 호위군대였던 장용영(壯勇營)을 포함한 여러 제도들을 없애 버리고, 정조가 신임했던 관료들을 대거 숙청하였다.

왕의 외척으로 구성된 소수의 세력들이 권력을 독점하게 되면서 많은 문제점들이 발생했다. 조선 왕조의 전통적 지지 기반이었던 양반들 가운데 많은 부분이 정치로부터 소외되었다. 본래 조선 왕조는 지배 이념인 유학을 공부하던 양반들 간의 의사소통에 의해 지배되어 왔는데 많은 유학자들이 권력에서 소외됨으로써 왕조의 정치적 정당성이 상당 부분 약화되었다. 또한 권력의 독점은 부의 독점을 동반했다.

경제 활동의 많은 부분이 국가의 조세와 연결되어 있었던 상황에서 권력을 장악한 소수 세력이 경제활동에 커다란 영향력을 행사하게 되었고 부를 확대시켰다. 이들은 조세 수취 과정에서 부정한 방식으로 세금을 빼돌리고, 특권 상인들의 뒤를 봐 주거나 직접 이권에 개입함으로써 부를 축적하였다. 이들과 이들이 지원하는 중간관료들의 부패로 정부의 재정은 갈수록 궁핍해졌고 부족한 세금을 메우기 위해 백성들에게 더 많은 세금을 부과함으로써 백성들의 삶은 더욱 어려워지는 악순환이 발생했다. 이로 인해 19세기 내내 조선은 집단적인 농민 저항을 경험하게 되었다.

세도정치와 농민반란이라는 악순환의 고리를 끊기 위해 등장한 인물이 1863년 왕으로 즉위한 고종과 그의 아버지 대원군이다. 사태를 수습하기 위해 대원군은 일련의 개혁을 시도하였고 그 결과 어느 정도 체제가 안정될 수 있었다. 그러나 1873년 자신의 독자적 정치력을 발휘하려했던 고종이 친정을 선언하고 대원군은 실각하였다. 더불어 서구와 일본이 개항과 통상 요구를 하면서 안팎으로 상황은 급속히 악화되었다. 조선의 정치 세력들은 내우외환(內憂外患)의 상황을 해결하기 위해 다양한 시도를 하게 되었다.

조선 정치체제의 안정성은 세계적으로도 유래를 찾기 힘들다. 조선은 건국 이후 약 500년에 걸쳐 유지되어 왔는데, 하나의 정치체제가 500년에 걸쳐 유지되어 왔다는 것은 대단히 놀라운 일이다. 16세기 후반과 17세기 초반 명과 일본은 왕조가 교체되고 정권이 붕괴하게 되었지만 조선왕조는 이 위기를 극복할 수 있었다. 상대적으로 안정성을 자랑하던 조선의 정치체제는 19세기 들어 급격하게 불안정한 상태에 빠져들게 되었는데, 여기에는 지배 세력의 착취, 농민들의 반란, 서양을 비롯한 외세의 압력, 이러한 상황을 해결하기 위한 다양한 정치 세력들 간의 분열된 역학관계가 한국의 근대 경험을 형성하는 데 중요한 역할을 했다.[24]

유학의 원리에 따라 농업을 육성하고 다른 상공업 행위를 통제했던 조선은 인구의 대다수가 농업에 종사하고 있었다. 따라서 농민들의 상황이 어떻게 되는가에 따라 체제의 안정과 불안정이 결정되었다. 또한 정부 재정의 안정성 여부도 농민들의 조세부담 능력에 영향을 받을 수밖에 없었다. 그리고 체제의 안정성과 정부 재정의 건전성 문제가 중요한 것은 어떤 시대에도 그랬지만, 특히 개항 이후 근대로의 이행에 있어서 중요한 기초를 이루게 된다. 근대로의 이행과정에서 동원되어야 할 자원은 대부분 농민들의 조세에 의해 이루어졌고 반대로 조세에 따라 농민들의 삶 또한 커다란 영향을 받기 때문이다.

19세기 조선은 체제의 불안정과 재정 적자, 그리고 불안정한 농민의 삶과 농민들의 저항에 따른 체제의 불안정이란 악순환에 시달리고 있었다. 농민들의 저항은 다른 시기에서도 늘 있어 왔지만, 19세기에 들어서는 그 성격과 규모 면에서 이전과 비교될 수 없는 심각한 상황이 전개되었다. 여기에는 농민부담의 가중과 더불어 정부 재정 적자의 악화가 서로 영향을 미치면서 조선을 불안정하게 만들었고, 이것이 바로 조선의 근대 이행을 규정하는 데 중요한 요인이 되었다.

2) 병작제의 확대와 사회 안전망의 붕괴

18세기부터 농업 생산에서 병작제(竝作制)의 확대라는 새로운 경향이 확산되었다. 병작제란 토지를 소유한 지주가 토지를 빌려주고 거기서 획득한 수확의 절반을 지주와 소작인이 나누는 농업 경영 형태였다. 병작제는 이미 오래전부터 존재했던 농업 형태였지만 18세기 이후로 점차 확장되었다. 조선 초기의 농업에서 지배적인 농업 경영 형태는 농장제였는데 이는 대토지 소유자가 자신이 소유한 노비의 노동력을 활용하여 생산하는 방식이었다. 농장제가 주로 신분적으로 예속된 노비 노동에 의존했던 반면, 병작제는 토지를 소유한 지주와 이를 빌려서 농업 생산을 하는 농민 간의 계약 관계에 입각하고 있었다. 인신 구속적인 노비노동에서 계약관계에 입각한 병작제로의 변화야말로 17~18세기 이후 조선사회의 특성을 형성하는 하나의 축을 이루고 있다.

농장제에서 병작제로의 변화가 어떻게 초래되었는지는 여전히 논쟁거리이다. 일부 학자들은 이앙법(벼를 볏자리에 파종한 다음 논에 옮겨

심는 방법)의 광범위한 보급이라는 기술상의 발전 추세에 따른 경영 합리화의 결과로 병작제가 발전했다고 주장한다. 그러나 다른 일부 학자들은 농장제가 확장되면서 조세의 원천인 양역 자원이 감소하자 국가 재정의 위기를 해소하기 위해 정부가 18세기부터 추진한 양인 양산정책 및 부세 합리화정책이 농장제의 쇠퇴와 병작제의 발전에 중요한 역할을 했다고 지적한다. 또 일부 학자들은 노비들의 신분상승 요구 때문이라고도 한다.

어떤 것이 결정적인 변수였는지는 분명하지 않지만, 농장제에서 병작제로의 전환은 분명한 추세였고 노비 수를 줄이려는 정부정책을 받아들였던 것은 그것이 지배계급의 경제적 이익을 결정적으로 침해하지 않았다는 것을 반증한다. 마찬가지로 소농이 생존할 수 있을 정도로 생산력이 발전하지 않았다면 양인 양산정책은 실패할 수밖에 없었을 것이다.

토지와 양역 자원은 조선의 재정에 결정적인 중요성을 갖기 때문에 이를 둘러싼 정부와 지배계급 간의 갈등은 재정 건전성은 물론 사회구조에 커다란 영향을 미칠 수밖에 없었다. 노비, 특히 사노비의 경우 생산물 전체를 주인이 가지며 국가에 대한 일정한 노동력을 제공하는 군역 등의 의무로부터 면제되었다. 따라서 백성들 가운데 양인과 노비의 구성비에 따라 정부의 재정 건전성은 크게 달라졌다.

건국 초기부터 17세기까지는 노비 노동이 생산의 중심이었던 것에 비추어 전체적으로 지배계급의 우위가 지속되었다고 볼 수 있다. 종천제(從賤制, 부모 중 하나라도 노비이면 자식도 노비가 된다는 법, 세종 14년, 1432)[25]가 확립되면서 양인 수의 확대는 제한적일 수밖에 없었다. 양인들 스스로 생활고를 해결하기 위해 노비가 되기를 자처한 투탁(投託)과 도망은 주요한 조세 재원인 양역 자원을 고갈시켰는데 여기에는 농장 경영을 주도한 양반 관료 계급들의 이해가 중요한 역할을 했다.[26] 조선의 지배를 담당했던 관료들과 지주들은 공적으로는 국가의 지배를 담당하던 집단이었지만 사적으로는 노비의 수를 늘림으로써 자신의 이익을 확대하였고, 그 결과 국가의 자원 확보를 끊임없이 위태롭게 했던 장본인들이었다. 토지와 양역 자원 혹은 노비와 관련된 주요한 정책결정자들이었던 중앙의 고위관료들은 농장의 주요한 경영자들이었으며 국가의 양역 자원을 감소시킨 주체들이었다.

숙종 때 전국적으로 실시된 대동법은 세금부담을 감소시켜 소농 즉 양인이 확대될 수 있는 환경을 제공해주었다. 영조 때는 어머니 쪽이 노비일 때만 자식이 노비가 되게 함으로써 노비들의 수가 급속히 줄어들었다. 또 군역 대신 포를 납부하게 했고, 납부할 포의 양도 2필에서 1필로 감축시켜줌으로써 조세의 부담이 줄어들어 양인 수의 확산이 가능해졌다. 이런 제도적인 변화가 없었다면 1세기 동안 노비의 수가 전체 인구의 절반에서 5% 내로 감소되었던 압축적인 변동이 가능하지 않았을 것이다.[27] 또 세금을 내고도 스스로의 생존이 가능할 정도의 농업 생산력 발전도 양인 수의 증대에 기여했음이 분명하다.

그런데 농장제의 존재는 구조적으로 보면 이중적인 성격을 지니고 있었다. 백성들 가운데 인신의 부자유 상태에 있는 노비 신분이 많다는 것과 이로 인한 정부 재원의 약화라 성격이 있는가 하면 몰락하거나 생존 여건이 되지 않는 자들에게 최후의 도피처를 제공함으로써 상대적인 사회적 안정성에 기여를 했다고 볼 수 있다. 병작제의 확산은 노비노동이 아니라 계약관계에 의한 노동을 의미했기에, 경제적으로 최악의 상황에 내몰린 농민들이 노비신분으로 도피할 수 있는 근거가 사라졌음을 의미했고 정부에 의한 적절한 사회적 안전망이 제공되지 않는다면, 농민들은 당장 생존의 위기에 내몰릴 수밖에 없었다. 또한 정부가 부세 수취를 높이면 직접적으로 농민들의 삶이 위협당하는 사회구조를 갖게 되었다.

조선 후기 소농이 확대되었다는 소농사회론의 주장이나, 혹은 고용 인력에 의한 농장경영의 확대가 이루어졌다는 상업적 농업론이거나 모두 양인 수의 확대를 전제하고 있는데, 이는 조선 후기에 인구의 분포수가 양인이 확대되었다는 것을 전제한다. 그리고 이렇게 확대된 양인들은 타인의 땅을 빌리거나(병작), 소규모의 자신의 농지를 경영하거나(자작), 혹은 노동제공의 대가로 급여를 받거나(고농)하는 형태로 삶을 유지하고 있었다. 경작하는 토지 규모의 확대, 축소, 그리고 상실에 따른 운명은 크게 달라졌다. 이런 구조에서 경제 상황의 악화 즉 경작 토지의 축소 혹은 상실의 상황이 발생하면 정부의 구휼이나 지역공동체의 지원 말고는 어떠한 도피처도 찾을 수 없게 되었다. 그 결과 떠돌거나 농민반란이라는 방법 말고는 다른 선택의 여지가 없는 상황으로 내몰리게 되었다. 이것이 19세기 농민반란을 가능케 했던 사회경제적 상황이었다.

조선 말의 악명 높은 3정(전정, 군정, 환정)의 문란은 사회적 안전망이 사라져버린 농민들을 한계 상황으로 몰아갔다. 19세기 농민반란은 농민의 존재를 비교적 자유롭게 하고 국가 재정을 강화하는 데 기여할 목적으로 진행되었던 정부정책과 병작제의 확산이 가져다 준 사회경제적 조건에 부세수취의 강화와 사회 안전망 붕괴가 결합된 결과였다. 즉 국가에 대한 농민들의 공격, 즉 농민항쟁이 확대되어 갈 수밖에 없었던 상황을 만들어낸 사태의 확대에는 역설적이게도 농민들의 소농화를 촉진시켰던 국가의 정책이 커다란 기여를 했던 것이다.

3) 국가에 대한 저항

조선 시대에 관직을 차지한다는 것은 부를 축적할 수 있는 기회가 늘어난다는 것을 의미했다. 조세 수취를 담당하는 관료로서 양반 관료들과 중간관료들은 다양한 방식으로 중간에서 조세를 빼돌렸다. 조선 시대에 중간관리들에 의한 조세 수취는 이중적인 성격을 갖고 있었다. 한편으로 그것은 국가 조세 수취 과정에 합법적으로 이루어진 것이었으며, 다른 한편으로는 그것을 통해 자신들의 부를 축적해하는 과정이기도 했다. 비록 두 가지 성격이 섞여 있었지만, 겉으로 드러나는 현상은 관료들에 의해서 수행되었다는 것이며 수취의 강도가 높아질수록 그 불만은 정부를 향할 수밖에 없었다. 병작제하에서 지주와 작인 간의 갈등이 발생하긴 했지만 그것이 농민반란으로까지 이어지진 않았다.

그러나 농민반란은 분명 정부의 조세 수취와 관련되어 있었다. 지배계급은 정부 관리로서의 직위를 적극적으로 활용하여 확산되는 상업적 농업에 참여했다. 수취의 정도와 강도가 커질수록 갈등 또한 커질 수밖에 없었다. 18세기 이후 조선의 지배계급들은 확대된 병작제의 발전에 입각하여 소작권 부여를 통한 농민들 간의 경쟁, 관직이나 신분을 이용한 억압, 다양한 이권의 확대를 통해 부를 늘렸다. 병작제하에서 소농들은 소작권을 확보하기 위한 경쟁에 돌입하게 되었다. 그 결과 농민들의 조건은 더욱 악화되었는데, 일반적으로 소출의 절반을 지주들에게 제공했을 뿐만 아니라 토지에 부과되는 세금마저 소작농들이 부담하게 되는 상황이 초래되었다. 조선의 지배계급들은 점차 지대 추구적인 성격으로 변해갔다.

19세기 초반 정권을 담당했던 세도가들은 각종 상인 계층을 지원하여 부를 축적했다.[28] 이들은 자신들의 권력을 제도화한 비변사를 통해 특권적 이익을 유지했다. 물가가 상승하여 쌀 폭동과 같은 사회적인 소요가 발생해도 '시장을 어지럽히지 않은 것이 안민의 기본적인 도'이며 '물가는 정령으로 잡을 수 없다'면서 정부의 개입을 반대하고 자신들의 이익을 추구했다. 이들은 비변사가 관장하는 군영의 업무와 재정을 통괄했고[29] 주요한 세금과 각 지방에서 요구하는 구호물자 등을 처리했으며[30] 중국으로 가는 사행에 필요한 은의 준비(使行銀), 그리고 매관매직의 주요한 수단인 공명첩의 발행도 담당했다.[31] 그리고 비변사는 둑의 관리, 경강선을 감독하는 주교사, 시전관리 등을 관장하여 제도적으로 상업세력과 결탁되어 있었다. 아울러 동전을 주조하는 것까지 비변사가 통제하는 군영과 관청에서 담당하게 하여 막대한 이익을 올렸다.[32]

또 비변사는 중앙과 지방 행정 그리고 관료 인사권을 활용하여 관직을 팔거나 인사를 둘러싼 뇌물 거래를 했다. 관료들이 경제적 이익을 추구함에 따라, 기존 시전 세력들과의 타협 내지 갈등은 불가피해졌다. 이들의 이윤 추구 행위는 곡물의 매점매석, 곡물가격 급등을 초래했고, 그것은 일반백성들의 삶에 큰 영향을 미쳤다. 또 매관매직과 같은 거래비용의 증가는 결국 관료들로 하여금 그 비용을 조세를 통해 충당하도록 했다. 그리하여 최종적인 피해는 백성들의 몫으로 남게 되었다.

지방관리가 되기 위해 하급 관리들은 경쟁적으로 고위 관리들에게 뇌물을 바쳤다. 이 때문에 대부분의 지방관들은 부임할 때부터 상당한 부채를 안고 있었다.[33] 특히 16세기 이후 군사적 요충지인 몇몇 지방을 제외한 지방 관리들의 급여는 정부가 주지 않고 지방 재정에서 해결하게 되었다. 따라서 지방관들은 관직 획득 과정에서 든 비용과 부임 후의 비용을 지방 관아의 재정을 통해 마련해야만 했다. 지방관들을 위한 비용이 합법적으로 인정되었던 것이다.[34] 또 높은 관리들에게 줄 상납을 위한 수취도 관례적으로 허용되었다.[35]

공식적인 세금 수취량에 50%를 더 징수하는 지방관조차도 '어진 수령'으로 불렸다.[36] 당시 수령의 70~80%가 부정한 방법으로 재물을 모았다고 알려지고 있는데[37] 이것은 지방 권력기관들이 하나의 경제기구로 변화함으로써 가능했다. 정부기관이 지배계급의 경제적 이익을 추구하는 기구가 됨으로써, 정부의 성격은 질서유지나 보호의 제공이 아니라 농민들의 삶을 압박하는 도구로 변화해갔다. 따라서 정부에 대한 백성들의 불만은 높아질 수밖에 없었다. 사람들을 통제하고 세금을 수취하는 지방정부와 관리들은 독자적인 재정운용을 통해 공식적인 재정은 물론 사적인 계급적 이익을 확대시켜 나갔다.

이러한 중간착취구조는 지방 실무관료들인 이서층으로 확대되어 갔다. 지방행정업무 중 특히 재정 운영의 실무를 담당했던 지방 이서층들의 급여를 충당하기 위해 규정에 정해진 세금보다 더 많은 양의 세금을 징수하게 되었다. 이는 조세 수취의 실무를 담당했던 이서층들의 광범위한 부정부패를 제도적으로 용인하는 것이며[38] 더 많은 조세를 확보하기 위해 이들의 수는 점차 늘어났다.[39] 본래 지방 관리들의 횡포를 견제하기 위해 지방 양반들로 구성된 향청이라는 것이 있었는데, 이것이 19세기에 들어와 지방정부기구에 예속됨으로써 거꾸로 지방재정운영의 주요한 집행기관으로 변모해 갔다.[40] 지방 행정기구들은 각종 지방세와 잡세 들을 확대시켜 나갔고,[41] 상품화폐경제가 발전함에 따라 이를 담당할 지방 관리조직도 자꾸 늘어났다.[42] 심지어 지방정부가 갖고 있는 재정을 이용하여 백성들에게 대부해주고 이자를 거두는 금융업도 이루어졌는데, 이를 담당하는 민고(民庫: 인민금고)라는 기구가 여러 가지 이름으로 만들어졌다.[43]

이러한 측면에서 지방정부의 강화는 중앙정부의 통제력 약화를 반영한다. 토지, 호적, 군적 조사가 주기적으로 이루어져야 했지만, 임진왜란과 병자호란 이후 거의 이루어지지 않았다. 게다가 지방재정을 늘이고 사적인 부의 축적을 노렸던 지방 관료들과 지주들의 의도적인 누락으로 18세기에는 조세원에 대한 정확한 추적이 불가능하게 되었다. 그래서 중앙정부는 기존의 세금 부과량을 토대로 지방에 일정한 액수의 조세를 할당하는 편의적인 방법으로 재정을 운용했다. 그 결과 조세 수취는 공동납형태로 운영되었는데, 그 운영과정을 통제했던 지방 관리들과 실무 관료들의 권력이 점차 강화되어갔다.

대동법과 균역법이 제도화된 18세기 이후 지방 관아들은 지방 관아의 새로운 재원을 확보하기 위해 다양한 노력을 기울였다. 특히 19세기의 부세 수취는 당시 광범위하게 확대되고 있었던 상품화폐경제에 기초한 수탈이었다. 19세기 부세를 통한 수탈 가운데 가장 중심적인 역할을 했던 환곡의 경우 분명히 고리대금의 기능을 했다. 각종 조세가 토지에 부과되고, 그것이 다시 화폐로 납부하는 방식으로 바뀌게 되자, 중간관리들이 농간을 부릴 수 있는 기회가 훨씬 많아졌다. 또 당시 광범위하게 사용되었던 방법으로 세금을 중앙정부에 바치기 훨씬 전에 지방에서 세금을 거두어 그 기간 동안 세금을 활용하여 이자를 증식시키는 일도 많았다.

이러한 변화는 지배계급이 정부의 조세(租稅) 수취를 활용하여 한편으로는 농업에서의 억압적인 생산을 유지하게 하는 대민지배력의 강화를, 다른 한편으로는 농민들을 압박함으로써 부를 확대하는 데 필요한 도구로 사용했음을 의미했다. 따라서 점차 농민들이 받는 압박의 정도는 강화되었고, 앞서 지적했던 사회적 보호망이 점차 약화되는 가운데, 농민들이 택할 수 있는 최후의 방법은 광범위한 저항이었던 것이다.

농민들에 대한 부세수취가 군현 단위로 이루어지는 만큼, 대다수의 농민반란들은 군현 즉 조세수취단위로 이루어지는 경향이 있었다. 또 이러한 농민반란들은 정부가 농민들을 무마하는 선유사를 보내 현지 관리를 벌주고 농민들의 소원을 들어주면 무마되었다. 그런데 19세기에 들어와 여러 차례에 걸쳐 광범위한 지역들을 포괄하는 농민 저항 혹은 농민반란이 발생했다. 가장 대표적인 경우가 1811년 평안도 전역에서 발생한 홍경래의 난, 1862년 진주에서 시작되어 제주, 경상, 전라, 충청 그리고 함경도까지 발생했던 임술민란, 그리고 1894년 동학농민운동 등이다.

1800년 8월 경상도 인동에서 농민들이 부세수취(賦稅收取)에 항의하여 지방 관아를 습격하는 사건이 발생했으며 1808년에는 함경도 단천에서 농민반란이 일어나 지방관리가 쫓겨났고 북청에서도 비슷한 사건이 발생했다. 이듬해에는 개성에서 그리고 다음 해에는 춘천에서 농민들이 관리들을 몰아내는 사건이 발생했다. 1811년 발생한 홍경래의 난은 평안도 지역 전역을 휩쓸었던 대규모의 농민반란으로 관서농민전쟁이라고 불리고 있다. 홍경래 등은 12월 18일 봉기에 앞서 "나이 어린 임금 아래서 권세 있는 간신배들이 국권을 농단하니 백성들의 삶이 거의 죽음에 임박했다"고 주장하는 격문을 발표하여 자신들의 봉기가 정치적인 것임을 밝혔다.

홍경래의 난은 정부군에 진압되어 끝이 났으나, 이 전쟁의 영향은 매우 컸다. 농민들의 불만이 단순하게 표출된 것을 넘어서, 지방의 유력 인사들과 하층민에 이르기까지 하나가 되어 반란에 참여한 것은 정부에 대한 불만이 일반적인 현상임을 보여주었다. 평안도 지역은 평야가 적어 농업은 그리 발전하지 못했다. 대신 중국과의 국경을 마주하고 있는 지역이라 상업이 발전했고 경제적으로도 비교적 윤택했으며, 이를 배경으로 학식을 갖춘 자들도 많았다. 이런 자원들이 과거에 응시하는 것은 당연했고, 많은 합격자를 내었다. 그러나 앞서 지적한 대로 지역차별과 한양중심의 정권운영은 이 지역 출신들이 중앙정계에 진출하는 데 장애물이었다. 때문에 홍경래의 난은 부세수취와 지방 관리의 횡포에 더하여 지역 차별이라는 상황에 분개한 함경도 지역민들의 반발이 더해져서 발생했다고 평가된다.

난을 진압한 정부는 평안도 지역의 차별을 없애기 위한 민심수습책을 준비하였지만 근본적인 대책은 내놓지 못하였다. 농민들의 세금을 줄여주고 1815년에는 특별과거를 실시하여 몰락 양반들이나 지방 향임층에게 특별기회를 주기도 했지만 이런 조치들은 임시적인 미봉책에 불과한 것이어서 농민들과 지역 양반들의 불만은 좀처럼 해소되지 않았다.

당시 농민반란은 보통 군현 단위에서 발생했는데, 지방 관아나 행정관료들이 직접적인 조세수취를 담당하고 농민들에게 피해를 안겨주었기 때문에 농민들의 저항 또한 이들에게 초점이 맞춰져 있었다. 따라서 정치체제 혹은 중앙정부의 구조적인 문제점을 지적하기보다는 자신들이 당면하고 있는 문제해결에 초점을 맞추는 경우가 많았다. 따라서 중앙정부의 안핵사 파견과 부패관리 문책, 재발 방지 약속 등으로 대부분 무마되는 경우가 많아서, 사태의 심각성이 과소평가되었다.

그러나 홍경래의 난이나 진주민란의 경우 전국적인 범위로 확산되었다. 즉 이것이 단지 한 지방만의 문제가 아니라 조선 어느 곳에서도 기회만 주어지면 언제든 일어날 수 있는 성격의 것, 즉 체제 자체의 문제임을 알 수 있다. 진주민란이 발생하자 중앙정부는 박규수를 안핵사로 파견하여 수습에 나섰으나 사태는 점차 확대되어 경상도, 전라도, 충청도, 제주도와 함경도까지 민란이 확대되었다. 정부는 강경한 진압을 시도하는 한편 민란에 대한 대응책으로 삼정이정청을 설치하여 8월에 삼정개혁안을 발표했다. 여기에는 중앙정부에 바치는 세금 이외에 지방관 임의로 세목을 설치하지 못하게 하고, 양반들에게도 군역을 물게 하고 환곡을 폐지하고 대신 토지 1결당 2냥씩 세금을 걷도록 했다. 그러나 이 조치는 양반 관료들의 광범위한 저항으로 제대로 시행되지 못했다. 그리하여 발표한지 2개월이 지난 10월에 정부는 이를 백지화하였다. 따라서 농민의 저항은 그 불씨가 꺼지지 않은

채, 언제든 폭발할 잠재력을 갖고 있었다.

이러한 상황에서 고종이 즉위한 것은 지배계급의 위기감이 반영된 대응이었다. 어떠한 형태로든 현상을 개선시키지 않으면 조선의 상황은 계속 어려워질 것이 분명했다. 진주민란 당시 정권을 장악하고 있었던 안동 김씨 세도에 대한 반발로 대왕대비인 조 대비는 왕족인 이하응과의 밀약을 통해 그의 아들을 왕으로 즉위시키기로 하고 이를 통해 안동 김씨를 견제함으로써 이러한 상황을 타개하고자 했다. 그러나 민란은 대원군이 집권한 이후에도 계속되었다.

농민들의 저항은 조선사회의 근간을 흔들어 놓았다. 농민 경제를 사회 존속의 근간으로 삼은 성리학에 입각하여 왕조의 정당성을 삼았던 조선에서 농민반란의 광범위한 확산은 그것의 지배 원리가 근본적으로 부정되어갔다는 것을 의미했다. 이러한 농민반란은 지배계급 내부의 갈등과 더불어 조선사회를 위기로 내몰고 간 주요한 원인 가운데 하나였다.

3절 정치체제의 갈등 구조

1) 견제와 균형이 낳은 정치체제의 지속성

조선의 지배체제는 왕과 양반 관료들에 의해 구성되었다. 조선이 500년간 지속될 수 있었던 원인은 왕과 양반관료들의 견제와 균형이 유지되었기 때문이라고 할 수 있다. 그런데 19세기에 들어와 이 체제에 균열이 발생함으로써 정치적인 혼란이 발생했다. 왕과 양반관료들은 한편으로 상호의존적이면서도 다른 한편으로 상호 갈등적인 중첩적인 관계에 놓여 있었다.

베버(Max Weber)는 이와 같은 아시아의 정치체제를 가산제적 관료제라고 규정한다. 그에 따르면 봉(fuef) 계약에 의해 성립되는 분권적인 유럽의 봉건제와 대비되는 가산제적 관료제는 왕에 의한 권력 배분을 특징으로 하는데[44] 관료들이 왕에 의한 가치 배분 기능에 의존하고 있기 때문에, 경제적 지배계급으로서의 관료들의 위치가 매우 불안정했다. 뿐만 아니라 합리적인 이윤의 축적이 불가능했으며, 따라서 서구와 같은 부르주아의 등장이 불가능했다고 지적한다. 베버의 문제의식에서 핵심은 권력에 의존하지 않는 합리적인 부르주아 계급의 출현이 봉건적인 유럽에서는 가능했던 반면, 가산제적인 아시아에서는 불가능했다는 것이다. 배링턴 무어(Barrington Moore)는 베버의 문제의식을 근간으로 지배계급을 강조한 마르크스의 이론을 결합시키고 있다. 그는 중국의 상층계급은 관직과 계급 양자가 결합될 때 가장 안정적이었지만 계급과 관직 가운데에서 가치의 근원으로서 가장 중요한 것은 관직이었다고 지적한다.[45]

역사적으로 존재했던 제국의 관료체제에 대한 연구를 시도했던 아이젠슈타트(Shmuel N. Eisenstadt)에 따르면, 전통적 제국은 왕과 관료들 사이의 견제와 균형에 의해 유지된다. 왕과 관료들은 유동하는 자원 즉 백성들에 대한 수취를 둘러싸고 대립하게 되는데, 누가 우위를 점하느냐에 따라 정치체제의 권력 중심이 이동하게 된다. 그러나 본질적으로 관료적 제국은 왕과 관료들이 상호의존하는 모델이다. 왕은 관료들을 대표하며 관료가 없이 왕은 통치할 수 없다. 따라서 왕과 관료들은 비적대적인 상호의존관계에 있다고 할 수 있다. 즉 한편으로 왕과 관료들은 백성 및 자원에 대한 지배를 둘러싸고 서로 경쟁하지만, 다른 한편으로 백성 및 자원에 대한 지배를 위해 서로 협력할 수밖에 없는 정치적 동맹자들인 것이다.

조선이 500년이라는 세월 동안 존재할 수 있었던 것은 왕과 관료들 간의 견제와 균형이 비교적 잘 유지되었던 까닭이었다고 설명되고 있다. 따라서 이 균형을 파괴하는 급격한 시도는 체제의 불안정성을 만들어낸다. 500년 동안 수차례에 걸쳐 시도되었던 개혁은 기껏해야 한쪽으로 기울어진 힘의 균형을 다시 되돌려놓는 것으로 그쳤던 것은 이런 구조에 기인한 것이다. 이의 연장선상에서, 19세기에 안과 밖으로 위기에 직면했던 조선이 근본적인 개혁을 하지 못했었던, 그 이유는 바로 왕과 관료 사이의 힘의 균형이라는 체제 유지의 한계 때문이라는 지적이 제기되었다.[46]

앞서 언급한 바 있었던 정부 재정의 악화와 양반 관료의 권력의 강화, 노비 수의 감소와 소농화, 재정강화를 위한 조세수취가 문란해지면서 소농의 몰락과 농민반란의 전국화는 모두 왕이 대표하는 정부와 양반 관료의 권력 구조들 사이에 전개된 갈등의 결과물이었다. 이는 아이젠슈타트가 지적한 유동하는 자원에 대한 지배를 둘러싼 왕과 관료들 사이의 갈등과 견제의 관계가 제도화되어 있었음을 보여준다. 정부를 대표하는 왕과 관료의 입장에서는 건전한 재정을 갖춘 정부를 운영하기 위해서는 양민이 늘어나고 노비가 줄어들어야 한다. 그러나 지배계급으로서의 왕과 관료의 입장에서는 자신들에게 속한 노비의 수가 늘어나야 자신들의 부가 늘어날 수 있었다. 그리하여 국가와 지배계급 혹은 왕과 양반 관료들 사이에서는 국가가 유지되기 위해서 어느 정도로 양민과 천민이 유지되어야 하는지, 그리고 어떻게 그것을 유지할 것인지를 둘러싸고 끊임없는 논란과 논쟁, 정쟁이 발생하게 되었던 것이다.

적절한 재정 규모를 유지하는 문제는 조선의 정치체제가 갖고 있었던 근본적인 문제이자 조선 정치체제의 안정성을 결정하는 문제였다. 또 신분제와 결합된 조선의 조세 제도는 한정된 인적 자원을 둘러싸고 정부와 지배계급이 서로 충돌하는 관계를 만들어냈고 이것이 여러 가지 개혁을 힘들게 하는 원인이 되었다. 양반관료들은 자신들의 이익에 위배되는 개혁에 저항하였고 따라서 대부분의 개혁은 왕을 대표로 하는 정부와 양반관료들 사이의 이해관계가 절충되는 수준에 머물 수밖에 없었다.

2) 균형의 상실: 세도정치

19세기 초반에 시작되어 중엽까지 이어졌던 세도정치는 왕과 양반관료 사이의 힘의 균형이 양반관료 그 가운데서도 특정 집단, 즉 세도가들에게 기울어졌다는 것을 의미했다. 정부 재정은 바닥이 났고 그만큼 세도가들의 부는 늘어갔다. 정부는 부족한 재정을 보충하기 위해 각종 명목의 세금을 만들어 냈다. 그것은 양인들에게 견딜 수 없는 정도의 조세 부담을 안겨주었다. 19세기에 들어서 전국 각지에서 농민들이 소요를 일으켰던 이유는 바로 이러한 상황 때문이었다.

18세기 후반 강력한 개혁을 시도했던 정조가 죽자, 어리거나 나약한 왕들이 왕위를 이어받게 되었고 왕권의 확장에 따른 권력상실을 경험한 양반관료들은 본격적으로 왕권을 제한하고자 하였다. 권력은 어린 왕의 외가 쪽 세력들인 대비와 그 일족들이 통제하였다. 정조의 뒤를 이어 순조가 왕이 되었을 때(1800년), 그의 나이는 겨우 열 살이었다. 순조의 뒤를 이어받은 헌종이 1834년 왕위를 계승했을 때, 그의 나이는 겨우 여덟 살이었다. 그가 갑작스럽게 사망하자 그 뒤를 철종이 이었는데, 왕이 되던 해 그의 나이는 겨우 열아홉 살이었다.

왕위 계승을 좌지우지했던 것은 대체로 전 왕의 부인인 대비들이었다. 대비들이 왕위 계승자를 선택했고 이렇게 왕위에 오른 왕들은 대부분 아무런 독자적인 정치적 세력을 갖고 있지 못했다. 그리하여 결국 왕위 계승을 결정한 대비와 그의 일족이 정치를 좌우하는 상황이 지속되었다. 철종이 젊은 나이에 사망하자, 왕궁에는 헌종의 어머니 조 대비, 헌종의 왕비였던 홍 대비, 순조의 왕비인 김 대비가 서로 견제하며 권력 장악에 부심하고 있었다. 문제는 철종의 아들, 즉 왕실 직계의 혈통이 없었다는 것이다. 그리하여 김 대비는 왕실 가문 가운데 하나인 흥선대원군의 아들을 왕궁으로 불렀는데, 그가 왕궁에 도착하자 김 대비보다 먼저 조 대비가 그를 자신의 거처로 데리고 들어가 자신의 양자로 삼겠다고 선포한 다음, 자신이 수렴청정을 하겠다고 밝혔다.

많은 사람들은 당시 가장 세력이 강했던 김 대비와 그의 일족인 안동 김씨에 비해 상대적으로 세력이 약했던 조 대비와 그의 일족인 풍양 조씨가 고종의 아버지인 대원군과 연합한 결과 고종이 즉위할 수 있었다고 지적한다. 실추된 왕권을 복원시키고자 노력했던 흥선대원군은 기존 세력들과의 협력을 통해 자식을 왕위에 올린 다음 섭정을 통해 정치체제를 개혁하고자 했다.

세도정치의 전개는 지배세력, 즉 양반층 내부에서도 심각한 문제를 만들어냈다. 세도정치 이전, 조선의 정치적 특징은 붕당정치, 즉 양반 관료 내에서도 이념적으로 비슷한 사람들끼리 집단을 이루고 이 집단들끼리 서로 경쟁과 갈등하는 정치 행태를 보이고 있었다. 그러나 세도정치는 이와 달리 왕실의 외척들이 정부 고위층을 차지하는 과두제적인 성격이 강했다. 세도정치는 18세기 내내 전개되었던 왕권 강화 과정의 반동이라고 할 수 있는데, 왕권이 강화될 경우 양반관료들의 세력이 급속하게 약화될 수 있다는 점에 주목한 일부 세력들이 소수 문벌을 중심으로 권력을 장악하고 왕권을 약화시켰던 것이다.

그런데 이 과정에서 양반관료 내부에서도 양극화 현상이 발생했다. 지방에 근거를 둔 양반 세력이 급속하게 약화되었고 대조적으로 한양을 중심으로 소수 문벌이 부와 권력을 독점하게 되었다. 한양의 정치 경제적 발전이 다른 지역을 압도하는 가운데, 같은 양반 관료라 하더라도 한양에 기반을 둔 경화사족과 지방의 향반들로 구분하였다.47)

중앙관료들의 충원은 점차 소수 가문에 집중되었다. 이 가문 출신의 자제들은 관직에 오를 때, 특권을 누리게 되었고 과거제도 자체도 이 소수 문벌들이 독차지함에 따라 지방의 양반들이 중앙 관직에 접근할 수 있는 통로가 점점 좁아져 갔다.48) 세도 정치가들은 상품경제의 옹호자들이었으며, 스스로의 정통성을 조공체제를 옹호함으로써 보장받고자 했으며49) 학문적으로는 상업의 중요성을 강조하고 다양한 지식을 중시하는 중국의 북학론을 강조했다. 이들의 지배하에서 상업이 발전하는 가운데 빈부격차가 늘어나고, 양반 내부에서 중앙의 고위관직을 가질 수 있는 자들과 그렇지 못한 자들 사이의 양극화가 심해졌다.

정기적으로 치러졌던 과거제도는 서울과 경기 거주자들이 응시하기 쉽도록 수시로 실시하는 시험 즉 별시(別試)를 중심으로 치러졌다.50) 또 핵심적인 권력 기구인 비변사를 핵심 집안의 사람들이 스스로 추천하는 사람들로 구성되게 함으로써 권력의 세습화를 제도화했다.51) 한양에 거주하는 6대 가문을 중심으로, 15개 정도의 성씨를 가진 집단이 고위직인 당상관을 차지하고 있었다. 여기서 소외된 광범위한 양반 계층들은 정치 사회적으로 몰락했고, 지배층 내부에서 활발하게 일어났던 의사소통은 점차 사라져갔다.

그 결과 세도정치에 대한 양반 내부의 반대는 점차 커져갔다. 여기에 일상적으로 전개된 광범위한 농민반란은 조선 왕실의 심각한 정당성의 위기를 겪게 했다. 이 문제를 해결하기 위해서는 어떤 방식으로든 세도정치의 문제점을 해결해야만 했다. 문제 해결을 위해서 여러 가지 방안이 논의되었으나, 일단 실추된 왕권을 중심으로 세도정치세력들을 견제함으로써 위기를 타개하려는 시도가 바로 고종을 왕으로 내세우고 그의 아버지인 대원군으로 하여금 문제를 해결하도록 하는 것이었다. 대원군은 고종이 왕위에 오르고 난 다음, 일련의 개혁을 시도하였다.

그런데 고종은 결혼 전에 왕위에 올랐기 때문에 즉위하자마자 혼례를 서둘렀다. 결혼과 자식 특히 남자의 출산은 왕권을 강화하는 데 대단히 중요했기 때문이었다. 이때 대원군의 부인, 즉 고종의 어머니 가문인 여흥 민씨 가문에서 처녀가 선택되었다. 고종과 결혼한 민비는 총명한 인물로 평가되고 있으며, 민씨 일가를 요직에 등용했다. 이를 두고 고종 자신이 외척에 의존한 정치를 했다는 평가도 있다. 민비는 이후 대원군과 계속 갈등을 일으켰고, 이 둘의 관계는 개항기 조선 정치에서 또 하나의 중요한 변수가 된다.

3) 균형의 회복: 대원군의 개혁

대원군의 역할은 세도가들이 지배하는 조선을 왕권이 중심이 된 나라로 만드는 것이었다. 세도가들을 배제하고 다양한 인재를 선발하기 위해 당파와 지방을 가리지 않았다. 평민과 중인들 가운데서도 뛰어난 인물이 있으면 선발하였다.[52] 역관들을 포함한 중인들을 능력에 따라 선발했는데, 오경석, 강위 등의 역관들은 중국의 문물과 국제정세에 밝았던 실무관료들이다. 이들을 중용한 것은 나중에 고종이 자신의 정치적 세력을 구축할 때 사용했던 방법이기도 했다. 무관의 지위를 높여서 군부를 관리하는 병조판서에 무반과 문반이 번갈아 임명되었다. 또 의정부와 삼군부를 부활시켜 의정부는 정치의 최고기관, 삼군부는 군사의 최고기관이 되게 함으로써 세도가들이 장악했던 비변사를 약화시켰다. 그는 또 왕권 강화를 상징하기 위해 임진왜란 때 불탄 뒤 버려져 있었던 조선의 제1궁궐인 경복궁을 다시 지었다.[53]

이어서 그는 국가 재정을 확충하는 데 주력하였다. 대원군은 세도가들이 고종과 자신에게 어쩔 수 없이 권력을 잡게 한 상황, 즉 조선의 위기에 대해 잘 인식하고 있었다. 그래서 그는 정부 재정을 개혁하고 민생을 돌보는 데도 큰 노력을 기울였다. 그는 사람들의 생활이 풍족해지게 만들고 이를 통해 국가재정을 튼튼하게 한다는 생각을 갖고 정책을 추진하였다. 가장 먼저 군대 복무와 관련된 군정, 토지세, 그리고 정부가 가난한 사람에게 곡식을 빌려주고 이자를 포함해 되돌려 받는 환곡정책을 개선하는 것이 가장 중요했다. 3가지 조세를 운용하는 과정에서 온갖 비리가 발생했고, 그 결과 백성들은 무거운 세금에 허덕이고 반대로 정부 재정은 악화되었기 때문이었다.[54]

대원군은 토지세를 물리기 위해 조선에서 정기적으로 시행되었으나 오랫동안 하지 못했던 토지측량을 실시하였다. 토지 대장에 올려 있지 않아 세금을 물지 않았던 땅들을 추적하고, 권력을 이용하여 세금을 면제 받던 땅에 대해서도 세금을 물렸다. 아울러 중간관리들의 횡령을 엄벌하였다.[55] 이어서 군대 복무와 관련한 세금 제도를 개혁하여 관례적으로 세금을 내지 않았던 양반에게도 세금을 징수하였다.[56] 대원군의 조치는 재정을 늘리는 데 기여했을 뿐만 아니라 신분 차별을 어느 정도 상쇄시키는 결과도 가져왔다.[57] 또 그는 환곡을 운영하면서 법적인 이자보다 훨씬 많은 이자를 받거나, 주지도 않은 환곡에 이자를 붙이는 것과 같은 부정행위를 엄벌했다.[58] 또 무역과 상거래 등을 활성화시켰는데, 국내적으로는 독점적인 상거래행위를 통제하고 중국 일본과의 국제무역에 세금을 거두었다. 이러한 개혁정책의 결과 정부 재정은 늘어났고, 1862년 70여 건이 발생했던 민란이 고종이 즉위한 후에는 연간 1~2건으로 줄어들었다.

대원군은 국방 강화정책을 시도하여 군대를 개편하였다. 그는 서양배가 출몰하자 수군을 강화했으며,[59] 삼군부를 복원하고 무신들이 군사업무를 처리하도록 했다. 한양 부근의 해안에 포대 시설을 확충하였다.[60] 또 서양의 병기에 비해 화력이 약한 조선 군대의 문제를 해결하기 위해 만주와 일본으로부터 무기를 수입하고 신무기를 개발하는 데도 노력을 기울였다.[61]

대원군의 정책 가운데 양반층의 저항을 불러일으킨 것이 바로 서원철폐였다. 조선의 서원은 본래 유명한 유학자를 추모하고 학문을 배우는 기관이었으나, 점점 많은 땅과 노비를 점유하고 면세특권을 누리며 백성들을 억압하는 것으로 바뀌었다. 또 중앙의 당파와 연결되어 지방에서 파벌 투쟁을 조장하기도 했다. 그 숫자도 점차 늘어나 정부가 통제하기 힘들게 되었다. 대원군은 집권하자마자 서원철폐를 단행했다.[62] 전국적으로 679개의 서원 가운데 47개만 남기고 모두 철폐시켰다.[63] 서원의 정치 경제적 특권을 무너뜨림으로써 양반의 특권을 없애고 정부의 재원을 확보하고 백성들의 지지를 받을 수 있었으나, 양반들로부터는 강력한 저항을 받게 되었다. 하나의 사례로 유학자인 최익현은 대원군 탄핵상소를 올려 그의 하야를 요구하였으며, 고종은 그것을 계기로 1873년 친정을 선포하였다.

대원군 개혁의 성격을 둘러싸고 크게 두 가지 견해가 존재한다. 어떤 학자들은 대원군의 개혁이 일본의 메이지 유신과 유사한 근대적인 개혁이었다고 주장한다. 대원군은 조선의 전통적인 지배세력이었던 양반을 해체하고 새로운 정치체제를 구상했다는 것이다. 그러나 다른 학자들은 이에 반대하여 대원군의 개혁은 조선 시대에 반복해서 나타났던 전통적인 개혁이었을 뿐이라고 주장한다. 근본적으로 조선

의 정치체제를 근대적인 것으로 전환시켰던 것이 아니라, 개혁 군주
였던 정조나 그 이전의 군주들처럼 기존의 지배체제를 유지한 채, 왕
권을 강화하는 데 몰두했다는 것이다. 따라서 그는 근대적인 제도들,
예를 들어 신분제의 해체, 사적 소유권의 도입, 입법 권력의 도입과
같은 것들은 시도하지 않았으며, 그 결과 외척이나 관리들의 부패 척
결, 조세 제도의 부분적인 개혁, 즉 전통적인 균형 유지적 행위로 평
가될 수 있다는 것이다.

　그가 추진한 정책들은 세도가들의 위상을 어느 정도 약화시켰으나
기본적으로는 세도가의 존재자체를 허물어뜨리지는 못했다. 우선 대
원군이라는 지위는 상징적인 것으로 공식적인 관직을 담당할 수는 없
었다.[64] 대원군은 자신의 거처인 운현궁에 행정 실무에 밝은 서리들
을 모으고, 이들을 활용하여 중앙과 지방에 걸쳐 권력을 행사했다. 그
의 지시는 왕이 대신하거나 아니면 비공식적인 통로를 통해 시행되었
다. 그런 만큼 대원군의 권력 기반은 상대적으로 취약했다. 처음에는
어린 고종이 왕권을 행사하지 못했으나, 어느 정도 시간이 지난 다음
대원군의 존재 자체가 고종에게 커다란 부담으로 작용했다. 따라서
고종은 유교의 기본덕목인 충과 효 가운데 효를 버리기로 결심하고
왕이 직접 권력을 행사하겠다는 친정 선언을 했다. 고종은 대원군의
문제점을 지적한 최익현의 상소를 계기로 1873년 11월 4일 밤 전격
적으로 친정을 선언하고 대원군을 물러나게 했다. 왕의 명령으로 대
원군이 권력을 상실하게 된 것은 대원군의 권력기반이 취약했음을 보
여준다. 고종은 이후 자신의 주도하에 정국을 이끌어 갔다.

　친정선언 이후 권력을 장악한 고종은 많은 문제에 직면하게 되었
다. 우선 외국 세력들의 끊임없는 개항 요구에 대응해야 했다. 그리고
개항 이든 쇄국이든 어떠한 정책을 추진하더라도 그것이 가능하기 위
해서는 조선의 내정 개혁이 불가피했다. 그러나 조선 내부는 각종 문

제를 둘러싸고 실로 다양한 세력들로 나뉘어져 있었다. 일사 분란한 정책을 추진하기에는 서로 다른 견해를 가진 세력들이 너무 많이 존재했고 그들 사이의 갈등도 심각한 수준이었다. 대원군을 따르는 세력들, 전통적인 유교의 원리를 지키고자 하는 양반들, 서양 세력을 거부하는 척사파와 새로운 서양의 문물을 도입하여 근대적인 개혁을 추구하려는 개화파들이 서로 갈등하고 있었다. 이들은 서로 갈등하면서도 동시에 고종과 대립하였는데, 그 과정에서 많은 사건들이 발생했으며, 조선을 지탱시켜 왔던 왕과 관료들 사이의 균형 유지적 행위는 서서히 파괴되어 갔다.

주석

1) Marshall G. Hodgson, *Rethinking World History: Essays on Europe, Islam, and World History* (Cambridge University Press, 1993).

2) 사카이 나오키, 이규수 역, "누가 아시아인인가," 『국민주의의 포이에시스』(창비, 2003), p.50.

3) 이매뉴얼 월러스틴, 김명환 역, 『근대세계체제 1』(까치, 1999).

4) 이 부분의 설명에서, 이삼성의 연구는 큰 도움이 된다. 이삼성, 『동아시아의 전쟁과 평화: 전통시대 동아시아 2천년과 한반도』(한길사, 2009).

5) Owen Lattimore, *Inner Asian Frontiers of China* (Boston: Beacon Press, 1962)(1940 & 1951 by American Geographical Society); Thomas, J. Barfield, *The Perilous Frontier: Nomadic Empires and China, 221 BC to AD 1757* (Cambridge, M.A.: Blackwell, 1989); René Grousse, 김호동·유원수·정재훈 옮김, 『유라시아 유목제국사』(사계절, 1998).

6) 西嶋定生, 『中國古代國家と 東アッア世界』(東京: 東京大學出版會, 1983), pp. 397-418.

7) 청의 옹정제가 편찬한 대의각미록은 이적과 중국을 나누는 기준을 예시했다. 그 기준은 보편적 윤리를 아는가 그렇지 않은가의 여부에 있다.

8) 재닛 아부-루고드, 박홍식·이은정 옮김, 『유럽 패권 이전: 13세기 세계체제』(까치, 2006).

9) Michael S. Yamashita, *Zheng He: Tracing the Epic Voyages of China's Greatest Explorer*, Sarah Ponting, tr., Elizabeth Bibb, ed. (Vercelli, Italy: White Star, c2006).

10) 동남아의 무역 네트워크에 대한 것으로, Anthony Reid, *Southeast Asia in the Age of Commerce, 1450-1680* (New Haven: Yale University Press, c1988-1993). 유럽 패권 이전의 원제국의 패권을 다룬 것으로는, 재닛 아부-루고드, 박홍식·이은정 옮김, 『유럽 패권 이전: 13세기 세계체제』(까치, 2006). 아라비아-인도-동남아-중국을 잇는 '아시아 무역권'의 발전이 서유럽의 자본주의 발전을 촉진시켰다고 지적하는, K. N. Chaudhuri, *Trade and Civilization in the Indian Ocean* (Cambridge University Press, 1985) 참조.

11) 월러스틴은 사회를 극소체제와 세계체제로 구분하고 세계체제를 다시 제국과 세계경제로 구분한다. 제국은 단일한 정치적 중심과 복수의 경제체제로 구성되는 반면, 세계경제는 복수의 정치체제와 단일한 경제체제가 존재한다. 월러스틴에 따르면 중화체제는 제국이며 16세기 이후 발전해온 유럽의 세계체제는 세계경제이다. 이매뉴얼 월러스틴, 김명환 역, 『근대세계체제 1』(까치, 1999).

12) 월러스틴은 당시 동아시아의 바다에서 서구의 힘은 제한적이었다고 지적한다. 월러스틴(1999).

13) 이를 '유럽의 기적'이라는 테제로 정리한 책이 Eric Jones, *The European Miracle: Environments, Economies, and Geopolitics in the History of Europe and Asia*, 3rd ed. (Cambridge: Cambridge University Press, 2003)이다. 이에 대한 본격적인 비판으로 J. M. Blaut, *The Colonizer's Model of the World: Geographical Diffusionism and Eurocentric History* (New York: Guilford, c1993)가 있다.

14) 안드레 군더 프랑크, 이희재 옮김, 『리오리엔트』(이산, 2003), pp.253-254. 캘리포니아 학파로 불리는 일군의 학자들이 이 견해에 동의하고 있다. Patrick Manning, "Introduction," AHR Forum: Asia and Europe in the World Economy, *American Historical Review*, Vol.107, No.2, April(2002), p.420.

15) 아시아 지역에서 서구의 패권은 1830년대 무렵부터 확실해지기 시작했는데, 이 시기는 본격적인 아편무역이 활성화되면서 오랫동안 지속되었던 중국으로의 은 유입이 역전되어 중국으로부터 은 유출이 시작되었던 시점이기도 하다.

16) 강진아, "16~19세기 동아시아 무역권의 세계사적 변용," 『동아시아의 지역질서: 제국을 넘어 공동체로』(창작과 비평사, 2005).

17) Peter Jackson, trans., *The Mission of Friar William of Rubruck: His Journey to the Court of the Great Khan Mongke, 1253-1255* (Hakluyt Society, 1990).

18) 『효종실록』, 효종 4년. 8.16.

19) George H. Dunne, 『거인의 시대: 명 말 중국 예수회 이야기』(지식을 만드는 지식, 2016).

20) l' Abbé Prévos, *Histoire d'une Grecque Moderne*, Jean Sgard, éd. (Presses Universitaires de Grenoble, 1989).

21) 서구에서 각종 정치체가 갖는 주권에 대한 국제적 승인은 30년 전쟁 이후 체결된 17세기의 베스트팔렌 조약에서 명문화되었다. 이 조약은 로마교회와 신성로마제국의 질서를 부정함으로써, 근대적 주권국가체제의 모델이 되었다. 이 조약은 마키아벨리의 세속적인 권력 개념과 더불어 근대 정치를 기초하는 주요한 근거가 되었다.

22) 만국공법은 휘튼의 국제법이 마틴에 의해 번역되면서 만국공법이라는 이름으로

불리게 되었다. 번역의 문제는 여기서부터 비롯된다. 휘튼의 『국제법』이 마틴에 의해 『만국공법』으로 번역되었다. 여기서 근대 수용에서 번역의 문제가 갖는 중요성이 제기된다. 이에 대한 개괄은 김동택, "근대 국민과 국가 개념의 수용에 관한 연구," 『대동문화연구』 41호(2002). 조선과 중국이 이를 19세기 말까지 주요하게 고려했음에 비해, 일본의 경우 일찌감치 1871년 구미지역 시찰을 통해 국제질서가 약육강식의 상황임을 파악하게 된다. 일본의 경우 이미 1871년 구미지역 시찰을 통해 이와쿠라 도모미가 현실주의적인 상황, 약육강식의 상황을 파악하게 된다.

23) 1871년의 신미양요 때까지도 화이 개념으로 서구를 바라보았다.

24) James Bernard Palais, 『傳統韓國의 政治와 政策: 朝鮮 王朝 社會의 政治·經濟·이데올로기와 大阮君의 政策』(신원, 1993).

25) 이성무, "朝鮮時代 奴婢의 身分的 地位," 『한국사학』 9(1987).

26) 김홍식, "封建的 小農民經營의 成立," 『朝鮮時代 封建社會의 基本構造』(박영사, 1981); 이호철, "農莊과 小農民經營," 『朝鮮前期 農業經濟史』(한길사, 1986).

27) 이태진은 17세기에는 10~20%이던 양반층(幼學戶)의 구성 비율이 18세기에는 20~30%, 그리고 19세기 30~80%로 급격히 증가했다고 지적한다. 이태진, "朝鮮後期 兩班社會의 變化─신분제와 향촌사회 운영구조에 대한 연구를 중심으로," 『韓國社會發展史論』(일조각, 1992).

28) 『비변사등록』, 철종 12년 12월 10일 자.

29) 19세기 전반의 『비변사등록』에서 군영의 재정 문제는 핵심적인 논의사항이었다.

30) 『숙종실록』, 숙종 39년 4월, 기유; 『비변사등록』, 201책, 순조 11년 3월 15~28일.

31) 『만기요람』, 군정편, 비변사 所掌事目.

32) 원유한, 『朝鮮後期 貨幣史 硏究』(韓國硏究院, 1975), pp.69-70.

33) 『연산군일기』, 연산군 6년 8월 辛亥.

34) 『연산군일기』, 연산군 8년 11월 庚辰.

35) 『중종실록』, 중종 7년 8월 乙卯.

36) 『연산군일기』, 연산군 3년 7월 乙巳; 『중종실록』, 중종 25년 1월 甲辰.

37) 『國朝寶鑑』, 권 87, 철종 2년 윤 8월.

38) 도결로 징수된 부세와 중앙정부에 상납하는 시기가 상이한 것을 활용하여 지방 관료들은 부세를 이자놀이를 하거나 무곡을 하여 이익을 챙기기도 했다. 안병욱, "19세기 賦稅의 都結化와 封建的 收取體制의 해체," 『國史館論叢』 7(1990); 고동환, "19세기 부세운영의 변화와 그 성격," 『1894년 농민전쟁연구 1』(역사비평사, 1991).

39) 장동표, "18, 19세기 吏額增加의 현상에 관한 硏究,"『釜大史學』 9(1985).

40) 고석규, "19세기 鄕村支配勢力의 변동과 農民抗爭의 양상," 서울대 박사학위 논문(1991).

41) 오영교, "朝鮮後期 地方官廳財政과 殖利活動,"『學林』 8(1986).

42) 1860년대 동래부의 경우는 전부 38개의 기구로 나뉘어져 재정운영을 하고 있으며 강계부의 경우도 역시 많은 수로 나뉘어져 있다

43) 김덕진, "朝鮮後期 地方官廳의 民庫 設立과 運營,"『歷史學報』 133(1992).

44) 유석춘·국민호, "노만 제이콥스의 동양사회론과 한국사회,"『사회사연구의 이론과 방법』(문학과 지성사, 1988).

45) 배링턴 무어,『독재와 민주주의의 사회적 기원』(까치글방, 1990), pp.180-191.

46) 제임스 B. 빨레, 이훈상 역,『전통한국의 정치와 정책』(신원, 1993).

47) 이준구, "조선후기 양반신분 이동에 관한 연구-上,"『역사학보』 제96집(1982).

48) 유봉학, "18, 9세기 경향학계의 분기와 경화사족,"『국사관논총』 제22집(국사편찬위원회, 1991).

49) 한국역사연구회 19세기 정치사연구반,『조선정치사 1800~1863 上』(청년사, 1990), pp.65-69.

50) 유봉학(1991).

51) 유봉학(1991), pp.592-593.

52)『고종실록』, 고종 2년 6월 癸卯.

53)『승정원일기』, 고종 2년 5월 26일.

54)『승정원일기』, 고종 5년 2월 30일.

55)『고종실록』, 고종 원년 정월 丙寅條: 2월 辛巳條.

56)『고종실록』, 고종 8년 3월 乙卯條.

57)『승정원일기』, 고종 8년 3월 25일.

58)『일성록』, 고종 4년 7월 20일,『大典會通』「戶典 倉庫條」 185-191.

59)『고종실록』, 고종 2년 정월 戊戌條.

60)『승정원일기』, 고종 7년 11월 17일.

61) 김정희,『阮堂先生全集』, 제3권「서」.

62)『승정원일기』, 고종 1년 8월 17일.

63)『고종실록』, 고종 8년 3월 乙亥條; 戊申條.

64) 김성준, "朝鮮初期의 宗親府,"『韓國中世政治法制史硏究』(一潮閣, 1985).

제 **2**장

개항과 개화의 진행

1절 개항이 초래한 정치변동
2절 농민운동

개항과 개화의 진행

1절 개항이 초래한 정치변동

1786년 조선은 개항(開港)을 했다. 조선이 직면한 과제는 조선사회가 겪고 있는 다양한 문제들과 외부에서 밀려오는 변화에 어떻게 대응할 것인가 하는 것이었다. 조선 내부의 문제에 대해 변화가 필요하다는 입장은 어느 정도 일치된 견해가 존재했다. 그러나 누가 주도를 하고 어떻게 변화할 것인가를 두고 입장의 차이가 있었다. 여기에 변수로 작용한 것이 외국의 압력에 대한 태도이다.

외국의 개항 압력에 대해 이를 단호히 거부해야 한다는 입장이 있었다. 이러한 입장을 흔히 쇄국(鎖國)이라고 표현한다. 다른 한쪽에서는 외국과의 적극적인 교류를 통해 외국의 문물을 받아들여야 한다는 입장이 있었다. 이러한 입장을 흔히 개화(開化)라고 표현한다. 내적인 변화를 의미하는 개혁에다 외세에 대응하여 문을 연다는 것을 의미하는 개방이 합해져서 복잡한 정치 노선의 분화가 발생했다. 특히 개화라는 관념은 과거 중국문명을 보편적인 것으로 간주했던 것과는 달리 서양문명을 보편적인 문명으로 간주하여, 조선이 그러한 문명이 되어야 한다는 것을 의미하게 되었다. 이러한 논리에서는 개혁이 곧 개화를 의미했고 개화는 동시에 서구문명을 따른다는 의미를 갖게 되었다.

중화체제의 세계질서, 유교적 원리와 양반이 지배하는 신분제 사회, 정부에 의한 재분배구조를 경제의 근간으로 삼고, 그것에 배치되는 가치 체계를 거부하며 살아왔던 조선사회는 개항을 통해 서구 국가들이 만들어놓은 근대 문명 즉 물질적인 부의 축적, 국가들 간의 경쟁, 치열한 생존 경쟁 논리가 지배하는 세상에 직면하게 되었다. 완전히 새로운 것에 마주해서 오랜 관습과 제도를 바꾸는 것도 어려운 일이지만, 어떻게 바꿔야 할지, 얼마나 빨리 바꿔야 할지를 결정하는 것도 대단히 어려운 일이었다. 개항은 조선에 커다란 도전을 의미했다.

이 장에서는 개항과 개화라는 과제를 조선의 지배세력들이 어떠한 방식으로 해결하고자 했으며 그 결과는 어떠했는지를 살펴볼 것이다. 먼저 사태의 진행을 검토하고 이후 다음의 장에서 대한제국의 붕괴와 식민지체제의 성립으로 이어지는 정치변동이 근대로의 이행에 있어서 차지하는 위상을 설명할 것이다.

조선의 개항은 1876년 2월 27일 일본과 조·일 수교 조규를 체결함으로써 이루어졌다. 본래 조선과 일본은 오랫동안 긴밀한 관계를 유지해왔다. 조공체제, 사대교린의 질서하에서 일본과는 교린 즉 이웃관계에 해당하는 관계를 맺고 있었다. 명의 건국 직후, 명의 황제는 조선의 태종을 책봉하고(1404) 이어서 일본의 쇼군인 요시미쯔(義滿)를 일본의 왕으로 책봉했다. 이로써 두 나라는 같은 지위에 놓이게 되었으며 이에 따라 교린 관계를 맺게 되었다.

고려 말부터 조선 초기까지 일본은 한반도의 남쪽을 침략하는 왜구의 본거지로 인식되었으며 국경의 평화를 위해 잘 통제해야 할 대상이었다. 조선은 대마도(쓰시마 섬)를 중개지로 활용하여 일본과의 관계를 멀지도 가깝지도 않게 유지하고자 했다. 조선의 왕은 일본의 쇼군이 동격의 지위를 갖는 것을 인정할 수 없었다. 그것은 일본의 쇼군 또한 마찬가지였다. 때문에 두 나라는 대마도를 대리인으로 하여 적절한 규모의 무역과 외교관계를 유지했다. 조선은 일본과의 무역을 원하지 않았지만, 국경의 안전을 생각해서 일본의 적극적인 무역 요구를 일방적으로 거절할 수도 없었다. 그래서 무역을 위해 일본인이 거주할 수 있는 엄격한 관리 지역인 왜관을 만들었다. 엄격한 통제하에서 이루어지는 관리무역체제야말로 동북아 조공체계의 전형적인 모습이라고 할 수 있다.

조선과 일본 두 나라의 관계는 도요토미 히데요시(豊臣秀吉)의 침략(임진왜란) 이후 단절되었다가 1609년 다시 회복되어 1870년대까지 관계가 지속되었다. 조선 정부는 무역선의 규모를 적절히 조정하면서 불법적인 왜구의 준동을 막고 국경의 안전을 유지하고자 했다. 이러한 교류 방식은 서양 세력이 동아시아에 영향력을 확대하고, 일본이 개항하여 메이지 유신을 통해 근대 국가를 만들면서 급격하게 변화했다. 메이지 유신 이후 근대화를 추구했던 일본은 서양이 자신들에게 했던 방식을 그대로 사용하여 조선에 영향력을 확대하고자 했다. 일본은 새로운 관계 수립을 요구하는 서계를 조선에 보냈다.

1869년 부산의 관리 안동준은 쓰시마에서 온 사신의 장계를 수령하기를 거부했다. 일본 측 문서에 사용된 천황이라는 호칭이 문제가 되었다. 일본이 천황이라는 호칭을 사용하자 전통적인 국제질서에 어긋난다고 지적하면서 서류 접수를 거부하였던 것이다. 조선 정부가 완강하게 일본의 요구를 거절하자 그에 대한 보복으로 일본 내에서는 조선을 정벌해야 한다는 정한론(征韓論)이 제기되었으나 일단 일본의 개혁이 우선이라는 판단에 따라 중국을 통한 조선 개방정책을 추진했다.

일본은 1871년 중국과 조약을 맺고 두 나라가 평등한 주권국가라고 선언했다. 그런 다음 이를 근거로 청나라를 통해 조선과의 조약을 추진하고자 했다. 청은 조선이 특정한 나라의 영향력하에 들어갈 경우 청의 안보에 위협이 된다고 판단하여 조선을 개항시키고 개화를 추진하게 함으로써 청의 주변을 안정시킨다는 정책을 수립하고 조선 정부에 개항을 권유하였다. 그리고 일본의 독점적인 영향력 확대는 중국에 불리할 것이 분명했기 때문에, 조선이 많은 나라들과 수교하여 일종의 힘의 균형이 이루지기를 희망했다. 조선은 내부적으로 심각한 논란을 벌였으나, 1873년 고종이 대원군을 은퇴시키고 정권을 장악한 다음 1874년 화해정책을 추구하였고 1876년 일본과 조약을 체결하였다.

일본은 해군 함대를 보내 무력시위를 하고 강제로 문을 개방하는 포함 외교의 형태를 취했다. 일본은 1875년 가을 운요호를 인천에 파견하여 함포사격을 가했고 1876년에 8척의 군함을 강화도 근처에 파견하여 무력시위를 했다. 조선 정부는 논란 끝에 수교조약에 서명하기로 결정하고 1876년 2월 조약에 서명했다. 일단 조선 정부는 전통적인 교린관계로 일본과의 조약을 정당화했지만 그 내용은 서구식 국가체제에서 맺어진 불평등조약이었다. 조선과 일본 사이에 체결된 조약의 1조는 한국과 일본이 똑같은 주권을 지닌 자주국가라는 점을 밝혔다. 그러나 형식적인 평등과 실질적인 불평등이야말로 근대 국제 조약의 핵심이었고, 이는 형식적 불평등과 실질적인 자주를 인정한 전통적인 중화체제와는 매우 다른 것이었다.

일본과의 조약은 양국관계가 중화체제에서 근대 국가간체제로 넘어가는 시발점이었고, 이후 다른 여러 나라와의 조약체결의 출발점이었다. 조선은 일본과의 무역을 위해 5개의 항구를 개방해야 했고, 자국의 영토와 해역에 대한 조사를 허락했다. 또 일본 상인들의 치외법권적인 권리를 인정해야 했다. 하지만 조선인이 같은 특권을 일본에서 가질 수는 없었다. 이 불평등조약으로 조선은 전통적 조공체제하에서 청의 속방이면서 동시에 근대 국가간체제하에서 다른 나라들과는 평등한 국가라는 모순적인 상황에 놓이게 된다.

일본은 일단 조선을 개항시켰지만 사쓰마에서의 사무라이의 반란과 같은 여러 국내 문제들로 인해 조선에 대해 적극적으로 개입을 할 수가 없었다. 이 틈을 활용하여 조선과의 외교를 책임지고 있던 중국의 이홍장(李鴻章)은 조선에게 한편으로 미국, 영국, 독일 등 여러 서구 나라들과 수교를 권유하였고 다른 한편으로 내정개혁을 촉구하였다. 조선이 살아야 중국이 안전하다는 것이 중국의 기본적인 입장이었던 것이다. 1880년 일본에 파견된 중국 외교관 황준헌은 조선책략이라는 책자에서 '친청(親淸), 결일(結日), 연미(聯美)'를 통해 조선의 자주권과 개혁을 추구할 것을 촉구하였다. 일본에 파견되었던 김홍집이 이 책을 고종에게 보여주었고 고종은 이를 참조하여 1882년 미국과의 조약체결을 시작으로 서구 여러 나라들과의 외교관계를 수립하게 되었다.

중국의 지도자들은 조선이 서양의 여러 나라들과 수교해야 한다고 판단했다. 특히 러시아와의 국경분쟁, 일본의 팽창 등으로 예민해져 있었던 중국의 지도자들은 일본과 러시아를 견제하기 위해 조선이 미국, 영국, 독일과 조약을 맺을 것을 권유하였다. 그리하여 1882년 5월에 미국과 통상조약을 체결한 이후 영국, 독일과 잇달아 국교를 수립하고 1886년에는 프랑스와도 조약을 체결하였다.

1) 개화 세력의 등장

고종은 최익현의 상소를 계기로 1873년 11월 4일 밤 전격적으로 친정하교(親政下敎)를 선언하고 대원군을 물러나게 했다. 고종은 비세도가 출신인 이유원·박규수를 대신으로 삼은 다음 대원군의 기반을 무너뜨리기 시작했다. 고종은 경복궁 대화재 이후 측근인 이경하를 금위대장에 임명하고 삼군부의 기반인 군영의 대장들을 종2품으로 낮추고[1] 국왕 친위군인 무위소(武衛所)를 창설하여 삼군부를 대체하게 했다.[2] 고종은 회계를 담당하는 경리청(經理廳)을 무위소 아래에 두게 하고[3] 무위소와 선혜청 그리고 훈련도감의 제조를 겸하게 하여 재정과 군사를 통합시킨 다음, 이를 측근인 조영하·민규호·민겸호들로 하여금 관리하도록 했다.[4] 아울러 재정과 무력을 담당하는 공사당상과 병조판서 그리고 호조판서에 척신과 종친을 배치했다.

고종은 지방을 장악하기 위해 1874년부터 암행어사를 파견하여 대원군 세력을 숙청했다.[5] 또 대원군의 기반인 군영이 제조하던 청전혁파를 통해 대원군 세력으로 자금이 유입되는 것을 막았다.[6] 또 대원군의 친형인 이최응(李最應)과 안동 김씨 세력인 김병국(金炳國)을 대신으로 기용하여 대원군 복귀의 명분을 없애버렸다. 그러나 대원군이 추진했던 서원철폐와 같은 왕권 안정정책은 그대로 유지되었고[7] 호포법이나 사창제 등은 지방 사족들이 반발에도 불구하고 계속해서 추진하였다.

조선사회의 문제 해결을 둘러싸고 다양한 입장을 갖고 있었던 세력들은 개항과 더불어 점차 정치세력으로 모습을 갖추기 시작했다. 기존 연구들은 개항을 전후한 시기의 만들어진 정치 세력들의 균열을 여러 가지 측면에서 설명하고 있다. 먼저 개화를 둘러싸고 그것에 반대하는가 아니면 찬성하는가에 따라 개화파와 위정척사(衛正斥邪)파로 나뉘어졌다. 그리고 대외노선에 따라 친일파, 친미파, 친청파, 친러파로 나눠졌다. 또 개화의 속도를 둘러싸고 급진개화파와 온건개화파로 나눠졌다. 이런 분류는 나름대로 타당성이 있지만, 한말의 정치변동을 일관되게 설명하는 데 적절하지 않다고 판단된다.

오히려 핵심적인 균열은 근대 국가 건설, 개화의 추진을 둘러싼 왕과 지배계급 간의 갈등으로부터 발생했다고 보인다. 기존 관료체계 내에서의 균열은 권력 장악을 위한 헤게모니 투쟁이었으며, 그러한 정도로 왕권 강화를 추구했던 왕의 의도에 활용된 측면이 많았다. 먼저 개화파와 위정척사파를 구분하는 견해를 살펴보기로 하겠다.

개항이 현실화되자, 개항을 반대했던 위정척사파의 영향력은 급격하게 축소되었다. 대원군을 비롯한 위정척사파들은 중앙정계에 커다란 영향력을 행사하지 못했을 뿐만 아니라 왕의 권력강화에 활용되기도 했다. 대표적인 위정척사파인 최익현은 정작 위정척사의 대명사인 대원군이 하야하는 데 결정적인 역할을 했을 뿐 이어진 정치변동에 큰 역할을 하지 못했다. 뿐만 아니라 이들 가운데 재야세력을 제외한 지주관료들은 개항이 추진되자 이를 기정사실로 받아들였다. 심지어 대표적인 인물인 대원군조차 개항 이후에 여러 나라와의 교류와 개혁이 불가피한 것임을 인정할 수밖에 없었다. 개항 이후 중앙관료들 가운데서 개항 자체를 번복할 것을 요구했던 세력은 존재하지 않았다. 부분적으로 지방의 위정척사파들로부터 문제제기가 있었으나 무시되었다.

따라서 개항 이후에 지배계급 내부에서 발생한 대립은 개화에 대한 찬성과 반대라기보다는 개화의 속도와 방법을 둘러싸고 나타났다고 할 수 있다. 지배계급 내부의 온건파와 급진파는 그들이 추구했던 목표 즉, 국가의 강화라는 측면에서는 커다란 차이가 없었다. 오히려 온건파나 급진파 모두는 왕권을 약화시키고 관료권을 강화시키는 방식으로 국가를 강화하려 했다.

다음으로 개항 이후의 정치세력을 대외노선에 따라 친청, 친일, 친미, 친러 노선으로 구분하는 연구는 현상적인 것만을 강조하는 오류를 범하고 있다. 지주관료들이 특정한 나라를 지지하는 것은 그것이 정치권력을 보장해 줄 수 있을 때였다. 이들은 상황에 따라 지지하는 나라를 바꾸었다. 이들이 일관되게 특정한 나라를 지지하는 경우라고 하더라도 그것은 어디까지나 이해관계가 일치했기 때문이었다. 예컨대, 임오군란 당시 친청파로 분류된 김윤식·어윤중 등은 갑오개혁 당시 일본에 의존했던 갑오정권의 핵심적인 역할을 담당했다. 또한 대표적인 친일파로 분류되는 이완용의 경우 친미, 친러, 친일노선을 번갈아 가며 걸었다. 요컨대 대외노선으로 이들을 구분하는 것은 사태를 잘못 파악하는 것이다. 오히려 이들은 자신들의 권력을 유지하는 데 필요한 나라를 선택했을 따름이었다. 따라서 대외노선의 분석은 주어진 지배계급의 이해관계가 전제된 다음에 의미를 가질 수 있을 것이다.

당시의 정치적 균열이 반(反)민씨세도와 민씨세도(이른바 閔黨) 집단 사이에서 발생했다고 주장하는 연구들도 있다. 그러나 어떤 연구자들은 민씨세력을 친청수구파로 설명하는 경우도 있으며,[8] 다른 연구자들은 민씨 세력이 온건개화파였다고 규정하고 있다. 객관적으로 볼 때 민씨들은 대신을 한 명도 배출하지 못했고, 갑신정변 이후 부분적으로 의정부 당상직을 담당하지만 이는 왕의 친위세력 강화정책 때문이지 민씨가의 독자적인 기반이 강했던 것은 아니었다. 당시 정치적으로 주도적인 역할을 한 것은 왕이었으며,[9] 민씨들은 왕의 측근 혹은 왕권강화를 위해 활용된 집단으로 간주될 수 있다. 흔히 고종에 대해서도 그가 보수적 혹은 수구적이었다는 견해가 많다. 하지만 개항 이후 사태의 전개를 검토해보면 고종이 결코 그렇지 않았다는 것을 확인할 수 있다.

개항 이후 국가강화정책을 주도했던 것은 국왕이었다. 관료들은 왕의 개혁의지를 뒤따르기에 바빴으며, 때로는 왕의 급격한 개화정책에 반발하기도 했다. 1880년 4월 관료들은 왕이 청에 영선사를 파견하라는 명령을 내리자 재정이나 여타의 이유를 들어 반대했는데, 고위관료들의 반대를 무시하고 영선사 파견을 실행한 것도 왕이었다. 또 일본에 시찰단을 파견하고 이들이 학습한 것을 활용하게끔 배려한 것도 왕이었다. 왕은 개화정책의 추진을 위해 다양한 기구를 설립했다. 청을 본 따 통리기무아문(統理機務衙門)[10]을 만들어 의정부와 동일한 위상을 부여한 다음, 측근을 임명하여 외교, 서양식 군사기술의 도입, 국경문제 처리, 주교사 관할,[11] 광산 개발의 허락과 징세, 화폐 주조 관장을 통해 재원들을 확보하였다.

개항 이후 국가간체제의 강력한 압박을 받게 된 조선은 어떻게 정치체제를 유지할 것인가라는 과제를 둘러싸고 다양한 갈등이 발생했다. 먼저 쇄국정책을 탈피하여 고종이 개항을 추진하자 전통적인 중국 중심의 세계관을 가진 유학자들과 개화정책으로 인해 피해를 보게 된 계층들에서 상당한 반발이 일어났다. 다음으로 개화정책에는 찬성하지만 그것의 속도와 범위에 대해서는 상당한 견해 차이가 발생했다. 이러한 차이들은 개항 이후 조선의 정치 갈등에서 그대로 표출되었다. 개화를 추구하는 데 있어서 강한 근대 국가가 필요하다는 일치된 견해가 있었으나 누가 어떻게 그와 같은 국가를 만들어야 하는지에 대해서 왕과 관료들 사이에 커다란 간극이 존재했던 것이다. 왕은 관료들을 약화시키고 왕권을 강화함으로써 국가를 강화시키려는 노선을 추구했다. 그와 반대로 관료들은 왕권을 약화시키고 관료의 권력을 강화함으로써 국가를 강화시키려는 노선을 추구했다.

고종에 대해서는 나라를 망하게 했다는 이유로 지도력 부재, 무능

력함과 같은 이미지가 늘 붙어 다닌다. 그러나 개항 이후 왕권강화를 통한 개혁을 추구함으로써 국가를 강화시키고자 했던 인물이 바로 고종이었다. 고종은 1880년 4월 관료들의 반대를 무릅쓰고 영선사를 청에 파견했으며 제2차 수신사단을 일본에 파견했다. 특히 고종은 제도적으로 뒷받침이 되는 개혁정책을 추진하고자 노력했고 그것을 위해 새로운 정부 기구들을 많이 설치했다. 이러한 기구들은 기존의 관료체계를 무시하고 만들어졌거나 혹은 기존 관료체계를 재편하여 만들어졌다. 이러한 일련의 시도들은 왕권강화를 위한 일종의 투쟁 기구를 만드는 것이었다. 이러한 기구들은 개혁이 자신의 권력 강화와 불가분의 것임을 인식한 고종에 의해 만들어졌다.

고종은 국가의 공식적인 기구를 배제하면서까지 개혁정책을 주도했다. 1881년 1월 일본에 12명의 시찰단을 파견했는데, 이는 극비리에 추진되었고 비용 또한 국왕 개인의 자금으로 충당되었으며12) 시찰단의 구성원들을 귀국 후에 통리기무아문의 주축 세력이 되도록 배치했다.13) 또 청과는 군사기술과 관련된 제도 설치를 검토하였으며14) 일본의 군사 기술을 도입하기 위해 1881년 4월 교련병대(敎鍊兵隊)를 설치하였다.15) 또 무기와 군함의 구입 가능성을 타진하기 위해 1881년 2월 이동인과 이원회를 일본에 파견하기도 했다.16) 왕이 추구했던 개혁의 목표는 부국강병이었으며 왕의 주도하에 그것을 추진하겠다는 의도를 분명히 했다.

하지만 왕과 왕의 측근이 중심이 되어 추진된 일련의 개혁정책은 전반적인 지지를 받지 못했으며 재정 또한 결핍되어 있었다. 이로 인해 가중된 조세 수취는 중앙정부, 지방관아, 지방아전 및 향청의 자의적인 수탈로 확대되어 상당한 저항을 불어 일으켰다. 이와 더불어 별도로 추진된 왕실의 재정확대 또한 농민들의 심각한 저항을 촉발시켰다.17) 고종은 개화를 추진하는 과정에서 온건개화파들 즉, 중국의 자강운동(自强運動)이나 동도서기(東道西器)를 따르는 관료들과 급진개화파들 즉, 일본의 모델을 선호하는 젊은 관료들을 모두 활용하였다.

고종은 중국과 일본에 이들 관료들을 각각 파견하여 새로운 기술, 제도, 문물을 학습하도록 명령했다. 영선사라는 이름으로 중국의 병기창에 파견된 관료들은 부국강병을 위한 기술 특히 군사기술 도입에 주목하였다. 고종은 개항 직후 일본에 수신사를 파견한 데 이어 신사유람단이라는 이름으로 일본에 젊은 관료들을 파견하였는데, 이들은 일본이 도입한 근대 제도들을 살피고 돌아왔다.

아울러 서양의 여러 나라들과 수교를 맺으면서 미국의 선교사들이 세운 새로운 학교들이 들어섰고, 정부가 개설한 외국어 학교들도 학생들을 받게 되었다. 서양, 일본, 중국으로부터 수입된 다양한 근대적인 지식들이 다양한 방식으로 습득되었고 이러한 지식을 습득한 인재들은 이후 근대화를 주도하는 세력으로 자리를 잡게 된다. 하지만 이들이 어떤 곳에서 어떤 지식을 배웠는가에 따라 개화정책을 추구하는 방식에서 차이를 보이게 되었는데, 이는 향후 조선의 정치를 대단히 혼란스럽게 만들었다.

2) 개화와 보수가 만들어낸 정치변동

개항 이후 발생한 최초의 정치적 격변이 바로 임오군란(壬午軍亂)이다. 개화정책의 하나로 1881년 신식군대인 별기군이 창설되었는데, 기존 5군영에서 80명을 차출하여 일본에서 들여온 소총으로 무장하고 일본교관에 의해 일본식으로 군사훈련을 받았다. 정부는 이들에게 급료, 제복 등 특별 처우를 제공했는데, 오랜 기간 급료를 받지 못해 불만을 갖고 있던 구식 군인들은 이러한 처사에 많은 불만을 갖게 되었다. 군사들에게 급료를 제때 지불하지 못했던 것은 만성적인 재정 적자와 더불어 개항 이후 전개된 농업의 상업화로 인해 조세를 활용하여 이익을 보려는 관료들의 농간으로 급료의 원활한 지급이 미뤄졌기 때문이었다.

1882년 6월 9일 오랜 체불 끝에 받은 급료로 받은 쌀이 썩거나 돌과 같은 이물질이 들어 있는 것을 발견한 구식 군인들의 불만이 폭발했다. 이들은 무기고를 습격하고 군대 급료를 담당했던 기관인 선혜청 책임자 민겸호의 집을 습격하고 일본 공사관을 공격하였다. 다음 날 이들은 궁으로 난입하여 급료 체납을 주도했던 민씨 일족을 제거하고자 했다. 이들은 또 대원군을 복권시켜 정국을 담당해 줄 것을 요구하였다. 빈민들과 뒤섞인 군대가 궁궐로 난입하자 민비는 궁궐을 탈출했고 고종은 대원군에게 사태 해결을 위임했다. 대원군은 구식 군대의 지지를 받으며 정권을 다시 장악하게 되었다. 궁궐로 복위한 대원군은 며느리인 민비의 사망을 선언하고, 구식 군대를 다시 설치하고, 개화정책을 추진하기 위해 설치되었던 통리기무아문을 폐지하고 삼군부를 복설하는 등 개항 이후 추진되었던 개화정책을 모두 폐기하였다. 이를 임오군란이라고 한다.

그러나 대원군의 집권은 오래가지 못했다. 조선에 보수적인 정권이 등장할 경우, 외세로부터의 개입이 강화될 것을 우려한 청은 임오군란을 즉각 진압하고자 했다. 영선사로 청에 머물고 있던 김윤식, 어윤중을 앞세우고 마건충이 지휘하는 청의 군대 4,000명이 1882년 7월 12일 서울에 진주한 다음, 그다음 날 대원군을 납치하여 청으로 데려갔고 이어서 구식 군대의 주둔지를 공격하여 서울에 대한 통제권을 장악했다. 이후 청은 조선에 대한 내정간섭을 본격화했다. 청의 지지를 받는 관료들이 권력을 장악했는데, 김윤식(金允植), 어윤중(魚允中), 조영하(趙寧夏), 김홍집(金弘集) 등이 그들이었다. 이러한 청의 조치는 조공체제하에서 속방의 정치적 자율성을 보장하는 동아시아의 전통적인 국제질서를 부정하는 것이었다. 즉 청은 임오군란을 계기로 제국주의적인 개입정책으로 전환하기 시작했던 것이다.

고종과 민비가 청의 지원을 받아 복귀하였으며 청의 정치적 영향력은 갈수록 강화되었다. 청은 조선 정부와 조청상민수륙무역장정을 체결하여 경제적인 진출을 시작했다. 청은 조선 내륙에 대한 청상인의 통상권, 연안어업권, 함정의 연안항해권까지 획득하였다. 여기에 임오군란으로 피해를 본 일본이 자국의 피해보상과 거류민 보호를 요구하여 제물포 조약이 체결되었는데, 이로 인해 조선은 손해 배상금을 지불하고 일본군대의 주둔을 허용하였으며 일본 관리들의 조선 내지 여행을 허락하게 되었다.

임오군란 이후 사태가 수습되는 과정에서 고종은 교서를 발표하고 강력한 개화정책을 재천명했다. 하지만 당시 추진된 개화정책이 왕에 의해 수행된 것은 아니었다. 1882년 7월 설치된 기무처(機務處)는 과거 통리기무아문이 수행했던 역할을 담당했는데,[18] 기무처는 관리 임용에서 문벌 배제, 과거 정치에서 배제되었던 서북(西北)과 송도(松都) 지역의 사람들 그리고 차별을 받았던 서얼(庶孼), 의역관(醫譯), 서리(胥吏), 군오(軍伍)의 요직 등용, 농본정책의 폐기와 양반의 상업 종사 허용 등의 내용이 발표되었다. 이후로 서얼인 이조연이 군영대장에 임명된 것을 비롯하여, 상당수의 서얼과 중인(中人)들이 정계에 진출했다.[19] 서얼들의 진출은 이미 19세기 초반부터 서서히 나타나고 있던 일이었으며, 이때의 조치는 현실을 추인하고 공식화하는 성격이 강했다.

경제 분야의 개혁으로 금은화(金銀貨)의 통용을 공포하고 은표(銀標)를 주조하여 은화인 대동은전(大東銀錢)을 발행했으나 은의 부족으로 1883년 6월 주조가 정지되었다.[20] 외국인에게 광산 채굴권을 허락하고 1884년 1월 친군영(親軍營)이 채광을 시작했지만21) 본격적인 개발은 9월 통리군국사무아문의 장내사(掌內司)가 주관하면서부터 시작되었다.

상업 진흥책은 1882년 12월에 농업을 중심으로 삼는 농본정책을 여러 계층이 상업에 종사할 수 있도록 허락하는 교서가 발표되면서 시작되었다. 정부는 1883년 8월 보부상들을 관할하는 혜상공국(惠商公局)을 설치하고 세관을 창설했다. 청이 추천한 묄렌도르프가 총세무사로 조선의 관세를 관장하고 통리교섭통상사무아문의 협판으로 서양 각국과의 조약교섭을 전담했다. 기본적으로 그는 조선해관에서 청·일 세력의 균형상태를 유지하면서 독자적으로 해관을 운영하였다.22)

임오군란은 구식군대에 대한 차별이 발단이 되었으나, 개항과 개화정책에 대한 불만을 가진 세력들이 구식 군대와 합류하여 일으킨 것이었다.23) 즉 개화로 인해 생존에 위협을 느낀 세력들이 저항에 나선 것이었다. 쌀 등 곡물이 본격적으로 상품화되면서 생필품 가격이 급등하고, 개화정책에 따른 신분의 위협을 느낀 세력들이 급속한 개화정책에 저항했던 것이다. 청의 개입에 의해 진압되었으나, 급격한 사회변화에 불안과 불만을 가진 세력들의 움직임은 이후 다양한 형태의 저항으로 표출되었다.

청에 의해 권력을 되찾긴 했으나, 계속되는 청의 간섭에 불만을 느낀 고종은 민씨일가와 일본과 밀접한 관계를 맺고 있던 신진 개화세력을 지원하여 권력을 회복하고자 했다. 왕은 청의 개입에 저항하기 위해 이들을 중요한 자리에 기용하였다. 고종은 통리교섭통상사무아문과 통리군국통상사무아문에 민씨일가를 진출시키고24) 해군을 육성하기 위해 기연해방영(畿沿海防營)을 창설하고 민영목을 총관기연해방사무(總管畿沿海防事務)로 임명했다.25) 아울러 고종은 왕권강화를 위해 친청 세력에 의해 정치적으로 세력이 약화된 급진개화파들을 활용하였다. 1883년 광주유수로 좌천된 박영효와 남병사(南兵使)로 좌천된 윤웅열(尹雄烈)은 각각 광주와 북청(北靑)에서 군사들을 양성했고, 이 부대들은 각기 친군전영에 소속되어 왕실경호를 담당하게 되었다.26) 일본 정부는 조선에 영향력을 확대하려는 의도로 고종의 호의를 얻기 위해 임오군란으로 인해 조선 정부가 일본에 물기로 한 배상금 50만 원 가운데 40만 원을 면제해 주었다.27)

조선은 당시 심각한 재정적자에 시달리고 있었다. 신진 개화세력들은 만성적인 재정 적자를 해결하기 위해 일본에서 차관을 들어올 것을 주장하였다. 이는 당시 청의 후원을 받던 집권 관료들이 추진했던 당오전 발행 계획과 대조적인 것이었다. 고종은 한편으로 집권 관료들에게 당오전을 주전하도록 하고 다른 한편으로 개화파 김옥균에게 대일 차관 교섭을 명령하는 이중적인 전략을 구사했다.28) 고종은 이처럼 관료들 사이의 경쟁을 이용하여 급진개화파와 온건개혁파를 동시에 활용하면서 자신의 세력 확대를 모색하였다.

이러한 상황에서 1884년 급진개화파들이 주도하는 갑신정변(甲申政變)이 발생했다. 평소 중국을 통해 서양의 문물에 많은 관심을 보였던 박규수를 중심으로 김옥균, 홍영식, 서광범, 유길준 등 젊은 양반 지식인들은 서양의 서적을 읽으면서 근대 문명에 관한 지식을 쌓아갔다. 이들은 문호를 개방하여 서양 문물을 받아들이고 근대적인 개혁을 추진해야 한다는 생각을 갖고 있었다. 이들은 개항 이후 정부의 개화정책에 앞장을 섰으며, 조사시찰단과 영선사의 파견에도 적극적으로 개입했다. 수신사로 일본에 파견되었던 박영효와 김옥균은 새로운 문물을 소개하기 위해 한성순보라는 신문을 발생하였다. 홍영식은 우편 업무를 총괄하는 우정총국을 설치하는 데 주도적인 역할을 수행했다. 또한 군대 양성을 통해 무력을 키우고 경제 문제를 해결하기 위해 일본으로부터 300만 엔의 차관을 들여와 개혁을 추진하고자 했다. 그러나 이러한 시도들이 집권 관료들로부터 견제를 받고 일본과의 차관도입 협상이 실패하게 되자, 자신들의 정치적 위상에 대한 위기감을 갖게 되었다. 이에 1884년 12월 급진개화파 세력들은 우정국 출범식을 계기로 쿠데타를 일으켰는데 이것이 바로 갑신정변이다.

개화파들은 우정국 출범에 참석한 고종을 인질로 잡고, 고종을 수행했던 일부 관료들을 처형한 다음 정권을 장악했다. 갑신정변은 왕에게 상당한 타격을 입혔다. 갑신정변의 주도세력들은 보수파로 간주되는 세력들보다 오히려 왕의 측근들을 제거해버린 것이다.[29] 갑신정변의 주도 세력들은 정변 이후 대원군, 종친, 기타 외척 세력과 개화파의 연합정권을 수립하려 했다고 알려져 있다. 그와 같은 구상은 당시의 현실에서 개화파가 단독으로 정권을 구성하는 것이 전혀 불가능했고 따라서 자신들의 정치적 보호를 위해 필요한 것이었다.

물론 이들이 어떠한 정치체제를 구상했는지는 확실하게 드러나지 않고 있으나 왕권을 완전히 배제한다기보다는 실권을 관료들이 갖겠다는 의미로 받아들여진다. 하지만 이들은 내시부와 규장각, 혜상공국 등을 폐지하고자 했다. 내시부는 고종과 왕비의 사적인 통로로 기능하고 있었으며, 규장각 또한 왕의 친위집단들이 주로 거치는 통로였으며[30] 혜상공국은 이들의 재정적 기반이었기 때문이다. 또한 이들은 호조(戶曹) 중심의 정부재정 확보와 집행기구의 일원화와 더불어 지조법의 개정, 환곡제 폐지, 불법수탈 배제 등을 시도했다. 사실 이와 같은 일련의 사태들은 갑오정권하에서 그대로 반복된다. 갑오정권은 궁내부와 국가기구를 분리하고, 왕실 재정을 국가기구가 통제하게 함으로써, 왕의 실질적인 권력을 박탈했다. 물론 갑신정변의 주역들은 "대신과 참찬이 합문 내의 의정소에서 회의하여 품정하고 정령을 반포"[31]한다고 했으나, 기본적인 구상은 관료연합정권이었다고 할 수 있겠다. 심지어 이들의 정변과 이후의 정국구상이 세도정치의 연장선상에 있었다고 지적하는 견해도 있다.

그들은 쿠데타를 통해 권력을 장악한 다음 자신들의 주도하에 개화정책을 추진한다는 구상을 갖고 있었다. 그들은 당시 중국이 베트남에서 프랑스와 전쟁을 준비하고 있었기 때문에 군대를 추가적으로 증파하지 못할 것이라고 판단하였으며 조선 현지에 주둔하고 있었던 청의 군대를 막기 위해 일본에 군대 파견을 부탁하고[32] 정변을 일으켰다. 이들은 새로운 정부를 수립하고 14개 항의 혁신적인 정강을 발표했는데, 그 내용은 다음과 같다.

1. 청에 잡혀간 대원군을 귀국시키고, 청에 대한 조공을 폐지한다.
2. 문벌을 폐지하여 인민 평등의 권리를 세워, 능력에 따라 관리를 임명한다.
3. 토지 조세법을 개혁하여 관리의 부정을 막고 백성을 보호하며 국가 재정을 늘린다.
4. 내시부를 없애고, 그중에 우수한 인재는 등용한다.
5. 부정한 관리 중 그 죄가 심한 자는 벌한다.
6. 각 도의 상환미를 받지 않는다.
7. 규장각을 폐지한다.
8. 순사를 두어 도둑을 방지한다.
9. 해상공국을 폐지한다.
10. 죄인들의 형을 감한다.
11. 4영을 합해 1영으로 하되, 일부를 차출하여 근위대를 설치한다.
12. 모든 재정은 호조에서 통할한다.
13. 대신과 참찬은 매일 합문 내의 의정소에 모여 정령을 의결하고 반포한다.
14. 정부, 육조 외의 모든 불필요한 기관을 없앤다.

하지만 갑신정변으로 성립된 정권은 청국 군대가 출동하고 병력 지원을 약속했던 일본이 약속을 지키지 않음으로써 3일 만에 붕괴되었다. 갑신정변의 주요 인물들 가운데 일부는 죽임을 당했고 일부는 해외로 망명의 길을 떠나게 되었다. 갑신정변의 처리를 둘러싸고 일본의 이토 히로부미(伊藤博文)와 청의 리홍장(李鴻章)은 1885년 천진에서 조약을 체결하였다. 그 내용은 청일 양국 군대가 공동으로 철수하고, 군사 교관을 파견하지 않으며, 조선에 변란이 발생하여 군대를 파견할 경우 사전에 서로 통보하며 사건이 해결되면 즉시 철수한다는 것이었다. 이와 별개로 조선 정부는 일본과 한성조약을 체결하였는데, 그 내용은 일본에 대한 사과와 보상, 일본인 피해자에 대한 보상, 일본인 살해범 처벌 등이 담겨 있었다.

무력으로 쿠데타를 진압한 이후 청은 조선에 대한 개입을 더욱 강화하였다. 1885년 원세개(袁世凱)가 주차조선총리교섭통상사(駐箚朝鮮總理交涉通商使)로 부임하여 노골적인 내정간섭을 시도하였다. 그는 대원군을 귀국시켜 고종과 민비를 견제하는 한편 조선의 외교권을 박탈하고 심지어 고종을 폐위시키려 했다. 이에 고종은 청을 견제하기 위해 러시아와 비밀 조약체결을 위해 노력하였다. 이러한 상황에서 영국은 1885년 러시아의 남진을 이유로 거문도를 점령하고 해군기지를 만들었다. 영국의 거문도 점령이 일본, 러시아의 한반도 진출에 핑계를 제공할까봐 청은 적극적으로 개입하였다. 영국군은 점령 22개월 만에 거문도에서 철수하였지만, 이 사건은 한반도가 언제든지 제국주의 국가들의 세력쟁탈전에 말려들 수 있음을 보여주었다.

청의 적극적인 내정 간섭에 고종이 저항하는 가운데, 1884년부터 1894년까지 급격한 정치적 혼란 없이 근대적인 제도들이 만들어졌다. 천진조약에 의해 청일 양국군의 철수가 결정된 1885년 3월 하순부터 왕의 본격적인 입지강화가 시작된다. 그리하여 김윤식·어윤중 등이

면직되고 측근세력이 등장했다. 고종은 왕권강화를 위해 통리군국사무아문을 부활시키려했으나 관료들의 반대로 무산되자 대신 1885년 5월 궁궐 내에 내무부를 설치하였다.[33] 내무부는 일종의 근위기구로 볼 수 있는데, 기존 관료들과의 마찰을 예상하면서도 이를 궐 내에 설치한 것은 그만큼 고종이 정치의 주도권 행사에 몰두하고 있었다는 점을 증명해준다.[34] 내무부는 군국사무(軍國事務)와 궁내사무(宮內事務)를 겸했으며 해외 외교관설치와 부국강병정책을 주도했다.

　　내무부 농무사는 1887년 영국인 고문을 초빙하여 지질 개량, 외국 목축 도입, 황무지 개척 등 각종 사업을 시도하였다.[35] 또한 각 지방 군사력을 증강시키고 이를 친군영체제에 흡수하여 서울에서 훈련하게 했다. 해군 창설 노력도 재개되어 1893년 1월 해연총제영(海沿總制營)을 남양(南陽)에 설치하고 3월에는 해군 육성을 위해 강화에 총제영학당(總制營學堂)을 건립하고 군함 구입 계획이 추진되었다. 지방 군영은 청주 통어영을 남양의 해연총제영에 부속시키고 대신 1893년 6월 충청병영을 다시 만들었다. 1893년 8월 전라도 감영에는 400명의 군대를 뽑아서 친군서남영(親軍西南營)을 설치하여 동학도들을 감시하게 했다. 1893년 11월 북병사를 겸하는 안무사(按撫使) 민종묵(閔種黙)이 새로운 군대를 창설했는데, 이는 북부지방의 광산개발에 따른 소요에 대비한 것이었다.

　　외국인 선교사들이 주도하여 서양식 학교가 설립되었다. 현재 이화여자대학교의 전신인 이화학당이 스크랜턴에 의해 설립되었고, 배재학당도 1885년에 설립되었다. 이러한 학교들은 고전과 더불어 새로운 서양의 지식을 가르쳤다. 또한 서양의 선교사들은 고종의 지원으로 1886년 제중원과 같은 병원을 설립하여 환자들을 치료하였고 의과대학을 설립하기도 했다.[36] 또한 탄광 개발, 전기 시설 도입(1887년), 전신 설치(1888년), 철도 건설 등 다양한 근대 기술들이 도입되었다. 또 전등(電燈)학교를 세우고[37] 전선(電線)설치사업이 추진되었다. 1888년 6월 말에 완공된 서울-부산 간의 남로전선(南路電線)은 갑신정변 직후 청이 운영한 인천-서울-의주 간의 서로전선(西路電線)에 대항하는 상징적인 사업 중 하나였으며 어느 정도의 기술도 축적되었다.[38] 이를 바탕으로 1891년의 북로전선(北路電線)은 조선의 기술과 재정으로 가설되었다.[39] 정부도 각종 교육기관을 설립했다. 조선 정부는 외국 문물을 적극적으로 도입하기 위한 방안의 하나로 어학 교육기관인 육영공원과 연무공원을 설립했다. 육영공원은 각종 어학뿐만 아니라 지리, 수학, 과학 등의 서양 지식을 가르쳤다.

일련의 개혁정책을 추진하기 위해 막대한 재원이 필요했는데, 차관 도입과 세원 개발이 주로 사용되었다. 이러한 사업들은 공식기구가 아닌 왕의 친위세력에 의해 추진되었다. 세원(稅源)확보를 위해 1885년 이후 본격적인 광산개발이 추진되었는데, 광산 개발은 본래 내무부가 주관하였으나 1887년에 광무국(廣務局)을 설치하여 그 역할을 수행하게 했다.[40] 또 해관세를 재정에 활용하여 경상비(經常費)와 차관(借款)을 갚고 개화정책에 사용되었다. 또 엽전과의 가치 차액을 노리고 당오전이 제작되었다. 또한 진폐전을 개간할 목적으로 1890년 균전사(均田使)를 전라도 북부지역에 파견했는데 이 또한 관료들이 담당한 공식기구가 아니라 내무부가 추진하고 왕실이 재정을 담당했다.[41]

이러한 과정을 살펴보면 개혁사업을 주도적으로 추진한 것은 국왕이었고 또 국왕의 친위세력과 왕실기구였다. 또 그것은 공식적인 관료기구를 배제한 채 이루어졌다. 그러나 전문 관료가 부재한 상황에서 왕이 시도한 정책들은 시행착오를 반복했다. 이 시기는 소위 양반 신분의 지주관료들이 굳건하게 존재하는 가운데 왕의 친위세력에 해당되는 전문 관료들이 점차 성장하고 있던 시기였으며, 따라서 관료들의 전문성은 높지 않았다.

조선에 대한 청의 지배력이 강화되면서, 청의 상인들도 대거 조선에 진출하였다. 청의 상인들은 인천과 같은 개항장과 서울에 상점을 설립하여 그 활동 범위를 넓혀갔다. 이에 대해 조선의 상인들은 철시와 시위로 청의 영향력 확대에 저항하였다. 또한 이 시기에 흉년이 오래 지속되는데다 일본과의 교역으로 곡물 가격이 급등하자 굶은 사람들이 늘어나고 민심이 흉흉해졌다. 일부 지방 관리들이 곡물의 반출을 금지하는 방곡령을 발동하는 등의 조처를 취했으나 일본의 항의로 취소되는 등 개항에 따른 여러 가지 문제가 발생했다. 특히 개항으로 인해 외국과의 무역이 활성화되면서 많은 이익을 얻을 수 있는 곡물 무역이 성행했고, 그에 따라 곡물을 획득하기 위해 농민들에게 많은 압박이 가해졌다. 토지를 장악하고 있던 지주들은 토지를 빼앗거나, 소작료를 인상하거나, 세금을 소작인들에게 부담시키면서 농업에서의 이익을 확대시키고자 했다. 이에 대해 전국적으로 산발적인 농민반란이 발생하였다. 이러한 농민반란은 1892년 교조신원운동을 전개하던 동학과 결합하여 대규모의 농민전쟁을 발생시키게 되었다.

1894년 동학농민전쟁이 발생하자 이를 구실로 조선에 진주한 일본군과 청국군은 청일전쟁에 돌입하게 된다. 이 과정에서 출범한 갑오정권은 고종에게는 심각한 위협으로 받아들여졌다. 왕권 확장의 도구였던 내무부가 폐지되고, 왕실재정과 국가재정이 분리되어 왕의 기반이 약화되었다. 아울러 주요한 정책에 관료들의 권한이 점차 증대하면서, 왕권은 유명무실하게 되어갔다. 승선원이 폐지되었고 왕실 재산을 궁내부(宮內府)에 넘겨주어 독립적인 왕실재정의 운영을 허용했지만 왕실과 국가재정을 동시에 통제했던 기존의 관행에서 볼 때, 심각한 타격이 아닐 수 없었다. 게다가 1895년 4월에 제정된 내각제도는 왕의 권한을 결정적으로 축소시켰다.

국왕은 내각회의에 반드시 친림(親臨)해야 하며, 불참 시에는 바로 상주(上奏)하여 재가(裁可)토록 했으나, 안건에 재가하지 않을 경우 그 이유를 명시하고 내각회의를 거치도록 함으로써 왕권을 제한했다.[42] 이는 왕의 권력을 원천적으로 배제하고 관료들이 정국을 주도하겠다는 것을 의미했다. 고종은 갑오개혁을 왕권에 대한 심대한 도전으로 간주하였다.

2절 농민운동

1) 동학농민운동

19세기 농민들은 도망이나 도적 행위뿐만 아니라 반란을 통해 저항하였다. 도망의 경우 대도시에서 품팔이를 하거나, 농업노동자가 되거나, 광산이나 기타 상공업의 노동자가 되거나 혹은 말 그대로 떠돌이가 되는 것이었다. 새로운 고용 구조에 속하는 방법, 즉 하루하루 고용이 되거나 광산노동자가 되는 것은 그런 고용구조가 많지 않았기 때문에 분명한 한계가 있었다. 다른 한편 도망간 농민들은 인구가 많은 서울에서 작은 규모의 상업에 종사했지만, 이 또한 국가 공식 사업 기구인 시전(市廛)과 각종 도고(都賈) 및 국가의 규제를 받았다. 보다 체계적이고 조직화된 저항 방법은 반란이었다.

규모가 작은 토지를 소유하고 지주의 땅을 빌려 농업을 영위하는 소농들은 잘만하면 안정적인 생활을 누릴 수 있었다. 하지만 소농들의 생활은 그다지 안정적이지 못했다. 땅을 빌리기 위한 경쟁은 수익을 감소시켰다. 소작쟁의는 지방관아에 의해 저지되었다. 지방관아에 의한 지나친 조세 수취 또한 소농들의 안정적인 삶을 위협했다. 이와 같은 상황 속에서 농민들은 집단적인 저항을 감행하였다.

농민들이 투쟁했던 주요한 대상은 지방관아와 관료들이었다. 지방 관아와 관료들은 농민들을 억압했을 뿐만 아니라 지나치게 세금을 거둠으로써 농민들의 삶을 위협했다. 땅을 빌려 경작하는 농민들은 지주에게 대가를 지불해야 한다. 또한 자기 땅을 경작하는 농민들은 정부에 세금을 지불해야 한다. 지주에 대한 투쟁은 항조이며 세금에 대한 투쟁은 항세이다. 농민들은 항조운동에도 열심이었다. 병작반수의 병작제하에서 항조운동의 주된 내용은 불법적이고 불공평한 소작관행과 지주가 지불해야 할 세금을 농민에게 전가하는 행위, 그리고 지나친 수취에 대해서였다. 하지만 병작제의 특성상 항조행위는 집단적 행위라기보다는 개별적인 소작인에 의해 이루어지는 행위이며 정치적인 것은 아니었다. 즉 항조운동은 대대적이고 집단적인 저항의 형태로 일어나기 힘들었다.

반면 항세운동은 집단적이고 폭력적인 방식으로 이루어졌다. 저항은 주로 지방 관리와 지방 국가 기구를 대상으로 이루어졌다. 농민들은 지방 관료와 기구들이 자신들의 삶을 위협하는 가장 직접적인 대상이라고 인식하고 있었다. 소농 경제 자체가 이미 사회적인 보호 장치를 파괴시켰던 상황에서 복잡한 조세체계, 제도화된 수탈 그리고 지방 관료들의 자의적이고 폭력적인 수탈은 소농들의 삶을 위협하기에 충분했다. 토지를 임대하지 못하거나 어려울 때 정부에 빌린 곡식에 대한 이자(환곡)를 안고 있는 농민들은 그것을 갚지 못할 경우 다른 방식으로 생존할 수 없었다.

농민들이 국가를 공격함으로써 추구하고자 했던 목표를 구분할 필요가 있다. 폴라니(Karl Polanyi)의 설명에 의하면 시장 경제의 발전과 그에 편승한 지방 관료들의 침탈에 대응하기 위해 가능한 사회의 자기 보호 조처는 시장을 봉쇄하든지 아니면 그 기능을 방해하는 것이다.43) 하지만 시장은 자유로운 교환의 영역과 더불어 정치적 논리에 의해 지배되는 독점적 영역을 포함한다.44) 19세기 조선은 시장 경제가 지주·관료들의 정치적 독점에 의해 그리고 소농경제에 의해 지배되는 두 가지 추세가 혼합되어 있었다. 19세기 조선에서 지주·관료들에 의해 지배되는 시장 경제는 일종의 독점적 영역이었다. 그것은 국가 권력과 결탁된 독점의 원리가 지배하는 시장에서 발생했다.45) 원거리 무역과 국가 재정에 편승한 이윤축적 구조야말로 19세기 조선을 지배한 시장경제의 주요 구성 부분이었다. 반대로 소상품생산과 교환 그리고 소비를 목적으로 하는 소농경제에 의해 지배되었던 시장은 독점적 영역으로부터 끊임없이 수탈당하고 있었다.

브로델(F. Braudel) 식으로 당시의 농민들의 상황을 분석해보면, 농민들은 자신들의 삶의 기반을 위협하는 독점적 영역에 대해서는 저항했으나 단순 상품생산과 작은 이윤의 확보를 가능케 했던 시장 경제에 대해서는 반대하지 않았다고 설명할 수 있다. 농민들의 요구에는 병작제 자체의 철폐나 시장에 대한 거부가 전혀 포함되어 있지 않았다. 대신 농민들은 권력에 기반을 둔 독점적인 세력들, 즉 관료들을 공격하였다. 당시 농민들의 항의 내용을 검토해보면 폴라니가 시장의 확산에 대한 사회의 자기 보호적 행위로서 지적했던 시장의 봉쇄와 시장 기능의 방해라는 요구 외에도 공정한 경쟁의 요구가 있었다고 할 수 있다. 그리고 이것을 19세기의 조선사회가 처했던 상황이, 프랑스혁명에서 농민들의 항쟁이 빈곤이 아니라 오히려 경제 발전과 정치적 자유의 확장 때문에 초래되었다는 토크빌(A. de Tocqueville)의 견해46)와 동일한 맥락이었음을 보여준다. 상품경제의 활성화는 농민들에게 시장에 참여할 수 있는 기회를 제공했으며 경제외적 강제로부터 어느 정도 해방된 농민들은 자신들의 정치적 요구를 집단적으로 표출할 수 있었던 것이다.

당시 농민들이 집단적인 항의를 통해 추구했던 목표는 시장의 봉쇄에 있었다기보다는 국가권력과 결탁된 지배계급의 착취로부터 시장을 보호하고 기회를 보장받는 것이었다. 무엇보다도 상품경제가 어느 정도 발전하고 있었던 19세기의 사회적 발전 추세에 비추어 시장봉쇄 요구는 고려될 수 없는 사항이었다. 시장 경제의 불가피한 구성 부분이었던 농민들은 시장의 철폐를 요구하지는 않았다. 또한 농민들은 병작제의 철폐를 요구하지도 않았다. 그들이 선택했던 대안은 공정한 경쟁을 방해하는 독점적인 권력으로부터 보호를 요구하는 것이었다. 이는 스캇(J. Scott)이 제기한 도덕 경제의 수준에서 제기되는 요구일 것이다.[47] 농민들이 요구한 것 중에 안정된 소작권의 확보는 생존을 위한 최소 수준의 보호조치였다. 이보다 적극적인 요구, 즉 공정한 경쟁의 요구는 관료들에 의한 독점적 이윤수취를 저지하고 안정된 농업경영을 확보하는 것이라고 말할 수 있다. 이것은 토크빌이 지적한 기대 가치의 상승, 혹은 기회포착을 위한 항의였다고 해석될 수 있을 것이다.

조선의 경체제체는 폴라니(Karl Polanyi)가 언급했던 재분배체계를 근간으로 하고 있었다. 경제적 생산의 대부분이 정부의 재정으로 흡수되었고 이것이 다시 다양한 명목으로 분배되었다. 따라서 조선 경제에서 핵심적인 역할을 하는 것이 조세제도인데, 이것은 정부 관리들에 의해 통제되었다. 그런데 지방 관리들의 급여나 지방 관아의 재정은 중앙정부에서 지급하는 것이 아니라 거둔 세금 가운데 일부를 지방을 위해 사용하도록 했다. 따라서 제도적으로 지방관리들은 자신들과 지방 기구를 위해 세금을 물릴 수 있었다. 이 과정에서 세금의 양을 늘리기 위해 온갖 부정과 부패가 개입되었다. 결국 관료들에 의한 부정과 부패는 이 제도를 구성하는 일부분이었다. 백성들은 중앙 정부, 지방정부에 각각 여러 명목의 세금을 내야 했고, 그 과정에서 관리들의 개인적인 욕망도 충족시켜줘야 했다. 세금을 거두기 위해 온갖 종류의 편법과 불법이 시도되었는데, 심지어 죽은 사람, 어린이, 노인, 달아나버린 식구, 이웃, 친지들의 세금도 부과되었다.

또한 조선의 재정에서 중요한 부분을 차지하던 구휼(가난한 백성을 위해 저렴한 이자로 빌려주고 돌려받는 환곡, 무상으로 주는 곡물 등) 기능은 정부 재정을 확대하고 관료들의 개인적인 치부를 위해 잘못 사용되고 있었다. 백성들은 세금을 회피하기 위해 온갖 방법을 동원했다. 돈이 있는 자들은 세금을 면제받기 위해 양반 첩을 샀고, 돈이 없는 자들은 도망할 수밖에 없었다. 그러나 기본적으로 토지에 묶여 있던 농민들은 정부의 세금을 피할 수 없었다. 다른 한편, 개항으로 인해 농업 생산물의 판매가 가능해지면서 부를 축적할 수 있는 길도 열리게 되었다. 기회와 위기가 상존했으며, 위기에 대응한 움직임이 바로 농민운동이었다.

1860년대 농민운동에서 농민들의 요구사항은 거의 대부분 수령 및 중간관리들의 부정부패 척결에 집중되어 있었다. 이러한 사실에 비추어 볼 때, 농민들의 주요한 공격대상은 지주 관료들이었다. 1860년대에 농민들의 저항은 군현 단위로 세금을 바치는 상황을 반영하여 지역적 범위가 군현에 한정되어 있었다. 그런데 이러한 상황이 무너진 것이 바로 동학농민운동이었다. 1894년에 발생한 동학농민운동은 군현 단위의 지역적 범위를 넘어서고 있다. 1894년의 농민운동은 동학란, 동학농민전쟁, 동학농민운동 등 다양한 이름으로 불리고 있다. 동학농민운동의 주체들은 지방 관료들의 탐학뿐만 아니라 신분제(身分制), 조세(租稅), 토지(土地) 문제를 포괄적으로 제기하고 있을 뿐만 아니라[48] 지역에 따라 다양한 문제를 제기하고 있다. 그것이 가능했던 이유는 농민군 지도부가 동학 즉 '동양의 가르침'이라는 종교를 신봉하고 있었고, 동학의 교리가 사회개혁적인 것이었기 때문이었다.

1850년대에 최제우(崔濟遇)에 의해 만들어진 동학은 당시 서학(西學) — 즉 서양의 가르침 — 으로 불리던 것에 반대하여 일어났던 종교적 운동으로, 외세의 침탈에 대한 강력한 저항과 새로운 사회에 대한 열망을 담고 발생했던 운동이었다. 동학은 왜와 서양 오랑캐에 반대하는 운동이었다. 이러한 특정한 종교와 결합된 농민반란은 동일한 시대에 발생했던 청의 태평천국의 난과 비교될 수 있다.

동학은 동양의 주요한 가르침인 유학, 불교, 선교 가운데 중요한 것들을 하나로 묶어 서양의 가르침으로부터 조선을 보호하기 위해 만들어졌다. 1860년대에도 농민반란이 발생했으나 최제우는 붙잡혀 처형되었고, 이후 동학은 숨어서 활동을 계속하다가 1890년대에 엄청난 속도로 확산되었다. 동학 조직을 바탕으로 1890년대에 발생한 농민반란은 개항으로 인한 급격한 인플레이션, 가뭄과 가뭄으로 인한 농민 생활의 피폐화, 개화정책을 추구하거나 관리들의 욕구를 충족시키기 위해 가혹하게 부과된 세금 등 다양한 요인들로 인해 농민들이 정상적인 삶을 누리기 힘들 정도가 되면서 발생하게 되었다.

1893년 동학교도들은 교조인 최제우에게 씌워진 잘못된 불명예를 없애달라는 교조신원(教祖伸寃)을 요구하였으며, 이어 4월에 보은에서 대규모 집회를 열었다. 보은에 집결한 농민들은 교조신원에 대한 요구와 더불어 일본과 서양을 몰아낼 것을 주장하였다. 보은과 더불어 전라도 금구에서 별도의 대규모 집회가 열렸다. 사태 전개에 놀란 정부는 어윤중을 급파하여 요구사항을 청취하는 한편 병력을 동원하여 해산을 종용하였다. 정부의 강온정책에 농민들은 해산하였지만, 일본과 서양을 몰아내자는 강력한 정치적 함의가 담긴 구호, 당시 농민들에게 가해졌던 여러 가지 잘못된 정책에 대한 항의 등은 농민들의 불만이 한두 가지가 아니었음을 보여준다. 즉 계기만 주어진다면 농민들의 저항은 언제든 다시 대규모 저항으로 확대될 수 있는 상황이었다.

1893년 한해에만 전국적으로 65건의 민란이 발생하는 등, 농민들의 불만은 점점 확산되어갔다. 다음 해인 1894년 여러 가지 요인들이 겹치면서 교조신원운동이 농민들의 대규모 저항으로 발전했다. 전라도 고부 군수로 부임한 조병갑은 휴경지를 경작한 대가로 세금을 면제해 주겠다고 약속하면서 많은 사람들을 농업에 동원시켰으나, 나중에 세금을 부가하였다. 그리고 강제로 동원한 노역에 대해 임금을 횡령하는 등 여러 가지 부패행위를 일삼았다. 이에 고부의 동학지도자인 전봉준이 농민들을 모아 관아를 공격하여 무기를 탈취하여 무장한다음, 관아의 창고를 열어 백성들에게 곡물을 나눠주었다.

고부 봉기 이후 전봉준은 무장으로 진군하여 손화중, 김개남, 김덕명과 접촉하고 전면적인 봉기를 결의하는 무장포고문을 발표했다. 4천여 명의 농민군을 모아 백산으로 진출하였고, 여기서 봉기 사령부인 '호남창의소'를 설치하였다. 이들은 "안으로 탐학한 관리의 머리를 베고 밖으로 횡포한 외적무리를 몰아내고자 한다"는 격문과 행동수칙을 발표한 다음 황토현에서 관군을 대파하였다. 이후 농민군은 영광, 함평, 장성까지 남하하면서 관아를 습격, 무기를 탈취해 무장을 강화하였다. 그런 다음 진로를 북으로 돌려 정읍, 원평을 거쳐 전주로 진격하였다. 이에 대해 중앙정부는 무력으로 민란을 진압하려 하였다. 전라도 관찰사가 농민군을 진압하려 했지만 전라도 각 고을은 하나하나 농민군의 수중으로 넘어갔다.

중앙정부는 농민군의 기세에 놀라 중앙군을 파견하였으나 농민군에 참패를 당했다. 결국 5월 말 전라도 지방의 중심인 전주가 농민군에 의해 점령당했다. 전주를 점령한 농민군은 일단 전주성을 중심으로 농성에 들어갔다. 정부는 청의 리훙장에게 원군을 청하였고, 리훙장은 인천으로 소규모 군대를 파견하였다. 청의 북양해군제독 정여창은 군함 2척을 이끌고 인천에 도착했다. 그리고 곧이어 육군 병력 2천여 명도 아산에 도착하였다. 리홍장은 이전에 일본과 맺은 조약에 따라 군대파견 사실을 일본에 알렸다. 일본도 즉각적으로 군대를 조선에 파견하였다. 5월에 일본은 혼성여단 선발대를 인천에 파견한 데 이어 8천 명의 주력부대를 파견하였다. 청과 일본이 파견 군대의 숫자를 점차 늘려가자 농민군은 공세를 중단하고 사태의 추이를 살피게되었다.

청과 일본의 군대가 인천과 서울 등지에 진주하는 등 사태가 심각하게 전개되는 가운데, 상황의 심각성을 인식한 농민군 지도부와 정부가 파견한 관리 사이에 협상이 이루어져, 농민군의 안전귀가와 잘못된 정책을 개혁한다는 데 합의하였다. 농민군이 철수한 다음 파견된 관리와 농민군 지도부 사이에 개혁의 실행에 관한 협의가 진행되었으며 개혁집행기관으로 집강소를 설치한다는 데 합의를 하였다. 집강소는 일종의 농민 자치기구였다. 이로써 지방권력은 지방정부와 집강소가 동시에 나누어 갖는 형태가 되었다. 농민군이 해산하자 고종은 청과 일본에 군대 철수를 요청했고 청 또한 동시철수를 요청하였다.

그러나 일본이 병력을 동원하여 경복궁을 장악하고 청과의 전쟁에 돌입하자 농민군은 다시 봉기를 준비하게 되었다. 1894년 8월 김개남이 이끄는 농민군이 남원을 점령하고 무장을 강화하면서 농민재봉기를 촉구하였다. 전국적으로 일본에 대항하는 농민들의 저항이 확산되는 가운데, 일본군은 평양전투에서 청군을 격파한 다음 조선에 대한 내정간섭과 농민군 토벌에 나섰다. 농민군은 9월 초 전국 각지에서 항일 투쟁에 거병할 것을 촉구하면서 세를 키워나갔다. 약 20만의 농민연합부대가 공주성 점령에 나섰다. 일본군 또한 삼남지역을 포위하는 전략을 구사하여 일본군과 농민군은 공주 외곽의 이인, 효포, 우금치 등에서 공방전을 벌였다. 우금치 전투에서 우월한 일본 정예부대의 공격에 패배한 농민군은 이어 논산전투에서도 패배하여 그 세력이 급격하게 약화되었다.

전봉준은 남은 세력을 이끌고 11월 태인에서 최후로 저항했으나 실패하고 12월 순창에서 체포되었다. 다른 여러 부대들도 일본군과의 전투에서 패배하였다. 그리고 농민군 지도부는 일본에 의해 사형을 당하게 되었다. 이처럼 일본을 물리치기 위해 봉기한 2차 농민봉기는 엄청난 희생을 남기고 패배하였다. 농민군의 패배로 전국적인 단위의 농민운동 조직이 붕괴되면서 이후 농민운동은 여러 가지 성격을 지닌 형태로 그리고 산발적이고 지역적으로 전개되었다.

농민군의 요구는 폐정개혁안(弊政改革案)에 잘 나타나 있다.[49] 이에 따르면 농민군의 요구는 탐관오리의 처벌과 조세 제도의 개혁에 집중되어 있었다. 탐관오리에 대한 처벌은 가장 현실적이고도 직접적인 문제였기 때문에 이전의 농민항쟁에서부터 지속적으로 제기된 문제였다. 농민들이 제기했던 또 다른 요구사항은 조세제도 개혁이었다. 이들은 다음과 같이 요구했다.[50]

1. 군정(軍政), 환정(還政), 전정(田政)의 삼정을 조선의 법규에 따라 시행할 것.
2. 윤선(輪船)으로 상납한 후 매결가(每結價)에 포함시킨 3~4두의 마련미(磨鍊米)를 즉시 혁파할 것.
3. 결상두전(結上頭錢)과 고전(考錢)의 명목을 폐지할 것.
4. 각 읍의 재정 중 원래 액수 외에 추가된 것은 모두 혁파할 것.
5. 결미(結米)는 예전의 대동(大同)의 방식에 따를 것.
6. 균전관(均田官)의 진결(陳結) 농간을 혁파할 것.
7. 각 읍의 진결(陳結)과 부결(浮結)은 영구히 감면할 것.

8. 흉년의 백지징세(白地徵稅)는 시행하지 말 것.
9. 각 궁방(宮房)에서 절수(折受)한 무토윤회결(無土輪回結)을 모두 혁파할 것.
10. 공전(公錢) 천금을 포흠(逋欠)한 자는 죽이되 그 인척에 족징하지 말 것.
11. 전운영(轉運營)에서 윤선(輪船)으로 상납하던 것은 각 읍에서 상납하게 할 것 등이다.

이러한 요구사항에는 농민 경제의 보호와 더불어 기회포착의 의도까지 강력하게 나타나 있음을 알 수 있다.[51]

2) 대한제국기 농민운동

농민봉기가 실패로 돌아간 다음 농민들의 저항은 지방 수준에서 다시 발생했다. 대한제국기에 나타난 농민운동은 여러 가지 형태로 나타났다. 이 시기에 경상도와 전라도에서 주로 발생했던 농민운동은 농민들이 군수와 이서 등 중간관리들이 시장원리를 이용하여 자행하는 불법행위에 대해 적극적으로 문제를 제기하는 형태로 전개되었다. 중간관리들은 결총제(結摠制)에 기초한 총액제적(總額制的) 지세부과 방식에 근거하여 재결(災結) 및 가결(加結)을 자행하거나 외획과 같은 부세 운영상의 허점을 활용하여 독점적인 이윤을 확대해 나갔다.

1899년 여름에 발생한 용인농민항쟁의 원인은 가결(加結) 문제였다. 토지 조사사업의 일종인 양전을 실시한 결과 세금을 내야 할 토지의 규모 즉, 결수(結數)가 엄청나게 증대하여 농민들은 세금을 더 많이 납부하게 되었다. 이에 불만을 품은 농민들이 조세저항을 시도하자 다시 양전이 실시되었다. 본래 원장부에 기반했던 결수와 양전 이후의 결수 차이가 306결(結) 29부(負) 8속(束)으로 나타났다. 정부는 새 양전에 입각하여 1841년부터 당시까지의 부족분을 군 전체에 분배하여 보충 상납케 했고 이러한 조치에 반발한 농민들은 광범위한 저항을 시도하였다.

세금을 화폐로 지불하게 한 정책 또한 많은 문제를 발생시켰다. 대한제국이 화폐 개혁과 왕실재정의 확충을 위해 발행한 백동화(白銅貨)는 원래의 재료에 비해 그 가치가 지나치게 과대평가되었을 뿐만 아니라 워낙 많은 양이 발생되어 가치가 급격하게 폭락하였다. 이로 인해 백동화의 공식가치와 실질적인 거래가치 사이에는 상당한 차이가 있었다. 20세기 초에 공식적인 부세는 결당(結當) 백동화 80냥, 신화 8환, 엽전 80냥으로 책정되어 있었다. 하지만 신화를 기준으로 보았을 때, 엽전과 백동화 사이에는 현실적으로 커다란 가치 차이가 있었다. 당시 엽전 80냥의 실질가치는 신화 16환이었기 때문에, 엽전이 유통되는 지방은 백동화가 유통되는 지방에 비해 엄청나게 많이 납세하는 결과를 낳게 되었다.[52] 따라서 엽전으로 납세하는 것보다는 시중가대로 신화로 교환하여 납세하거나 백동화로 납세하는 것이 훨씬 유리했던 것이다.[53] 신·구화(新·舊貨)의 시세차이로 인해 발생하는 지세 불균등현상은 엽전유통지역인 경상도와 전라도 지방 농민들에게 심각한 피해를 발생시켰다. 수령과 아전들은 환차액을 이용하여 엽전으로 세금을 받은 다음 이를 백동화나 신화로 교환하여 납부하고 중간 차액을 챙겼다.

이에 경상도 인동(仁同)과 선산(善山)의 경우, 농민들은 이미 납부한 엽전에 더해진 분량을 돌려받으려 했다. 인동의 경우, 지방 양반들이 각 집마다 집회에 참가하라는 통문을 발하여 수천 명을 이끌고 1906년 3월 7일 관아에 난입하여 결가를 줄여줄 것을 요구했다.[54] 선산에서는 원래 세금을 엽전 80냥 대신에 신화 12환으로 걷도록 관찰부가 훈령을 내렸음에도 불구하고 군수는 훈령을 감추고 엽전으로 징수하여 농민들에게 손해를 입혔다. 이에 1906년 초에 여러 사람들이 세금인하를 요구하면서 여러 마을에 통문을 돌려, 2월 10일 해명 장터에서 향회(민회)가 개최되었다. 이들은 매 결 부과되는 세금을 엽전 60냥으로 상정할 것을 요구하고 이미 납부한 80냥 가운데 20냥의 반환을 요구하면서 관아를 파괴했다. 선산 농민의 저항운동에는 특히 일진회원이 주동적으로 참가했다.[55]

김해(金海)에서도 세금 문제로 농민들의 저항이 발생했다. 1907년 3월 9일 농민들은 신·구화 교환과정에서 발생된 차액을 돌려달라고 요구했다. 그러나 군수가 주동자를 체포하자, 농민 수백 명이 읍내로 몰려가 주동자를 구출하고 관아를 기습했다. 이에 일본순사 16명과 수비대 20명, 그리고 헌병 5명이 진압을 위해 동원되었다.[56] 전라도의 김제군에서도 군수가 신구화의 시세차이를 이용하여 부당이득을 챙기자[57] 농민들은 1907년 3월 말에 대대적인 항쟁에 나섰다. 이에 순검이 파견되어 주동자를 체포하자 농민들은 순사숙소에 투석하고 순사의 발포로 5명이 사망하였다.[58] 태인(泰仁)의 경우 주동자들의 항의를 군수가 무시하자 농민들이 모여 집회를 열었다. 이에 군수는 집회를 해산시키고 주동자를 체포했는데 농민들은 이들의 석방을 요청하는 집회를 다시 열었다. 이들의 집회는 일본순검에 의해 해산되었는데 일본순검의 발포로 4명이 사망하고 3명이 중상을 입었다.

1908년 봄에도 전라도와 경상도지방 농민들은 공평한 세금을 내자는 운동을 벌였다. 1895년도 결세는 결당 엽전 30냥씩, 1900년도는 동화 50냥씩, 1902년도는 동화 80냥이었는데 관리들은 이전대로 엽전을 받아 동화로 교환하여 환시세에 따른 이익을 취했다. 전라도 지역에서 농민항쟁은 탄원의 형태로 진행되었지만, 경상도 지방의 농민항쟁은 격렬한 시위를 동반했다. 경상북도 성주 지역 농민들은 엽전을 신화로 환산하여 납세액을 정하는 과정에서 12환으로 책정한 것이 부당하다고 호소하였다.[59] 이러한 운동에는 유림(儒林), 지주, 언론기관과 계몽단체들도 적극 호응하였다. 심지어 군수를 역임하였던 사람도 이 운동에 동참했고[60] 통문을 발기한 사람들은 향교를 중심으로 한 유림과 지주들이었다.

울진에서는 1906년 말 읍내에 의병 300여 명이 관가에 돌입하여 불을 지르고 군기를 탈취했으며 상납하는 엽전을 소각하는 일이 발생했다.[61] 1907년 초에도 의병 40~50여 명이 읍내에 돌입하여 경찰파견소와 우편취급소의 물건을 파괴하고 소각했다.[62] 의병의 활동은 관리들의 납세 부정으로 더욱 고조되었다.[63] 여러 곳에서 벌어진 농민항쟁의 결과, 1907년 가을부터 울진의 결세는 인하되었다. 또 다른 문제로 결세를 1년 먼저(혹은 반년 먼저) 납부하는 관행이 있었는데 이에 대해 농민들은 납부한 결세의 환급을 요구하면서 저항이 발생했다. 농민들은 1907년 4월 30일 통문을 보내고 수백 명의 농민을 읍에 모아 집회를 열어, 7월 9일에서 11일에 걸쳐 세무분서를 파괴하고 주사를 살해하겠다고 위협했으며 결세의 반환을 요구했다.[64]

대한제국기에 광범위하게 진행된 항세운동은 기본적으로 농민들이 옛 화폐와 새 화폐의 가치 차이를 이용한 관료들의 독점적 이윤추구에 대해 저항하는 성격을 갖고 있었다. 그리하여 농민들의 권리를 강화하여 농업이 안정되도록 요구했음을 알 수 있다. 농민들은 화폐의 시세차이에 민감하게 반응하면서 자신들의 권리를 주장할 정도로 시장 경제의 현실을 깨닫고 있었다. 그렇기 때문에 자신들의 이익을 침해하는 지주관료들에 대해 체계적으로 문제를 제기하고 정부로부터 인정을 받아냈던 것이다.

그런데 대한제국기에는 또 다른 형태의 그리고 한말 정치변동에 상당한 영향을 미쳤던 농민항쟁이 존재했다. 그것은 폭력적이고 무정부적인 형태의 농민항쟁으로서 지방의 국가 기구와 지주계급에 대한 무차별적인 공격을 특징으로 하고 있었다. 농민층 분해로 인해 떠돌이가 된 유민들은 일부 도시, 광산, 개항장 등의 노동시장에 포섭되었으나 나머지는 의적의 형태로 저항을 시도하고 있었다. 동학농민운동 이후 이른바 영학당, 남학당, 동학당, 활빈당 등으로 불리는 농민항쟁이 바로 그것들이었다.[65] 현재까지 이러한 형태의 농민항쟁에 대해서는 그다지 많은 연구가 없는 실정이다. 하지만 이러한 형태의 농민항쟁은 지주계급들을 불안하게 만듦으로써 대한제국을 심각한 위기에 빠뜨렸다.

영학당은 1898년부터 1899년까지 전남지방을 중심으로 활동하였다. 이들은 관아를 습격하고, 무기를 탈취하였으며, 지주계급을 습격하였다. 같은 해에 제주에서는 남학당이 총기로 무장하고 스스로를 어남군(御南軍)이라 칭하면서 관아를 습격하였다. 이들은 게릴라전을 벌이면서 세력을 확대하여 이듬해인 1899년부터는 충청도지역까지 세력을 확장하고 있었다. 활빈당은 1900년 충청도에서 시작되어 1904년까지 활동하였다. 이들은 전라도와 경상도 그리고 충청도에서 주로 활동하였으며 총포로 무장하고 있었다. 이들의 타격대상에는 지방의 부호들, 지방 관료와 관아, 심지어 사찰도 포함되고 있다. 이들에 대해 지방대가 진압에 나섰으나 별 효과가 없었다.

이들의 선언문과 강령을 살펴보면, 이들이 무엇을 의도했는지가 어느 정도 나타나고 있다. 이들은 정부가 요순의 법을 행하고 황제의 법을 따르겠지만 개화를 포기하고 과거의 법제로 돌아가야 한다고 주장하였다. 더불어 해외로의 곡물유출로 인한 곡가앙등을 막기 위한 방곡실시와 외국상인들의 출입을 금지시키고 행상에 대한 징세를 금지시키며, 금광채굴을 금지하고 사전을 혁파하라고 요구하고 있다. 나아가 세금의 액수를 분명하게 하고 곡가를 안정시켜야 하며 악법을 폐지하고 도살을 금지하며 외국에 대한 철도부설권을 금지시키는 것 등을 주장하였다.[66] 이들의 주장에서도 농민전쟁기의 농민들의 요구 처럼 한편으로는 요순시대로 돌아가야 한다는 복고적인 주장을 하는 동시에 행상을 위한 편의를 강조하는 등, 시장의 압력에 대한 농민 생 존의 보장과 시장의 활성화를 위한 요구가 동시에 들어 있음을 알 수 있다.

하지만 이들의 주장은 대부분 근대적인 개혁이 아니라 복고적인 목표임을 알 수 있다. 즉 시장의 압력으로부터 농민생존권을 보호해 줄 것을 강조하고 있음을 알 수 있다. 이러한 사실에 비추어 볼 때, 폭력적인 항쟁을 주도한 이들은 비교적 경제적으로 열악한 소농 및 소작농들로 구성되어 있다고 할 수 있다.

이들의 폭력적인 항쟁은 지방의 지주들에게 커다란 불안을 가져다 주었다. 지주계급들은 이들의 항쟁에 직면하여 억압적인 국가의 필요 성을 더욱 절실하게 느꼈을 것이라고 추론할 수 있다. 그러나 현실적 으로 대한제국의 지방관아들은 이러한 농민들의 항쟁에 무기력하게 대응하고 있었다. 지방 차원에서 전개된 폭력적인 농민항쟁을 진압한 것은 바로 일본이었다. 이러한 현실은 대한제국의 국가로서의 위상에 심각한 위협을 주었다.

3) 농민운동이 초래한 정치변동

한말의 농민운동이 갖는 성격에 대해 가장 널리 받아들여지는 견 해는 그것이 반봉건적이고 농민적 근대화 노선이었다고 설명하는 것 이다.[67] 반면 프랑스혁명에서 나타난 농민운동과 비교하여, 한말의 농민운동을 갑오개혁노선과 일치하는 부르주아혁명의 일부로서 강조하는 연구도 있다.[68] 나아가 농민운동의 지향은 전통적인 농업구조의 유지나 복귀가 아니라 시장경제에 참여하는 소상품생산자로서의 투쟁이었다는 연구도 제기되고 있다.[69]

농민들은 토지를 공평하게 나눠서 농사를 하자고 요구했으나, 토지의 사적 소유나 병작제 자체의 철폐를 요구하지는 않았다. 따라서 그것은 소작권의 안정이라는 제한된 목표에 머물러 있었다. 또한 농민항쟁은 지주관료들의 독점적인 이윤추구에 반대했으나 상품경제 자체를 반대하지는 않았다. 또 농민들은 관료들의 부패를 공격했으나 왕조국가 자체를 거부하지는 않았다. 이처럼 농민들의 요구는 요순시절로의 복귀로부터 조세 제도의 개편에 이르기까지 폭넓게 분산되어 있었다. 때문에 농민들의 요구사항으로부터 농민항쟁의 성격을 파악하는 것은 매우 힘들다. 따라서 농민들의 요구사항을 검토하기보다는 그들이 처해 있던 사회경제적 구조로부터 농민운동의 성격을 밝히는 것이 보다 적실성이 있을 것이다.

경제적 계약관계에 의한 병작제와 시장경제에 기반하고 있었던 19세기 조선사회는 노비들에 대한 경제외적 강제를 동원할 수 있었던 봉건적인 사회였다고 할 수 없다. 19세기 조선사회는 노비노동에 입각한 경제외적 강제가 서서히 해체되는 과정에 있었지만 새로운 경제형태는 아직 성숙하지 않은 이행기적인 성격을 지니고 있다. 따라서 국가의 계급적 성격 또한 이행기적인 것이었다.

농민운동의 성격을 확인하기 위해 먼저 기존 연구들을 비교사적인 시각에서 검토해볼 필요가 있다. 기존 연구들은 한말 농민운동이 반봉건적인 성격을 지니고 있음을 강조하고 있다. 나아가 1894년 농민전쟁에는 반외세라는 성격을 덧붙이고 있다. 어떤 연구자는 농민운동이 적극적인 근대로의 이행을 추구했던 하나의 주체였음을 강조하기도 한다. 예를 들어, 갑오농민운동은 근대로의 두 가지 길 가운데 아래로부터의 길로서, 지주제를 해체시키는 방향에서 농민적 상품경제의 안정화와 근대화를 추구했던 운동이라고까지 규정되고 있다.70)

그러나 이러한 견해에 반대하는 경우도 있다. 농민운동이 주장했던 바를 근대의 지향이 아니라 평등주의적인 농민민주주의의 시원으로 규정하는 견해도 존재한다. 이에 따르면 갑오농민운동은 프랑스혁명과정에서 나타난 농민혁명처럼 부르주아혁명의 특성을 포함하는 농민운동이 아니라 농민적 이상주의 혹은 평등주의라는 독자적인 성격을 갖는 운동이다.71)

반봉건을 강조하는 견해는 18세기 무렵 조선의 갖가지 문제들을 봉건적인 것이라 규정한다. 이들은 관료들의 탐학과 신분제의 존재를 강조하고 그로부터 농민항쟁이 수령의 탐학72)과 국가 및 관료들의 부세수탈과 학정, 그리고 정치권력의 교체를 요구했다는 점을 강조하고 있다.73) 그러나 일반적으로 논의되고 있는 역사적인 개념으로서의 봉건제는 조선을 설명하는 데 그다지 적절한 것이라 생각되지 않는다. 유럽의 봉건제를 정치군사적 개념으로 설명하는 경우 봉(fuef)제도의 존재와 지리적으로 분권화된 정치권력이 강조되며, 생산양식상의 개념으로 설명하는 경우 농노제가 강조되어왔다. 그리고 이러한 생산양식하에서는 지대와 조세가 일치하는 것으로 간주되고 있다.

하지만 조선의 경우 정치체제가 봉건제와는 달랐다. 조선 초기 관료들에 대한 봉사의 대가로 지급되었던 토지는 봉건제의 영주적 토지소유와 달랐으며, 18세기 이전에 사림들에 의한 지방의 자율성이 존재했으나 그것은 사회적 영향력의 문제이지 군사, 법, 행정에 관한 권력은 중앙에서 파견된 관료들이 장악하고 있었다. 따라서 독자적인 행정과 사법권을 가진 영주들로 분권화된 서구의 봉건제와 중앙집권적인 조선의 왕조 국가 사이에는 커다란 차이가 존재한다.

유럽에서는 농노제가 해체되고 자본제 사회로 이행하는 과정에서,

서로 다른 경로들이 나타났다. 농민의 힘이 약했던 영국에서는 공동체 보유지가 영주의 소유권으로 넘어가 대지주제가 나타났지만 농민의 힘이 강했던 프랑스에서는 자유토지보유농의 권리가 유지되어 광범위한 소농사회가 초래되었다. 조선의 경우 농장이 해체된 다음 광범위한 소농사회가 형성된 것으로 보아 농민적 토지소유의 관행이 강했다고 추측될 수 있다.74)

생산 형태에서의 변화를 놓고 보았을 때, 농노제의 해체가 봉건제의 해체로 간주될 수 있다면 그리고 이후에 나타난 지주/소농경제의 발전이 자본주의적 농업의 발전이라고 간주될 수 있다면, 조선의 경우도 17세기 후반부터 그러한 사태가 나타났다고 주장될 수 있을 것이다. 정치적인 맥락에서도 국가권력이 점점 강화된 것도 비슷하다고 볼 수 있다. 18세기 이래 조선왕조국가가 농장주들을 대신하여 농민들에 대해 강력한 강제력을 행사하게 되었던 상황은 유럽의 경험과 매우 유사했다. 16세기 이후 나타난 유럽의 절대주의는 봉건제의 해체 과정에서 초래된 사회적 위기에 대해 지배계급이 권력을 왕에게 양도함으로써 혹은 왕이 영주들의 권력을 통제함으로써 나타난 것이었다. 유사하게 17세기 조선에서 나타난 농장제의 해체 과정은 지주·관료계급에 대한 왕권강화전략의 결과물로 나타났다고 간주될 수 있을 것이다.

정치변동의 측면에서 19세기 농민항쟁은 독자적인 근대적 프로그램을 갖고 있지 못했다. 심지어 갑오농민운동조차도 인본주의적 개혁 프로그램을 갖고 있긴 했지만, 새로운 정치체제의 성립을 목표로 한 것이 아니었다. 그것은 독일의 농민전쟁, 중국의 태평천국의 난, 그리고 의화단운동과 같이 천년왕국을 지향하는 평등주의적 운동이었다고 볼 수 있다. 그러나 한말 정치변동과 관련하여 농민운동이 가지는 중요성은 그것의 지향이나 목표가 아니라 농민항쟁이 객관적으로 만들어낸 결과였다. 농민항쟁은 적절한 이념적·조직적 지도가 부재할 경우, 그것이 의도했던 방식으로가 아니라 의도하지 않았던 방식으로 영향을 미친다. 또한 농민항쟁이 혁명의 성공으로 귀결된다고 하더라도, 반드시 농민항쟁이 의도했던 것을 얻게 되는 것도 아니다. 그렇다면 19세기 농민운동이 정치변동에 어떠한 결과를 미쳤을까?

대한제국기의 농민운동 가운데서 균세나 항세운동이 상대적으로 온건한 방식으로 국가에 영향을 미쳤다면, 의적의 형태를 한 농민운동은 폭력적인 투쟁으로 일관함으로써 지방의 지배계급들에게 심각한 위기의식을 불어넣었다. 폭력적인 형태의 농민운동이 한말 정치변동에 있어서 중요한 까닭은 그들의 지향이 근대적이었다거나 혹은 사회적 평등에 기여했기 때문이 아니라 그들의 투쟁방식 자체가 초래했던 정치적 결과 때문이었다. 이들은 지방의 지주계급과 국가 기관에 대해 약탈과 파괴를 시도했다. 특히 지주계급들에게 있어서 이와 같은 항쟁 형태는 상업적 농업을 통해 커다란 이윤을 획득할 수 있는 기회를 원천적으로 파괴하는 것이었을 뿐만 아니라 재산 이전에 생명의 유지마저도 위협받는 파멸적인 것이었다. 이에 대해 지주계급들은 한편으로는 독자적인 방어기제를 마련함과 동시에 정치적 보호를 추구하고자 했다.

지배계급에 대한 국가의 보호가 더욱 중요해져 갔다는 것이 갖는 의미는 그에 부응하지 못하는 정치변동은 거부될 가능성이 높아질 것이라는 함의를 지닌다. 개항에 따라 발전한 상품경제를 활용하여 경제는 활황 국면에 들어갔지만 이에 대한 저항을 통제할 수 있는 국가 능력은 점차 쇠퇴해갔고 그것은 독점적이고 특권적인 상품 경제를 주도하던 지배계급의 재생산에 결정적인 타격을 가했다. 1860년대 이후부터 집단적인 항의 형태로 나타난 농민운동은 1890년대에는 전국적으로 확대된 무장봉기의 형태로 나타났으며, 대한제국기에는 지방 각지에서 의적 및 의병이 출몰하여 지배계급들에게 타격을 가했다.

지주제에 관한 사례연구들은 지주제의 확산이 일시적으로 저지된 원인이 자연재해와 더불어 농민운동이 급격하게 나타났기 때문이었음을 강조하고 있다. 조선 정부는 농민항쟁이 만들어낸 혼란을 통제하지 못하고 지배계급들에게 적절한 보호를 제공해주지 못했으며, 국가의 보호가 약화될수록 지주들의 국가에 대한 지지도 약화되었다.

농업의 상업화가 확대되어 갔던 과정에서 지주들의 이익 확대 기회가 훨씬 커졌다. 개항 이후 미곡의 대일 수출에 따른 곡가상승과 미곡시장의 확대에 따라 지주경영은 점차 확대되어 갔다.[75] 지주제는 이미 18세기부터 병작제에 입각하여 상당한 정도로 발전해 왔으나 개항을 계기로 본격적인 발전 추세를 보이고 있었던 것이다.[76] 한말 지주제에 대한 평가는 상이하게 나타나고 있다. 이를 지대 자본주의로 규정하는 연구도 존재하며[77] 혹은 '퇴행적 대토지소유자'[78]이자 구체제적 부르주아지[79]와 유사하다고 규정하는 연구도 존재한다. 그러나 표현이 어떠한 것이든 간에, 대체적으로 개항 이후의 지주제가 상업적 이익을 목표로 했다는 점에 대해서는 별다른 이견이 없다. 다만 지주제의 역사적 발전단계에 따라 당시의 지주제가 봉건적인지 부르주아적인지를 둘러싸고 각기 상이한 견해를 제기하고 있을 뿐이다.

당시의 지주제를 특정한 생산양식에 비추어 규정하는 것은 쉬운 일이 아니다. 유럽에 대한 연구들도 전산업화 단계에서 지주제가 봉건적인지 자본주의적인지를 규명하는 데 상당한 어려움을 겪고 있다. 프랑스혁명이 부르주아혁명이었음을 강조하는 연구들은 당시의 지주들이 봉건적이었음을 강조하는 반면, 프랑스혁명이 자유주의적 혁명이었음을 강조하는 연구들은 혁명 이전의 프랑스가 이미 자본주의사회였음을 지적한다.[80] 그것이 자본주의사회였다는 것은 상업적 농업의 발전을 뜻하는 것이다.

지주 부르주아라는 개념의 성립 가능성에 의문을 가질 수 있겠지만, 역사적으로 18세기와 19세기 영국의 지배계급은 본질적으로 대지주였으며 프랑스나 독일의 경우도 마찬가지였다. 최근의 연구들은 당시 대자본가들은 동시에 대지주이자 금융자본가 또 산업자본가였다는 것을 밝히고 있다.[81] 한말의 지주계급 또한 이와 유사하게 지주로서 그리고 고리대 자본가로서 역할을 충실히 수행하고 있었다. 이들은 상업적 농업으로부터의 이윤과 고리대를 통한 이윤을 다시 토지에 투자하는 충실한 자본가의 모습을 보여주고 있다.[82]

세계시장의 개방과 더불어 발전하고 있었던 지주계급들에게 있어서 핵심적인 문제는 이러한 발전을 보장해 줄 수 있는 사회의 안정이었다. 소작농에 대한 일상적인 통제는 물론이고 생명과 부를 위협하는 각종 반란과 도적들에 대한 탄압은 국가의 역할을 필요로 했다. 지주제의 발전을 위해서는 개별적이거나 집단적인 농민들의 반발을 누를 수 있는 정치적 보호가 반드시 필요했던 것이다.

18세기 이전까지 지배적이었던 농장은 노비에 대한 직접적인 통제가 가능했고 지배계급의 헤게모니가 향약과 서원을 통해 지방 공동체 수준에서 여전히 강력하게 관철되고 있었던 까닭에, 안정적인 재생산을 누릴 수 있었다. 그러나 소작인에 의한 병작제가 확대되면서 지배의 원리가 신분적 지배에서 경제적 지배로 대체되고 지방공동체에 대한 헤게모니가 점차 약화되는 가운데, 아래로부터의 불만이 제기될 경우 지주들이 직접적으로 농민들을 통제할 수 있는 장치가 제도적으로 결여되어 있었다. 그러한 역할을 대신한 것이 지방 기구들이었다. 지방수준에서 지방관아와 관료들의 권력 강화는 국가의 필요에 의한 것이기도 했지만, 지주계급의 변화된 대민 지배방식에서도 기인하는 것이었다.

그러나 국가기구의 강화는 신분제의 변동과 관료들이 부추기는 향전을 통해 지방권력의 중심을 바꾸어버렸다. 그리고 강화된 국가권력이 지배계급 내부의 특정한 분파의 수중에 들어갔던 세도정치하에서 국가기구는 권력으로부터 소외되어 있는 지주들에 대한 약탈자였을 뿐만 아니라, 농민항쟁을 효과적으로 통제하지 못함으로써 계급적 이익에 결정적인 피해를 가져다 주었던 것이다.

강력한 국가만이 지주제를 보장해줄 수 있지만, 한말의 국가는 국가기구 자체가 경제적인 이해관계에 종속됨으로써 농민들에 대한 압박을 가중시켰다. 지주계급의 이익을 실현하기 위해 요구되었던 국가의 억압이 거꾸로 광범위한 농민항쟁을 발생시켰고 이로 인해 지배계급의 재생산기반이 위협을 받게 되었다. 지배계급의 정치적 보호를 위해 대민 통제력을 강화시켰던 국가기구들이 농민항쟁의 주요한 목표가 됨으로써 국가기구들은 커다란 타격을 입었으며 이 과정에서 지주계급에 대한 적절한 보호 장치도 쇠퇴해갔던 것이다.

이러한 상황에서 지배계급들은 왕조에 대해 강력한 불만을 갖게 되었다. 지주들은 지방 관리들과 연합하여 농민항쟁을 탄압했지만, 정부에 대한 불만 또한 점차 강화되었다. 무엇보다 커다란 영향을 미쳤던 것은 지주계급들을 향해 전개된 폭력적인 농민항쟁이었다. 의적이나 의병의 형태를 한 농민항쟁은 지주계급의 경제적 기반은 물론 생명을 위협했다. 폭력적인 농민항쟁은 그 자체로서 새로운 대안을 모색했던 것도 아니었고 또 그럴만한 능력도 갖출 수 없었지만 광범위한 무정부 상태를 초래함으로써 의도하지 않은 결과, 즉 지배계급의 왕조국가로부터의 이반을 낳게 되었다.

갑오농민운동 이후 농민항쟁 양상 가운데서도 국가에 가장 위협적이었던 것은 항세운동과 같은 체제 내적인 저항이 아니라 의적의 형태를 한 무정부적인 파괴행위였다. 영학당, 활빈당과 같은 항쟁은 국가기구뿐만 아니라 부유한 지주계급 또한 타격대상으로 삼음으로써 지방 수준에서 지주들의 동요는 심각했다. 지방관아가 일련의 의적 활동에 지주들을 제대로 보호를 하지 못하는 상황에서 지주들은 보호를 찾게 되었다. 지주들이 보호를 요청했던 것은 다름 아닌 일본이었다. 영학당과 활빈당 그리고 의병이 활동하던 지역에서 지주들은 자신의 거주지를 떠나 일본의 순사들이 주재하는 곳으로 이주하였다.[83] 또 지주들은 자경단을 만들어 이들을 탄압하기도 했다.[84]

지주들은 1862년 농민전쟁에서 민란을 진압했고, 1894년 농민전쟁에서 관군 및 일본군과 연합하여 농민군 진압에 앞장섰다.[85] 이들은 토착 향리출신이자 부세행정의 담당자로 지방권력의 실질적인 담당자들이었다. 이들은 20세기 초기에 의병항쟁에 대해서도 무력에 의한 진압과 고발을 담당하는 역할을 수행했다. 뿐만 아니라 이들은 지주제를 기반으로 이윤을 축적하여 산업자본으로 전환한다는 구상을 갖고 적극적으로 일본에 대해 지지를 호소하였다.[86] 이들은 통감부가 군의회 설립을 종용하자, 적극적으로 참여하여 지방여론을 주도하고 권력을 행사하려 했다. 본래 유길준의 군 의회는 갑오개혁기에 기존의 향회를 근거로 지방의 조직화를 위해 지방제도의 일부로 입안·발의되었었다. 이것이 대한제국 초기에 무산되었다가 일본에 의해 1907년에 구성되었다. 그러나 본래 면회와 이회를 두도록 했던 규정은 없어지고 군회만 조직되었다.

사례연구에 따르면, 지주계급들이 주도한 군회에서 지주계급들은 경제적인 발전 및 근대화 조치를 논의했을 뿐만 아니라 의병에 대한 대응 등 정치적인 문제까지 광범위하게 논의하였다고 한다. 즉, 조선이 병합되기 이전에 지방수준에서 지주들은 이미 일본 제국주의의 한 구성 부분으로 작동하고 있었던 것이다. 이들은 폭도(의병)들의 진압이 사회 안정의 급선무라 주장하면서 계급적 이익의 보장을 일본에 요구하였다.[87] 논리적으로 지주계급에게 가장 요구되었던 국가상은 농민항쟁을 효과적으로 억제할 수 있는 강력한 국가였다. 나아가 지주계급의 이익을 보장해 줄 수 있으면 더욱 좋을 것이다. 그러나 현실적인 상황은 지주들이 이윤 실현은 고사하고 생명과 재산마저 위협받게 되었다. 따라서 지주들에게는 로크가 강조한 합리적인 보호자로서의 국가가 아니라 홉스가 강조한 리바이어던(Leviathan), 즉 절대권력만이 절대 소유권을 보장해 줄 수 있는 상황이 요구되었던 것이다.

이들이 택할 수 있는 방법은 두 가지였다. 하나는 기존의 정치체제를 적절하게 개혁하는 것이었다. 그러나 대한제국은 황제권 절대화 정책으로 인해 지주관료들의 정치력을 현저히 저하시켰다. 대한제국의 기반이 지주제에 근거하고 있었던 것은 분명하지만, 지주계급의 광범위한 참여를 전제로 한 정치적 연합의 가능성은 완전히 배제되어 있었다. 그리하여 다른 하나의 방식이 자연스럽게 모색되었다. 그것은 자본주의 세계체제에 의존하는 방법이었다. 청일전쟁에서의 승리, 영일동맹과 가쓰라-태프트 조약(Katsura-Taft Agreement), 러일전쟁에서의 승리에 의해 자본주의 세계체제로부터 지역 패권을 승인받은 일본은 스스로의 발전을 위해 조선을 강제적으로 병합할 필요성이 있었다. 따라서 세계체제적 차원에서 조선의 지주계급과 일본의 이해가 일치하는 구조가 발생했던 것이다.

주석

1) 연갑수, "대원군 집정의 성격과 권력구조의 변화,"『한국사론』27(1992).

2) 최병옥, "朝鮮末期의 武衛所硏究,"『軍史』21(1990).

3)『일성록』, 고종 16년 8월 29일; 고종 16년 10월 27일.

4) 이경하는 1873년 경복궁 화재를 계기로 禁衛大將과 訓練大將으로 임명되어 군사력을 장악했다.

5) 연갑수(1992), pp.264-265.

6) 그러나 이 조치로 인해 가장 커다란 타격을 입은 것은 정부였다. 악화인 청전은 중앙 및 지방관아들이 주로 보유하고 있었는데, 청전 혁파로 인해 심각한 재정난에 빠져들었던 것이다.

7) 예컨대 1882년 화양서원의 복설 요구도 허락되지 않았고(『승정원일기』, 고종 19년 9월 14일), 1893년 3월 10일 수령 대신 사림이 만동묘의 제사를 집행하겠다는 各道의 儒生들의 요구도 거부되었다.

8) 신용하,『韓國近代社會思想史』(一志社, 1987), pp.200-203.

9) 1892년 우의정 조병세는 왕이 주도적으로 정사를 돌본 나머지 관료들이 왕의 눈치만 보고 있다고 불만을 토로하고 있다.『고종실록』, 고종 29년 윤 6월 5일.

10) 전해종, "統理機務衙門 設立의 經緯에 대하여,"『歷史學報』17/18합집(1962); 최현숙, "開港期 統理機務衙門의 設置와 運營," 고려대 역사교육과 석사학위논문(1993).

11)『고종실록』, 고종 18년 2월 26일. 조운업무를 총괄하던 주교사가 통리기무아문에 편입되어, 통리기무아문은 전국의 조운을 관장하게 되었다.

12) 정옥자, "紳士遊覽團考,"『歷史學報』27(1965); 허동현, "1881年 朝鮮 朝士 日本 視察團에 관한 一硏究,"『韓國史硏究』52(1986).

13) 허동현(1986), p.102와『고종실록』고종 18년 11월 21일 자를 비교해보면 朝士 視察團員들이 일본에서 시찰을 담당한 부서를 통리기무아문에서 그대로 담당하고 있음을 알 수 있다.

14) 권석봉, "領選使行考"(1986), pp.159-163.

15) 최병옥, "敎鍊兵隊(속칭: 倭別技)硏究,"『軍史』18(1989), pp.91-92.

16) 이광린, "開化僧 李東仁,"『開化黨硏究』(일조각, 1985), p.103.

17) 한국역사연구회, 『1984년 농민전쟁연구 1: 농민전쟁의 사회경제적 배경』(역사비평사, 1991).

18) 機務處에 대해서는 최현숙(1993), pp.28-30 참조.

19) 한말 통청운동에 관해 이종일, "18·19世紀의 庶孼疏通運動에 대하여,"『韓國史硏究』, 58(1987).

20) 이석윤, 『韓國貨幣金融史硏究』(博英社, 1984), pp.193-195.

21) 한우근, "'金'의 國外流出,"『韓國開港期의 商業硏究』(一潮閣, 1970), pp.287-289.

22) 김순덕, "1876~1905년 關稅政策과 關稅의 운용,"『韓國史論』15(1986), pp.294-297.

23) 임오군란은 미곡의 상품화 영향으로 나타난 미가폭등, 관료들의 횡령, 재정 구조의 악화와 관련이 있다.

24) 『고종실록』, 고종 20년 8월 30일.

25) 최병옥, "開化期의 軍事政策 硏究," 홍익대학교 박사학위논문(1987), pp.193-200.

26) 최병옥(1987), p.102.

27) 『고종실록』, 고종 21년 9월 15일; 『갑신일록』, 1884년 11월 2일.

28) 『고종실록』, 고종 20년 3월 16일.

29) 군부의 핵심인물인 친군전영사 한규직, 해방총관 민영목, 이조연 등이 살해되었다.

30) 당시 민씨들은 왕의 친위기구인 규장각에 상당수가 참여하고 있었다고 한다. 한국역사연구회 19세기정치사 연구반, 『조선정치사 (下)』(청년사, 1990), p.693.

31) 『일성록』, 고종 19년 7월 25일.

32) 『갑신일록』, 1884년 11월 29일.

33) 『승정원일기』, 고종 22년 5월 25일.

34) 1882년의 統理軍國事務衙門도 궐내에 설치되었으나 곧 정식아문이 되었던 것에 비해 내무부는 1894년에 폐지될 때까지 궐내에 존재했다.

35) 이광린, "農務牧畜試驗場의 設置에 대하여,"『韓國開化史硏究』(一潮閣, 1974), p.216에서 재인용.

36) 이광린, "「濟衆院」硏究,"『韓國開化史의 諸問題』(一潮閣, 1986), pp.128-133.

37) 김원모, "乾淸宮 멕케電燈所와 韓國最初의 電氣 點燈(1887),"『史學志』21(1987), pp.217-218.

38) 전기통신사 편찬위원회, 『韓國電氣通信 100年史(上)』(1985) 참조; 『고종실록』,

고종 25년 2월 8일.

39) 전기통신사 편찬위원회(1985), p.107.

40) 박만규, "開港以後의 金鑛業實態와 日帝侵略,"『韓國史論』10(1984), pp.270-283; 이배용, 『舊韓末 鑛山利權과 列强』(韓國硏究院, 1984), pp.6-25.

41) 김용섭, "高宗朝王室의 均田收賭問題,"『韓國近代農業史硏究(下)』(一潮閣, 1984), pp.443-452.

42) 『일성록』, 을미 3월 25일, p.62.

43) K. 폴라니, 『거대한 변환』(민음사, 1991), p.247.

44) 페르낭 브로델, 주경철 역, 『물질문명과 자본주의』(까치, 1995), pp.12-13.

45) 이매뉴얼 월러스틴, 『사회과학으로부터의 탈피』(창작과 비평, 1994), pp.270-283.

46) A. 샤프, 金澤賢 역, 『歷史와 眞實』(청사, 1982), pp.30-63.

47) James Scott, *The Moral Economy of the Peasant: Rebellion and Subsistence in Southeast Asia* (Yale University Press, 1977).

48) 신용하, "甲午農民戰爭 시기의 農民執綱所의 活動,"『韓國文化』6(1985) 참조.

49) 한우근, "東學軍의 弊政改革案 檢討,"『歷史學報』23(1964); 정창열, "한말 변혁운동의 정치 경제적 성격,"『한국민족주의론』(창작과 비평, 1982).

50) 김윤식, 『續陰晴史 上』권7(고종 31년 5월), 국사편찬위원회 간행본, pp.322-323.

51) 소불(A. Soboul)은 농민운동이 중첩된 목표를 갖고 있다고 지적한다. 그는 프랑스혁명에서 나타난 농민운동이 다소간 상반되는 목표, 즉 봉건적인 특권이 강요하는 각종 억압으로부터 해방되어 이윤을 추구하려는 목표와 대토지 소유와 경제적 계약관계에 입각한 자본주의적 농업을 거부하는 목표를 동시에 갖고 있다고 지적한다. 알베르 소불, "아나똘리 아도의 논문에 대하여,"『역사비평』여름호(1992), p.310.

52) 『財務週報』제46호, 彙報, 土地調査委員會, "韓國의 地稅(結稅)에 대하여," p.668.

53) 『財務週報』제28호, 報告及統計, 1907년 8월 1일 江陵管內視察報告, 1516쪽; 『指令及報告』제6책, 光武 11년 3월 2일 蔚珍派駐稅務主事의 제1호 報告書; 제14책, 光武 11년 2월 28일 江原道平海郡守의 제1호 報告書. 이 때문에 엽전 유통지방인 강원도 평해 및 울진을 관장하는 세무주사와, 그 아래의 면장, 영수원, 임원 등은 엽전으로 수세한 다음 이를 신화로 교환하여 납부함으로써 이익을 챙겼다.

54) 『各道府郡報告書』(의정부 편, 규 1796), 光武 10년 3월 9일, 慶尙北道觀察使의 報告書.

55) 『司法稟報』甲, 제113책, 光武 10년 4월 12일 慶尙北道裁判所判事의 法部大臣
에 대한 質稟書, 判決宣告書, 善山郡民擾事査案增修案 및 『各道府郡報告書』를
종합 정리했음.

56) 『密陽稅務官報告』(탁지부 편, 규 26092), 光武 11년 3월 19일 慶尙南道密陽稅
務官의 度支部大臣에 대한 제13호 報告書.

57) 『地方情況ニ關スル綴』, 1907년 3월 14일 統監府通信管理局長의 政府財政顧
問에 대한 通牒, "徵稅上에 관한 金濟郡守의 行爲에 관하여 郵便取扱所長의
報告."

58) 『指令及報告』 제13책, 光武 11년 3월 30일 全羅北道全州稅務官의 제25호 報
告書.

59) 『中樞院來文』, 隆熙 원년 12월 10일 中樞院議長徐正淳의 內閣總理大臣李完用
에 대한 제12호 照會.

60) 1900년 각군의 獵戶를 선발하여 軍案으로 편성할 것을 내용으로 하는 지방군제
정리안이 중추원에 헌의되었다. "雜報 地方軍制의 獻議," 『皇城新聞』 3, 光武
4년 4월 7일. p.298.

61) 『指令及報告』 제14책, 光武 10년 12월 18일 江原道蔚珍郡守의 제9호 報告書.

62) 『指令及報告』 제6책, 光武 11년 1월 5일 江陵稅務所稅務官의 제3호 報告書.

63) 『指令及報告』 제14책, 光武 11년 2월 28일 江原道平海郡守의 제1호 報告書;
제6책, 光武 11년 3월 2일 蔚珍派駐稅務主事의 제1호 報告書; 光武 11년 6월
17일 江陵稅務所稅務官의 제41호 報告書; 光武 11년 3월 2일 蔚珍派駐稅務主
事의 제1호 報告書; 光武 11년 6월 17일 江陵稅務所稅務官의 제41호 報告書.

64) 『指令及報告』 제6책, 光武 11년 7월 10일 江陵稅務蔚珍分署主事의 제6호 報告
書; 제14책, 光武 11년 7월 13일 江原道蔚珍郡守의 제8호 報告書.

65) 정창렬(1982); 김도형(1991) 참조.

66) 박찬승, "活貧黨의 활동과 그 성격," 『韓國學報』 35(1984).

67) 김용섭, "근대화 과정에서의 농업개혁의 두 방향," 조용범 외, 『한국자본주의
성격논쟁』(대왕사, 1988).

68) 신용하 외, 『프랑스혁명과 한국』(일월서각, 1991) 머리말 참조.

69) 차남희, "후기 조선사회에 있어서의 자본주의 농촌침투와 농민운동," 『한국정치
학회보』 25집 1호(1991), pp.75-101.

70) 김용섭, "근대화 과정에서의 농업개혁의 두 방향," 조용범 외, 『한국자본주의
성격논쟁』(대왕사, 1988).

71) 고석규(1991).

72) 1889년(고종 26) 정선민란에서 농민들은 "非吾君之命吏"라고 주장하여 지방관
료의 탐학을 문제삼았다. 정창열, "한말 변혁운동의 정치 경제적 성격," 『한국민

족주의론』(창작과 비평, 1982).

73) 고석규(1991).

74) 흥미로운 것은 소농사회를 주장하는 이영훈은 소농의 경제적 위치가 매우 취약
했다고 주장한다는 점이다. 그러나 그것은 정도의 문제일 뿐이다. 중요한 것은
농장의 붕괴가 소농사회로 나아갔던 경향 그 자체인 것이다. 왜냐하면 이와
같은 사태의 발전은 규모야 어떻든 농민적 토지소유가 그만큼 강력하게 자리
잡고 있었음을 보여주기 때문이다. 이영훈, "한국사에 있어서 근대로의 이행과
특질," 『경제사학』 21집(1996).

75) 김용섭, "地主經營의 成長과 變動," 『韓國近現代農業史研究: 韓末·日帝下의 地
主制와 農業問題』(일조각, 1992).

76) 한말 일제 초기의 지주제에 대한 연구로 김용섭, "한말 일제하의 지주제: 사례
1 강화도 김씨가의 추수기를 통해본 지주경영," 『동아문화』 11(1972); 김용섭,
"한말 일제하의 지주제: 사례 2 재령동척농장에서의 지주경영의 변동," 『한국사
연구』 8(1972); 김용섭, "한말 일제하의 지주제: 사례 3 나주 이씨가의 지주로의
성장과 농장경영," 『진단학보』 42(1976); 김용섭, "한말 지주제하의 지주제, 사
례 4 고부김씨가의 지주경영과 자본전환," 『한국사연구』 19(1978); 김용섭, "한
말 일제하의 지주제: 사례 6 일제하 조선신탁의 농장경영과 지주제 변동," 『동
방학지』 70(1991); 박천우, "한말 일제하의 지주제 연구: 암태 문씨가의 지주로
의 성장과 그 변동," 연대 석사논문(1983); 왕현종, "19세기 말 호남지역 지주제
의 확대와 토지문제," 한국역사연구회, 『1894년 농민전쟁연구 1: 농민전쟁의
사회경제적 배경』(서울: 역사비평사, 1991); 이세영, "18, 19세기 양반토호의
지주경영," 서울대학교 한국문화연구소, 『한국문화』 6(1985); 최원규, "한말 일
제하의 농업경영에 관한 연구: 해남 윤씨가의 사례," 『한국사연구』 50/51합집
(1985); 이윤갑, "1894~1910년의 상업적 농업의 변동과 지주제," 『한국사론』
25(1991); 홍성찬, 『한국근대농촌사회의 변동과 지주층』(지식산업사, 1992).

77) 에릭 R. 울프는 토지에 대한 지배권은 세습적·봉록적·상업적 지배로 전화하는
데, 상업적 지배권의 단계에 도달했으나 과거의 생산방식에 의존하면서 조세징
수만을 발전시킨 상태를 지대 자본주의라고 규정한다. 에릭 R. 울프, 『農民』(청
년사, 1978), pp.99-100.

78) 알베르 소불, "아나톨리 아도의 논문에 대하여," 『역사비평』 여름호(1992),
pp.322-328.

79) 구체제적 부르주아지란 부르주아지로서 영지를 소유하고 여기서 발생하는 수입
으로 '귀족'적인 생활을 했을 뿐만 아니라 실제로 귀족이 되었던 부르주아지를
의미한다. 알베르 소불, 『프랑스 大革命史 (下)』(1984), p.244.

80) 이매뉴얼 월러스틴, 『사회과학으로부터의 탈피』(창작과 비평, 1994), pp.15-
16.

81) 이매뉴얼 월러스틴(1994), pp.276-277; 베링턴 무어(1990), pp.180-191; 홉스봄, 『혁명의 시대』(한길사, 1986) 참조.

82) 이영훈, "한국사에 있어서 근대로의 이행과 특질," 『경제사학』 21집(1996).

83) 김용섭, "한말 지주제하의 지주제, 사례 4 고부김씨가의 지주경영과 자본전환," 『한국사연구』 19(1978), p.69.

84) 홍성찬, "한말 일제하의 지주제 연구: 50정보 지주 보성 이씨가의 지주경영 사례," 『동방학지』 53(1986), pp.161-163.

85) 최원규, "한말 일제하의 농업경영에 관한 연구: 해남 윤씨가의 사례," 『한국사연구』 50/51합집(1985), p.286.

86) 堀和生, "日本帝國主義の朝鮮に於ける農業政策－1920年代 植民地地主制の形成," 『日本史研究』(1976), p.171; 홍성찬, 『한국근대농촌사회의 변동과 지주층』(지식산업사, 1992), pp.55-58.

87) 홍성찬(1992), pp.52-55.

갑오개혁과
대한제국의 정치 동학

갑오개혁과 대한제국의 정치 동학

1절 동아시아의 패권 변동 I: 청일전쟁

1) 일본의 등장

조선이 동학농민운동과 갑오개혁이라는 급격한 정치 변화를 겪고 있을 때, 이러한 조선의 정치 변화에 영향을 받고 또 영향을 준 사건이 청과 일본 사이에 벌어진 전쟁, 즉 청일전쟁이었다. 청일전쟁은 청과 일본 사이에 벌어진 전쟁이었지만, 이 사건이 갖는 의미는 여러 가지로 중요했다.

먼저 청일전쟁은 오랫동안 지속되어 왔던 동아시아의 질서, 즉 중화체제 혹은 조공체제를 확실하게 붕괴시켰고 서구에서 발전해온 국가간체제가 이 지역에서 기본 질서로 자리 잡게 되었음을 의미한다.

또한 청일전쟁에서 일본이 승리함에 따라 이 지역 내부에서 정치적 주도권이 중국에서 일본으로 넘어가게 되었다. 그리고 이러한 사태로 인해 종래 중국을 중심에 놓고 세계질서를 보았던 조선의 전통적 세계관이 불가피하게 변하게 되었다. 이러한 변화로 인해 조선의 정치 세력들 내부는 새로운 질서에 대한 규정과 더불어 상황 해결을 둘러싸고 다양한 정치적 분파들로 분화되었다.

조선의 개항은 동아시아 3국 가운데서 가장 나중이었으며 문호를 개방한 상대도 서구 나라가 아닌 일본이었다. 물론 일본과는 오랫동안 교류해온 역사가 있었다. 하지만 1876년에 체결된 조약에 의해 성립된 관계는 과거와는 다른 전혀 새로운 것이었다. 그럼에도 개항 초기 조선은 여전히 전통적인 조공체제를 유지하였다. 그리하여 한편으로는 조공체제의 일부이면서 동시에 근대 국가간체제의 일부라는, 양립하기 힘든 두 개의 질서에 동시에 편입되어 있었다. 청일 전쟁은 이러한 상황에 근본적인 변화를 가져왔다. 이 변화는 동아시아에서 지속되어 왔던 조공체제가 서구의 국가 간 질서에 의해 대체되는 과정이었으며 동아시아 여러 나라들 가운데 그 과정을 먼저 성취하고 유리한 위치를 선점한 것이 일본이었다.

개항과 메이지 유신으로 근대국가로의 전환을 모색한 일본은 서구의 압력으로부터 일본을 유지하기 위해서 동아시아 주변 국가들에 대한 영향력을 강화하여 근대화를 성취한다는 전략을 세웠다. 따라서 일찌감치 조선을 일본이 점령해야 한다는 정한론이 대두되었으나, 현실적으로 그것을 성취할 능력과 조건을 갖출 때까지 시간이 필요했다. 조선에 대한 일본의 영향력을 인정받기 위해서는 불가피하게 조선에 대한 정치적 우위를 주장하는 중국으로부터 조선을 떼어놓아야만 했다. 즉 조선에 대한 영향력을 갖기 위해서는 어떠한 방식으로든 중국에 대한 일본의 우위를 보여주어야만 했다. 일본은 기회가 있을 때마다, 중국을 견제했으며 점차 중국과 유사하거나 우월한 위치를 점할 수 있게 되었다.

2) 청일전쟁과 동아시아

중국은 1842년 아편전쟁으로 서양에 문호를 개방한 이후 점차 동아시아 지역에서의 영향력을 상실하게 되었으며, 오키나와, 베트남, 조선 등 과거의 조공체제에 속했던 주변 여러 나라들이 서구 및 일본에 의해 병합되거나 영향력이 상실되는 것을 감당할 수밖에 없었다. 특히 중국은 1864년 중국 신장지방에서 이슬람교도들이 반란을 일으킨 사건을 계기로 러시아가 중앙아시아로 팽창하면서 이리(伊犁)를 점령한 다음 철수하지 않자, 이의 반환을 요구하였다. 그러다가 1879년 이리를 되찾는 대신 이리 서쪽을 러시아에 할양한다는 조약을 체결했으나, 중국 정부가 이를 거부함으로써 러시아와의 긴장이 높아져갔다.

중국은 조선이 특정한 세력, 특히 러시아와 결합하여 중국에 위협적인 존재가 될 것을 걱정하였다. 그리하여 조선책략에서 나타난 것처럼 조선은 중국, 일본, 미국과 연합하여 러시아를 견제해야 한다는 전략을 갖고 조선 정부로 하여금 미국을 위시한 서구의 다른 나라들과도 수교할 것을 권유하였다.

동아시아의 전통적인 국제질서하에서 중국은 조선의 정치적 자율성을 인정하였으나, 점차 국제적 상황이 중국에 불리하게 돌아가면서 조선을 직접적으로 통제하고자 했다. 1882년 조선에서 임오군란이 발생하자 청은 군대를 파견하여 대원군을 납치하고 저항하는 조선의 구식 군대를 진압하였다. 그런 다음 군대를 계속해서 주둔시키면서 조선의 내정에 직접적으로 간여하기 시작했다. 또한 청은 조선 정부와 상민수륙무역장정을 체결하여 중국의 조선에 대한 종주권을 주장하고 그에 따른 경제적 특혜를 요구하였다. 아울러 청이 추천한 마건상과 묄렌도르프(Mollendorf)를 조선 정부의 고문관으로 임명하여 내정을 간섭하였다. 이러한 변화는 청국 스스로 전통적인 조공체제를 부정하고 새로운 국가간체제의 일부로 조선을 대하게 되었음을 의미한다. 하지만 청의 개입은 주변국 특히 조선에 대해 많은 관심을 갖고 있던 일본의 집중적인 견제를 받게 된다.

일본은 임오군란 진압과정에서 일본이 피해본 것을 보상할 것을 요구하면서 병력을 동원하여 조선 정부를 압박하였다. 조선 정부는 어쩔 수 없이 일본과 제물포 조약을 체결하였다. 이 조약으로 일본 군대의 조선 주둔이 허용되었고 일본 외교관의 특권이 강화되었으며 상당한 금액의 손해배상금을 물게 되었다. 이로써 임오군란을 기회삼아 일본은 청을 견제하고 조선에 영향력을 미칠 수 있는 기회를 얻게 되었다.

조선을 둘러싼 청과 일본의 갈등은 1884년 갑신정변을 계기로 다시 촉발되었다. 갑신정변의 주도세력들은 베트남을 둘러싼 청과 프랑스와의 전쟁으로 청이 조선에 군대를 증파하지 못할 것이라 판단했고, 만약의 사태에 대비하여 일본에 군대를 요청했고 일본은 이를 받아들였다. 그런데 쿠데타가 발생하자 예상과는 달리 청은 군대를 증파했고 일본은 군대를 보내지 않았다. 이로써 3일 만에 쿠데타는 실패로 돌아갔다. 청은 조선의 정국을 장악하고 내정에 적극적으로 간섭하였다. 일본은 쿠데타 직후 일본 측이 입은 손해를 배상하라고 요구하면서 조선 정부를 상태로 무력시위에 들어갔다. 이에 조선 정부는 일본과 한성조약을 체결하여 조선 정부의 공식사과, 일본 측에 피해보상금 지급, 일본인 살해범 처벌, 공사관 신축지 비용부담 등을 요구하여 관철시켰다.

그리고 1885년 봄 일본은 청에 회담을 제의하여 청일 양국 군대를 4개월 이내에 공동 철수시키고, 양국이 모두 군사교관을 조선에 파견하지 않으며, 조선에 변란이 발생하여 군대를 파병할 경우 즉시 통지하며, 사태가 해결되면 즉시 철수한다는 등의 내용을 담은 텐진조약(天津條約)을 체결하였다. 당시 프랑스와의 전쟁으로 여유가 없었던 청국 정부는 일본의 요구를 거의 들어주었는데, 이로써 일본은 조선에서 청과 대등한 위치를 점할 수 있는 기반을 마련하게 되었다.

그러나 청은 1885년 11월 17일 원세개(袁世凱)를 주차조선총리교섭통상사로 파견하여 노골적인 내정간섭을 시도하였다. 그는 조선의 외교, 군사, 경제 문제에 직접 간여하여 청의 이익을 실현하고자 하였다. 조선 정부는 1882년에 미국과 조약을 체결한 데 이어 영국, 독일, 이탈리아와 조약을 체결하였고 1884년에는 러시아와 그리고 1886년에는 프랑스와 조약을 체결하였다. 이런 상황에서 청의 간섭이 심해지자 조선 정부는 1885년 청과 대립관계에 있던 러시아와 밀약을 체결하고자 했다. 러시아에게 조선의 보호를 요청하는 내용을 담은 조선과 러시아 간의 밀약이 비밀리에 체결되었다는 풍문이 돌았고 이 때문에 이를 추진했던 묄렌도르프가 해임되고 고종을 퇴위시키려는 시도까지 발생했다. 묄렌도르프는 중국과 일본이 대립하면서 조선에 대한 영향력을 강화하는 것을 막기 위해 제3국에 의한 견제가 필요하다고 주장하고 러시아와의 협력을 추진하다가 청에 의해 해임되었다.

이처럼 조선을 둘러싸고 청과 일본이 대립하는 가운데 러시아가 새로운 변수로 등장하면서 동북아의 국제 정세는 한층 복잡해지게 되었다. 러시아는 당시 전 세계적으로 영국과 충돌하고 있었다. 1853년 크림반도에서 두 나라 사이에 전쟁이 벌어졌고, 1877년에는 발칸반도에서 대립하였다. 그리고 러시아가 페르시아, 아프가니스탄을 거쳐 아라비아 해로 진출하려는 계획을 추진하자 영국은 이를 적극적으로 저지하기 위해 노력했고 동북아에서 러시아가 부동항(不凍港)을 노리고 중국에 진출하려 하자 1885년 조선의 거문도를 영국함대가 점령하여 긴장이 조성되었다. 동북아에서 청과 일본 사이에 패권을 둘러싼 대결이 계속되는 데다 영국과 러시아가 이 지역에서의 패권을 둘러싸고 대립함으로써 대단히 복잡한 국제적 긴장이 조성되었다.

동쪽으로 진출을 노리던 러시아는 1891년 모스크바에서 블라디보스토크에 이르는 9천2백 킬로미터의 시베리아 횡단철도를 건설하기로 결정하였다. 조선 정부는 1888년 러시아와 조러 육로 통상조약을 맺어 두만강 일대를 개방하기로 하였다. 러시아는 평양의 개방 및 정치, 경제, 군사에 이르는 광범위한 조약을 맺고자 했으나 러시아의 영향력 확대를 우려하는 청과 영국의 견제로 조선 정부는 러시아와의 통상 지역을 경흥에 국한시키고 경제적인 통상만을 하는 내용을 담은 조약을 체결하였다. 이러한 상황에서 시베리아 철도가 완성될 경우, 동북아 지역에 대한 러시아의 영향력은 더욱 커질 수밖에 없었으며, 이를 우려한 주변 국가들의 견제가 심해졌다. 이로써 조선은 청과 일본, 러시아와 영국이라는 복잡한 국제적인 관계에 얽히게 되었다.

이처럼 복잡한 갈등의 소지를 갖고 있던 국제관계 속에서 청과 일본이 무력충돌로 이어지게 된 사태가 발생했다. 청과 일본 사이에 벌어진 청일전쟁은 1894년 조선에서 광범위한 농민전쟁이 발생하자, 무력으로 이를 진압을 할 수 없게 된 조선 정부가 청에 원군을 요청하면서 시작되었다. 농민군에 의해 전주가 함락되고 관군이 계속해서 패배하자 농민군이 한양으로 진격할지도 모른다는 위기감에 빠진 조선 정부는 원세개에게 청국의 군대를 파견해 줄 것을 요청하였다. 그런데 1885년 갑신정변을 정리하면서 청과 일본이 체결한 텐진조약에 따르면 어느 한쪽이 군대를 보낼 경우 다른 한쪽에 통보하게 되어 있다. 따라서 청의 파병은 조선에서의 영향력을 유지하려는 일본의 파병을 불러올 수밖에 없었다.

　일본은 그동안 실력을 양성하면서 군사력을 키워오고 있었다. 그리고 일본 내 극우세력과 언론은 조선에서 농민전쟁이 발생하자 이를 조선 진출의 기회로 삼아야 한다고 주장하였다. 일본은 개항 이후 급속한 산업화를 추진하였으나 1890년대 이후 경제 불황에 시달리고 있었다. 농민들과 노동자들의 불만, 경제상태 악화 등으로 인해 국내 정치가 불안해지면서 해외로 눈을 돌리게 되었다. 값싼 원자료 확보, 상품 시장의 확보, 해외로의 팽창을 통한 국내 불만 세력의 해소 및 국민통합 등이 일본에게는 사활을 건 중요한 과제였다. 이런 상황에서 청군의 조선 파견은 일본에게 중요한 기회를 제공했던 것이다.

　조선 정부의 파병요청에 따라 1894년 5월 청은 북양해군제독 정여창을 중심으로 해군과 육군 병력을 조선에 파병하는 한편 일본에 이를 통보하였고 일본은 통보를 받은 즉시 '지리적 무역상의 중요성에 비추어 조선에 대한 자국의 이해가 긴요함으로 사태를 방관할 수 없다'고 주장하면서 군함과 병력을 인천을 통해 파견하였다. 특히 일본은 용산에 주둔하고 있던 군대를 동원하여 경복궁을 점거하고 왕과 왕비를 감금한 다음 일련의 개혁을 조선 정부에 요구하였다. 그리고 청이 동시에 병력을 철수하자는 요구를 거부하고 청에 대해 선전포고를 하였다.

　1894년 8월 일본군은 평양에 주둔하고 있던 청군에 공격을 감행하여 청군을 대파하였다. 이어서 황해에서 청의 함대를 격파하였다. 전쟁에 승리하면서 일본은 청을 대신하여 조선에 대한 영향력을 강화할 수 있었고, 동북아 지역에서 패권을 차지할 수 있었다. 그리고 본격적인 대륙진출을 위한 발판도 마련할 수 있었다. 1895년 4월 17일 일본 시모노세키에서 청과 일본 사이에 강화조약이 체결되었다. 이홍장과 이토 히로부미 사이에 체결된 강화조약은 '청은 조선이 완전무결한 독립국임을 확인한다'는 것과 청이 '봉천성 남쪽의 요동반도와 그 부속도서, 대만과 팽호도를 일본에게 할양하고 일본에게 2억 냥의 배상금을 지불하는 것' 등이 포함되어 있었다. 이로써 일본은 조선에서 청의 영향력을 확실하게 배제할 수 있게 되었을 뿐만 아니라 요동반도를 차지함으로써 중국 진출의 교두보를 확보할 수 있었다.

그러나 일본의 급격한 세력 확장은 여러 제국주의 나라들의 경계를 불러 일으켰다. 청은 조약 서명 후에 러시아에 조약 철회를 요청했고 러시아는 이해관계가 일치하는 프랑스, 독일과 함께 일본의 요동반도 할양을 반대한다는 의견을 모았다. 그리하여 1895년 4월 러시아, 프랑스, 독일 3국의 압박에 일본이 굴복하게 되었다. 러시아는 극동 진출에 노력하고 있었는데 일본이 요동반도를 차지하게 되면 러시아가 주력하고 있는 여순, 대련, 원산 등이 일본의 영향력하에 들어가게 될 것을 우려하였다. 프랑스는 러시아와 우호적인 관계를 맺고 있는데다 일본이 팽호도와 대만을 차지함으로써 프랑스가 영향력을 행사하고 있는 베트남에 위협이 될 것을 우려하였다. 독일은 3국 간섭을 통해 동아시아에서 영향력을 갖고자 했다. 3국 사이에 이해관계가 일치함으로써 일본이 이 지역에서 영향력을 급속하게 확대하는 것을 막고자 했던 것이다.

조선의 고종은 이러한 국제정세를 이용하여, 일본의 힘을 약화시키고자 했다. 사태가 불리하게 돌아가자 일본은 을미사변을 일으켜 민비를 시해(弑害)하고 고종을 협박하게 되었다. 이에 고종은 경복궁을 탈출하여 러시아 대사관으로 도피하는 아관파천(俄館播遷)을 감행했다. 아관파천으로 인해 조선 내에서 러시아의 정치적 영향력이 커지게 되었다. 일본은 한편으로 러시아에 항의하면서 다른 한편으로 조선을 분할지배하자는 제안을 하는 등 조선에서 영향력을 회복하기 위해 다양한 노력을 기울였다. 그러는 사이 조선에서 다양한 경제적 이권이 여러 나라들에게 넘어가게 되었다.

일본과 러시아는 1896년 6월 두 나라가 조선을 공동 관리한다는 의정서를 체결하였다. 러시아 황제의 대관식에 참여하기 위해 방문한 일본 외무대신 야마가다와 러시아 외무대신 로바노프 사이에 체결된 의정서는 조선에서 유사시 러시아와 일본 양국이 같은 수의 군대를 파견하기로 하며, 양국의 충돌 방지를 위해 각 군대의 작전 수행 지역을 정하기로 했다는 내용이 포함된 것으로 알려지고 있다. 여기에는 한반도를 38도선을 경계로 북쪽은 러시아 남쪽은 일본이 관할한다는 분할안이 일본 측에 의해 제안되었지만 의정서에 반영되지는 않았다고 한다. 러시아와 일본은 이러한 방식으로 서로의 이권을 보장받음과 동시에 서로를 견제하고자 했던 것이다.

이 의정서 체결을 통해 3국 간섭과 아관파천으로 조선에 대한 정치적 영향력이 약화될 것을 우려하고 있었던 일본은 상대적으로 유리한 위치에 있었던 러시아와 세력 균형을 이룰 수 있었다. 일본은 비록 청과의 전쟁에서 승리하여 동북아 내에서는 상대적인 우위를 보여주었지만 3국 간섭에서 나타난 것처럼 서구 열강에 비해서는 아직도 힘이 약했다. 따라서 타협을 통해 세력을 유지하려는 방법을 사용하게 되었던 것이다.

러시아로서는 조선에서의 입지가 상대적으로 유리함에도 불구하고 일본의 제의를 받아들이게 된 것은 아직 시베리아 철도가 완성되지 않아서 직접적인 충돌보다는 어느 정도의 시간이 필요했기 때문이었다. 일단 입지를 확보한 러시아와 일본은 조선에서의 이권을 나눠 가지면서 기회를 보고 있었다.

2절 갑오개혁, 대한제국 그리고 독립협회

1) 갑오개혁의 진행

한반도에서 청과 일본과의 전쟁이 점차 가시화되는 가운데 1894년 6월 21일 용산에 주둔하고 있던 일본 군대 1개 연대가 일본 공사인 오오토리의 지휘하에 경복궁을 공격하였다. 일분군은 국왕과 왕비를 연금하고 한양을 둘러싼 4대문을 장악하였다. 한양 곳곳에서 조선 군대와 일본 군대 간의 교전이 벌어졌는데, 경복궁을 장악한 일본이 국왕을 인질로 협박하면서 조선 군대는 투항을 하게 되었다. 일본은 조선 군대를 무장해제시키고 일본에 협력하는 일부 관료들만 입궐시킨 다음 이들 가운데 일부를 중심으로 새로운 정권을 출범시켰다. 이를 갑오정권이라고 한다.

새로 수립된 정권은 새로운 기구인 군국기무처를 설립하고 다양한 개혁 법안을 만들었다. 군국기무처는 일체의 국정을 최종적으로 심의 결정하는 초정부적 기구로서 총재와 부총재 1명씩을 두고 그 아래 회의원을 16명 내지 20명 두게 되어 있었다. 총재는 영의정인 김홍집이 겸임하고, 부총재는 내무아문 독판 박정양이 겸임하였으며, 회의원으로 김윤식, 이윤용, 김종한, 김가진, 안경수, 김학우, 유길준 등이 있었다. 이들은 급진개화파, 온건개화파, 그리고 대원군 지지파 등 다양한 성격의 정치 세력들로 구성되어 있었다. 일본은 민심을 안정시키고, 고종과 민비를 견제하기 위해 흥선대원군을 최고 통치자로 옹립하였다. 그러나 그는 실질적인 권력은 행사하지 못하였다. 군국기무처는 처음에는 스스로를 의정부의 소속기관으로 규정했다가 이후 의정부와 양립하는 입법기구로 규정했다. 하지만 의회 설립에 대한 고종의 완강한 반대로 그 시도는 무산되고 말았다.

군국기무처는 먼저 관제 개혁을 단행하였다. 의정부 및 궁내부 관제를 공포하여 왕실과 정부를 분리하여, 궁내부와 의정부를 각각 최고 기구로 규정했다. 군국기무처는 또 6월에 의정부 관제를 반포하여 의정부가 정국을 운영한다고 규정하였는데 이때 관직에 대한 규정에서 한편으로는 영의정이 아니라 총리대신이라는 새로운 호칭을 사용하였고, 또 다른 한편으로는 좌찬성 우찬성 등의 과거 관직명이 뒤섞여 있었다. 아울러 의정부 산하에 기존의 6조 즉 이조, 호조, 예조, 병조, 형조, 공조가 8아문 즉 내무, 외무, 탁지, 군무, 법무, 학무, 공무, 농상무, 아문으로 개편되었다.

8아문은 총리대신의 지휘를 받게 되었다. 각 아문의 수장은 기존의 판서와 참판에서 대신과 협판으로 바뀌었다. 그리고 군국기무처 총재가 총리대신을 겸임하도록 함으로써 행정기구와 입법기구의 최고직을 겸임하였다.[1] 이와 함께 종래 18등급으로 나눠져 있던 관직체계를 12등급으로 축소하였다. 그리고 아문의 최고수장이 판서와 참판에서 대신과 협판으로 바뀌었다. 또 경찰력에 해당하는 좌, 우 포도청을 통합하여 경무청을 신설하였다. 또한 청에 대한 종속관계를 탈피하기 위한 상징적인 조치로 공문서에 중국황제의 연호 대신에 조선의 개국 기년을 사용하도록 했다.

왕실 기구로 궁내부가 만들어졌는데, 이것은 일본을 모방하여 만들어졌으나 정부기구와 왕실기구의 분리는 실질적으로 왕권을 제한하는 것이었다. 이와 더불어 왕의 권력을 제한하는 여러 가지 조치가 취해졌다. 3품에서 9품에 이르는 관리임명권을 총리대신과 각 아문의 대신이 갖게 했고 왕실의 여러 궁이 갖고 있던 조세권을 탁지부로 귀속시켰고 군사에 대한 통제 또한 군무아문이 갖도록 했다. 또한 군국기무처는 사회 개혁을 실시하여 문벌과 신분제의 폐지, 노비제 폐지,

과거제 폐지, 과부의 재가허용, 연좌제 폐지 등을 추진하였다.

이러한 조치로 조선에서는 공식적으로는 노비가 사라지게 되었으며 신분에 상관없이 관직에 진출할 수 있게 되었다. 과거제가 폐지되는 대신 중앙 및 각 도에서 할당된 인원을 추천받아 그중에서 시험을 쳐서 관리로 선발하게 되었다. 시험과목은 국문, 한문, 산술, 내국경략, 외국사정 등 근대적인 지식이 포함되어 있었다. 아울러 경제 분야에서는 그동안 왕실과 정부 재정이 뒤섞여 있던 것을 분리시키고 모든 재정을 탁지부로 일원화시킨 다음 탁지부에서 관리하도록 했다. 그리고 모든 조세를 화폐로 납부하도록 하였으며 도량형을 개정하여 산업화를 위한 틀을 마련하였다. 아울러 은본위제의 신식 화폐 발행 장정을 공포하였다. 군국기무처는 210가지에 달하는 개혁안을 발의하고 실시하였으나 지방까지 이러한 조치들이 전달되고 실질적으로 시행되지는 못하였다.

청일전쟁에서 승리한 일본의 내정 간섭과 더불어 급진개화파인 박영효가 포함된 제2차 김홍집 내각이 수립되었다. 제2차 김홍집 내각은 박영효, 서광범 등이 포함되어 한층 강화된 개혁 추진의지를 갖춘 인물들로 구성되었다. 새로 만들어진 내각은 군국기무처를 폐지하고 대신 중추원이 설치되어 입법 기능을 갖게 하였다. 의정부는 내각으로 이름을 바꾸어 일련의 정책들을 추진하였다. 그리고 청에 밀서를 보냈다는 것을 빌미로 대원군을 정계에서 은퇴시켰다. 아울러 고종에게도 압력을 넣어 왕은 홍범 14조와 윤음을 발표하여 정치의 전면에서 물러설 것임을 밝혔다. 1895년 1월 7일 왕이 선포한 홍범 14조는 청과의 관계를 끊고 종실과 외척이 정치에 관여하는 것을 금지하고, 근대적인 내각 제도를 확립하고, 재정의 일원화, 법치주의 확립, 징병법 실시, 문벌과 상관없는 인재 등용 등의 내용을 담고 있었다.

제2차 김홍집 내각은 일본의 후원하에 한층 강화된 관료 권력을 행사하려고 했다. 총리대신과 각 아문의 대신이 법률이나 칙령의 범위 내에서 왕의 명령 없이도 직권을 행사할 수 있도록 하여 그 권한이 한층 강화되었다.[2] 왕이 자신의 견해를 밝히고 싶으면 내각 회의에 반드시 참석하여 견해를 밝히도록 했으며, 회의안건을 거부할 경우 그 사유를 밝히도록 함으로써 왕권의 개입을 제한시켰다.[3]

또한 2차 내각은 재판소구성법을 발표하여 지금까지 행정부서가 행사하던 재판권을 분리 독립시켜 사법권을 가진 재판소를 설립하도록 했다. 또 5월에는 종래 지방 행정구역을 8도로 하던 것을 폐지하고 23부제(府制)를 실시하는 행정구역 개편을 단행하였다. 또 서울과 인천에 우체사(郵遞社)가 설립되어 우편 사무를 실시하였다.

청일전쟁의 종결과 더불어 1895년 청과 일본 사이에 체결된 시모노세키조약에서 청이 일본에 요동반도와 대만 그리고 팽호도를 할양한다는 내용이 들어 있었다. 이에 대해 독일, 프랑스, 러시아 공사들이 요동반도를 다시 청에 반환할 것을 요구하자 이들의 힘에 밀린 일본은 요동반도 포기를 결정하였다. 그러나 대만에서 민중봉기가 일어나 대만민주국 수립을 선언하자 일본은 타이베이를 점령하고 대만총독부를 설치하였다. 일본에 대한 3국 간섭의 결과 일본의 위상이 약화된 상황을 틈타 고종은 갑오개혁을 비판하고 국정을 친히 관장하겠다는 의지를 천명하였다. 고종이 주도하는 제3차 김홍집 내각이 성립되었으나 김홍집이 사임하고 박정양이 그 뒤를 이어 총리대신이 되었다. 박영효는 일본으로 망명하고 친일 인사들이 대거 실각하였다.

3국의 간섭과 고종의 반발로 조선에서 영향력 상실을 우려한 일본은 1895년 8월 자객들을 경복궁에 난입시켜 명성황후를 시해하였다. 이를 을미사변이라고 한다. 8월 20일 아침 궁궐에 난입한 무장 세력들이 훈련대 연대장을 살해하고 일부는 대원군을 앞세워 강녕전을 점령하고 일부는 왕비의 침실을 습격하여 왕비를 살해하고 불태웠다.

이 무장 세력들은 한양에 주둔하던 일본군대 일부, 일본 경찰 일부, 대륙낭인이라 불리는 일본자객집단, 그리고 조선군 훈련대 일부로 구성되어 있었다. 이 사건 이후 고종은 모든 정치를 내각대신들이 의논해서 처리하라고 지시하고 기존 내각에 포함되어 있던 이완용, 이윤용, 안경수, 박정양 등을 해임하고 조희연, 정병하, 유길준, 이윤중 등으로 새로운 내각을 구성했다. 그러나 양측 모두를 중재할 수 있는 김홍집은 유임됐다.

을미사변 이후 일본의 위협에 의해 다시 친일 내각이 성립되었고 이 내각은 다시 을미개혁이라 불리는 일련의 개혁조치들을 추진했다. 1895년 9월 정부는 한양에서 실시해왔던 야간 통금제도를 폐지했다. 본래 저녁 10시부터 새벽 4시 사이에 도성 출입이 금지되어 있었는데 새로운 소치를 통해 동행금시세도를 없앴다. 또한 1895년 음력 11월 17일을 기해 태양력을 사용하기로 결정하였다. 그리고 양력을 채택한 것을 기념하기 위해 이 날부터 연호를 건양(建陽)이라고 하고 모든 공문서에 양력을 표기하도록 했다.

또한 정부는 상투를 자르는 단발령을 발표하였다. 전통적으로 부모가 물려준 머리카락은 건드려서는 안 된다는 유교의 원리를 부정하는 단발령에 대해서는 많은 사람들이 반발하였다. 전국적으로 단발령에 반대하는 대규모 의병운동이 발생했다. 주로 지방의 영향력 있는 유학자가 의병장으로 추대되었다. 이들을 중심으로 일어난 의병들은 지방 관리들을 살해하고 일본인 거류지를 습격하고 일본이 설치한 군용 전선과 전주를 파괴하였다. 정부는 이러한 의병을 폭도로 규정하고 친위대를 파견하여 진압에 나섰으며 일본 수비대도 의병들의 진압에 나섰다.

을미사변 이후 고종은 일본의 살해 위협을 느끼고 수차례에 걸쳐 일본이 장악하고 있는 경복궁을 탈출하려 하였다. 1895년 11월 이범진, 이완용, 이윤용, 윤치호 등이 주도하여 고종을 경복궁에서 탈출시키고자 했던 이른바 춘생문 사건이 발생했다. 이 시도는 궁궐 수비대에 의해 저지되었고, 주도 세력들은 외국 공사관으로 피신하였다.

갑오개혁에서 아관파천에 이르기까지 일련의 사건들은 조선의 근본적인 정치적 균열이 어디서 비롯되는가를 잘 보여준다. 갑오정권은 급진개화파, 온건개화파, 그리고 대원군파로 구성된 양반관료들의 연합 정권이었다. 이들의 이해관계는 온건파와 급진파 그리고 보수적인 대원군파를 막론하고 왕권을 제한하고 관료권을 확장시켜 근대국가를 달성한다는 데에서 일치하고 있었다.

갑오개혁(甲午改革)의 기본 방침은 기존의 질서를 기초로 선진국의 근대적 제도를 도입한다는 것이었다.[4] 갑오개혁 초기에 정권을 장악한 유길준, 김윤식, 어윤중 등은 점진적인 개혁관료들이었다.[5] 온건개화파들이 추구했던 기본적인 근대 개혁 구상은 왕권을 제한하고 관료권을 확대시키는 것이었다. 다양한 개혁 관련 정책들을 만들었던 군국기무처는 스스로를 입법기관으로 간주하였는데, 이것은 관료들에 의해 주요한 정책들이 만들어지고 실행될 수 있음을 보여주었다.

당연하게도 왕은 자신의 권력이 약화되는 것을 인정할 수 없었다. 고종은 군국기무처가 주도하던 개혁 조치들을 거부하고 집중적으로 견제하였다. 왕의 견제로 인해 개혁정책이 지지부진해지자 청일전쟁에서 승리한 일본은 좀 더 빠른 속도로 개혁이 진행되기를 요구하였다. 그리하여 갑신정변의 주역으로서 보다 급진적인 박영효를 입각시키고 대원군을 섭정에서 물러나게 했다. 새롭게 내각제도를 채택하여 총리대신과 각 부 대신이 권력을 행사하고 승선원을 폐지하여 왕의 개입을 차단했다. 내각은 내정개혁 강령 20조(「內政改革 綱領 20個條」), 홍범 14조(「洪範 14條」)를 통해 왕실의 국정참여를 배제시켰다. 또한 왕실재산을 조사하여 관리권을 궁내부(宮內府)에 넘겨주어 독립적인 왕실재정의 운영을 허용했지만6) 이러한 조치는 왕실과 국가재정을 동시에 통제했던 기존의 관행에서 볼 때, 분명한 왕권의 제한이었다.

1895년 4월에 제정된 내각제도는7) 각 부의 장인 7개 부서 국무대신으로 내각이 구성되는데, 내각회의는 법률칙령안, 세입세출의 예산과 결산을 비롯하여 모든 국정사무에 대한 결정권을 갖고 있었다. 내각총리대신은 각부대신의 수반이지만 내각회의에서 부결된 안건을 총리대신이 직권 조정하지 못하도록 했다. 내각회의의 결정사항을 심의하는 중추원이 만들어졌지만, 내각이 필요로 하는 사항만 처리하게 함으로써 내각 중심성이 강화되었다. 또 국왕이 내각회의에 반드시 친림하고 불참 시에는 바로 상주하여 허락하도록 했으나, 안건을 허락하지 않을 경우 그 이유를 명시하고 내각회의를 거치도록 함으로써 왕권을 제한했다.

갑오정권하의 권력구조는 임오군란이나 갑신정변 이후 정권을 잡은 세력들이 왕의 권력을 제한하였던 1880년대의 권력구조와 매우 유사했다. 갑오개혁기에는 집권세력이 일본의 지원하에 개혁을 추구하였고 보다 제도화된 개혁을 추구했다는 점만 다를 뿐, 권력 관계라는 측면에서 볼 때 매우 유사한 상황이 전개된 것이다. 즉 관료들이 왕권 견제를 위해 노력했다는 점은 임오군란, 갑신정변 그리고 갑오개혁의 상황이 매우 유사했다. 이는 한말의 주된 정치적 대립 구도가 근대개혁과 국가 형성을 둘러싼 왕과 관료들 간의 주도권 싸움이었음을 보여주고 있다.

갑오개혁은 관료들에 의한 왕권 견제의 결정판이었다. 왕실의 기구가 정비되고 재정이 상대적으로 독립성을 보장받았으나 이는 기존의 관행에 비추어 보았을 때, 왕권에 대한 결정적인 타격을 의미했다. 또 공식적인 정책 결정에 참여하기 위해서는 반드시 내각회의에 참여해야만 했으며, 내각과 의견이 다를 경우 번거로운 해명절차를 거쳐

야만 했다. 권력구조와 정부체계의 합리화 조치는 기존에 유지되어 왔던 조선왕조체제의 지배연합에 근본적인 균열이 발생했음을 의미했다. 임오군란, 갑신정변 등을 거치면서 점차 간극이 깊어져갔던 왕과 양반 관료들 간의 균열은, 갑오개혁을 통해 극단적으로 제도화되었다. 그리고 그것이 완벽하게 실현될수록 왕권은 약화될 수밖에 없었다. 고종의 눈에 그것은 일본의 힘에 의존한, 관료들의 쿠데타이며 정변이었다. 이에 대한 고종의 대응은 아관파천이라는 친위쿠데타로 나타났다.

관료들 간의 상이한 노선갈등은 분명 존재했고, 그것은 한말 정치균열에 일정한 영향을 미친 것이 분명하다. 또 기존의 연구들이 강조하는 것처럼 이념적인 요소를 다분히 지니고 있는 것도 사실이었다. 하지만 이들의 갈등은 본질적으로 서로 타협할 수 있는 권력 투쟁이었던 것도 분명하다. 만약 이들이 이념적으로 상이할 뿐더러 적대적이기까지 했다면 갑오개혁 당시 하나의 정권으로 결속될 수 없었을 것이다. 물론 내부적으로 서로 다른 정치적 지향을 가지고 있었지만, 이들이 하나로 뭉쳐 정권을 장악했을 때, 이들이 추구했던 것이 보다 확연하게 드러났기 때문이다. 이들은 갑오개혁을 통해 왕을 배제하여 무력화시키고, 관료들을 중심으로 시도되는 국가개혁을 추진하였다. 바로 그렇기 때문에 한말의 정치변동을 이해하기 위해서는, 관료들 내부의 차이를 강조하기보다는 오히려 이들의 동질성을 강조하는 것이 더욱 설득력 있는 설명이라고 할 수 있다.

양반 관료들이 추구했던 국가강화노선은 왕의 쿠데타에 의해 실패로 돌아갔다. 왕은 정치적으로는 이들을 거부했지만 이들이 추구했던 근대적인 개혁정책을 반대한 것은 아니었다. 오히려 왕은 국가강화를 위해 취해진 정책들은 그대로 수용했다. 고종이 강조했던 구본신참(舊本新參)은 바로 이러한 맥락에서 이해될 수 있다. 이로 미루어볼 때 핵심적인 문제는 개혁 자체가 아니라 누가 그것을 수행할 것인 가에서 비롯된 것임을 알 수 있다. 핵심적인 문제가 여기에 있었던 만큼 왕권을 배제하려 했던 갑오·을미개혁이 왕권에 미친 타격은 매우 컸다. 따라서 이후 진행된 왕권강화정책은 양반관료들의 정치적 위상을 거의 무력화시키는 데까지 진행되었다.

2) 아관파천

왕권에 대해 심각한 위협을 가했던 갑오정권과 을미사변에 대한 고종의 대응은 아관파천으로 나타났다. 1896년 2월 11일 새벽 고종은 전격적으로 경복궁을 탈출하여 러시아 공사관으로 도피하였다. 러시아 공사관에 도착하자마자 그는 갑오개혁과 을미개혁을 부정하고 현 내각의 주요 인사들에 대한 체포 및 척살을 명령하여 내각을 붕괴시켰다.[8] 이후 정권은 고종과 더불어 아관파천을 주도한 세력에 의해 장악되었다.

기존의 연구들은 정동파 인사들이나 친러 인사들이 이를 주도한 것으로 알려지고 있으나 최근의 연구는 우선 고종의 파천 의지가 강했고 이를 궁내부 관원들을 포함한 친위세력들이 뒷받침한 것이라 주장하고 있다.[9] 하지만 핵심적인 문제는 고종의 뒤이은 조치였다. 고종은 파천 후 을미사변 관계자들을 참수하라는 명령하였다. 김홍집, 어윤중 등 핵심관료들이 길거리에서 타살 당하고 유길준 등은 일본으로 망명함으로써 갑오정권은 붕괴하고 만다. 같은 날 고종은 원로대신 김병시를 총리대신으로 삼고 이재순, 박정양, 이완용, 이윤용 등으로 새로운 내각을 구성하려 했으나, 김병시는 고종의 환궁을 주장하며 취임을 거부하였다. 그리하여 박정양이 총리대신서리에 취임하였다.

아관파천은 고종에 의해 주도된 친위쿠데타였다. 그 결과는 무엇이었을까? 가시적으로 드러난 것은 왕권의 배제를 내세웠던 갑오정권의 붕괴였지만, 보다 근본적으로는 전통적인 관료 지배체제의 무력화였다. 아관파천 동안 성립된 내각은 유명무실했으며, 실권은 파천을 주도한 이범진을 중심으로 한 궁내관들이 장악하였다. 이와 같은 상황의 전개는 갑오개혁이 진행되는 동안, 왕권이 철저하게 배제될 수 있다는 현실을 깨달은 고종의 기존 관료들에 대한 불신이었다. 아관파천 이후 고종은 기득권을 가진 기존 관료들을 체계적으로 배제하고, 근왕주의적 성격을 지닌 궁내관들을 중심으로 권력의 기반을 다져나갔다.[10]

이러한 상황을 타개하고 다시 권력을 장악하기 위해, 기존 관료들은 계속해서 환궁을 요구했다. 아관파천 이후 전개된 정치적 갈등은 보수적이거나 개혁적이거나를 막론하고 제기된 관료들의 환궁요구와 그것을 거부하는 궁내부 관료들 사이에서 발생하고 있었다. 과거 고종의 친위세력이었던 민영환 마저 고종의 환궁을 요구했다는 것은, 당시의 정치적 균열이 무엇을 둘러싸고 진행된 것인가를 가늠할 수 있다.[11]

3) 대한제국의 성립과 독립협회

여러 세력들이 환궁을 주장함에 따라 1897년 2월 9일 고종은 환궁조칙을 발표하고, 2월 20일 경운궁으로 환궁하였다. 환궁 이후 고종은 새로운 국호 제정과 칭제를 추진하였다. 칭제는 을미사변 이후 갑오정권하에서도 추진된 바 있다. 그러나 당시의 칭제가 국왕의 정무권이 배제된 형식상의 칭제였다면, 고종이 추진한 칭제는 강력한 왕권 중심적인 국가를 지향하는 것이었다. 아관파천 이후인 1896년 9월 내각제를 폐지하고 의정부를 복귀시킨 바 있는 고종은 1897년 10월 고종은 국호를 '조선국'에서 '대한제국'으로 선포한 다음, 칙령 제1호로 반포한 「의정부 관제」에서, 대한제국의 권력이 대군주에게 있고 의정부의 설치근거 또한 대군주의 명령에 의한 것임을 밝힘으로써 명백한 황제 중심의 원칙을 천명하였다.

이에 따르면 의정은 의정부를 대표하고, 의정부회의를 주관하여 회의결과에 대해 국왕의 재가를 받도록 했다. 회의 운영은 황제 주도 하에 이루어졌지만, 국왕이 특명한 사항과 국왕의 재가를 거친 법률과 장정의 반포는 의정부회의를 거치게 함으로써 군주권의 자의적 행사는 제한하고 있다. 반대로 군주는 의정부회의의 결정사항에 대한 거부권과 재심을 요구할 권리가 있었다. 형식적인 상호 견제의 규정에도 불구하고 황제의 국정 장악은 점차 확대되었다. 1897년 10월 황제에 오른 고종은 의정부 차대규칙을 반포하여 의정 이하 각부 대신이 주 1회 회동입대, 매일 2관원이 윤회입대토록 하여 황제권을 강화했다. 그리고 1898년 8월 대한국 국제를 제정, 공포하여 황제의 전제 군주권을 선포함으로써 강력한 황제권 중시의 통치체제를 확립하였다.

대한제국이 수립되는 데 중요한 역할을 수행했던 정치 사회적 집단은 독립협회라 불리는 단체였다. 독립협회가 강조하는 독립은 주로 종래의 종주국이었던 청으로부터의 독립을 의미하였는데, 특히 청일전쟁으로 인해 청의 영향력이 급격히 쇠퇴하게 되자, 비로소 조선의 실질적인 독립이 가능하고 또 가능케 해야 할 것이라는 여러 정치집단들의 의지가 한데 모여 발족한 것이 바로 독립협회였다. 독립협회는 황제정의 수립지지, 고종의 환궁, 독립신문의 발행, 대한제국에 정치참여 등 다양한 시도를 통해 조선을 독립국으로 만들고자 시도했다.

결과적으로 광무황제의 탄압에 의해 해산되긴 했지만, 독립협회와 황제의 관계는 대단히 긴밀하였다. 일부 연구자들은 독립협회를 한국 최초의 시민사회, 혹은 민주주의 단체로 규정하고 독립협회와 고종 사이의 관계를 적대적으로 서술하고 있다. 하지만 최근에 발표된 연구들에 따르면 이는 잘못된 것이다. 고종은 독립협회의 결정을 지지하고 필요한 자금을 지원하였다. 또 독립신문의 발간에도 깊이 관여하여 상당한 재정적 지원을 아끼지 않았다.

1896년 4월 7일 창간한 독립신문은 미국에서 귀국한 필립 제이슨(서재필)이 발행인이 되어 주도적인 역할을 했다. 순한글로 제작된 독립신문은 조선의 문명개화를 목적으로 발행되었다. 문명개화를 위해 신문을 발행해야 한다는 생각은 개화관료들이 오랫동안 구상해오던 것이었다. 이러한 문제의식을 구본신참을 내세운 고종이 대신하여 지원함으로써 발간할 수 있게 되었다. 신문은 가로 22cm, 세로 33cm 크기로 4면으로 되어 있었다. 1면에는 논설과 신문사의 고지사항, 2면에는 관보와 외국통신 그리고 잡보를 싣고 3면에는 물가, 우체시간표, 제물포 운선시간표, 광고 등을 실었다. 그리고 4면에는 영문판으로 사설과 국내외 소식을 싣고 있었다. 발간 당시에는 주3회 발행했지만 나중에 매일 발생하게 되었다.

독립협회의 경우 초기에 주요한 간부들은 거의 관리들이 차지하고 있었다. 1896년 7월 창립된 독립협회에서 회장 겸 회계장에 군부대신과 경무사를 거쳐 중추원 1등 의관인 안경수가 선출되었으며, 위원장에는 학부대신을 지냈고 현 외부대신 및 학부 농상공부 임시 서리대신인 이완용이 선출되었다. 또한 개화파의 한 사람으로 미국 국적을 취득하고 독립신문 발간을 주도하고 있는 필립 제이슨(서재필)이 고문으로 추대되었다. 이들은 독립협회의 초기 활동에 적극적으로 참여하였다. 따라서 독립협회는 관민이 협력해서 만든 단체라고 보는 것이 더 정확할 것이다.

창립총회에서 이들이 내건 주요 사업은 과거 중국 사신들을 환영하는 영은문을 없애고 독립문을 만들고 또 독립공원을 건설하는 것이었다. 그리고 문명개화를 위해 노력하는 것을 협회의 주요 과제로 설정하였다. 그리하여 1896년 12월 옛 영은문(迎恩門) 터에서 많은 사람들이 모인 가운데 독립문(獨立門) 정초식이 거행되었다. 독립협회는 각종 모금운동을 펼쳐 독립문을 설립하는 기초를 마련하였다.

이와 함께 독립협회는 11월부터 기관지인 『대조선독립협회회보』를 발간하기 시작했다. 이 잡지를 통해 독립협회는 자신들의 정치적 지향, 주장을 알리고자 했으며 문명개화에 필요한 다양한 지식, 서양 사회에 대한 정보를 소개하여 계몽을 위한 역할을 수행하였다. 매달 15일과 마지막 날에 발행되었는데 필진은 주로 일본에 유학중인 학생들로 구성되어 있었다.

다양한 문명개화운동을 펼치는 가운데, 독립협회는 1897년 5월 청의 사신들이 머물던 모화관을 개조하여 독립관을 세우고 독립협회의 활동 본거지로 삼았다. 또한 독립협회는 1897년 8월에 개국 505회 기원절 기념식을 독립관에서 거행하는 등 독립 정신을 강조하기 위해 다양한 활동을 전개했으나 점차 이들의 주장이 군주권을 견제하는 방향으로 나아감에 따라 황제는 이들에 대응할 단체로 보부상이 위주가 된 부상청(負商廳)을 설립하였다.

독립협회는 토론회 등을 통해 문명개화를 위한 계몽운동에 주력했으나 점차 대중집회를 개최하는 방식으로 정부를 압박하기 시작했다. 이에 대해 정부는 한편으로 독립협회의 요구를 수용하면서 다른 한편으로 독립협회에 대응하기 위한 조치들을 준비하였다. 한편으로는 왕에 대한 충군애국을 강조하면서도 왕의 권력을 제한하고 개화세력들이 주도하는 근대국가를 건설하고자 했던 독립협회의 활동이 본격적인 정치적 움직임으로 나타났는데, 이것이 바로 만민공동회이다.

1898년 2월 독립협회는 종로 네거리에서 만민공동회를 개최하여 정치적 의제를 대중화시키고자 했다. 독립협회는 여러 제국주의 국가들에 경제적 이권이 넘어가는 것을 경계하는 움직임을 보였다. 3월에 열린 만민공동회에서는 학생들과 시전상인들까지 참여하여 러시아의 이권침탈을 비난하였다. 그러나 7월에 접어들면서 독립협회의 비판은 정부대신들과 정부정책으로 바뀌었다. 아울러 독립협회는 중추원을 의회로 개편하는 방식을 제기하고 자신들의 정치참여를 요구하였다. 10월이 되면서 독립협회는 보수적인 정부대신의 해임 등을 요구하면서 철야농성을 벌였다. 여기에는 황제가 독립협회의 의도와는 다르게 황제권을 강화하면서 독립협회가 의도했던 대로 정국이 돌아가지 않았던 상황도 작용하였다.

대중적인 시위를 통해 독립협회는 정치참여를 요구했고 이 과정에서 황제와의 본격적인 갈등이 야기되었다. 이 과정에서 독립협회 지도부를 구성하고 있었던 관료들이 대거 사임하고 윤치호와 이상재 등이 회장과 부회장으로 선출되는 등 상대적으로 민간단체로서의 면모와 개혁적인 성향이 강화되었다.

1898년 10월 29일 독립협회는 관민공동회를 개최하고 정부 인사들을 참석시켜 근대적 개혁을 요구하는 헌의 6조를 건의하였다. 헌의 6조는 다음의 내용을 담고 있었다.

1. 외국인에게 의존하지 말고 관민이 합심하여 황제권을 공고히 할 것.
2. 이권양도와 차관도입, 외국과의 조약체결은 대신들과 중추원 의장의 합의를 얻어 시행할 것.
3. 재정은 탁지부가 관리하며 예산과 결산은 인민에게 공표할 것.
4. 황제가 칙임관을 임명할 때는 정부에 자문을 구하여

동의를 얻을 것.

5. 중대 범죄의 재판은 공개로 하되 피고에게 충분한 진술
   기회를 줄 것.

6. 위의 법률을 실천할 것.

광무황제가 일단 이들의 요구를 수락함으로써 사태는 해결되는 듯
했다. 그러나 10월 31일 정부는 독립협회 지도부 17인을 구속하고 광
무황제는 11월 5일에 독립협회를 비롯한 모든 단체를 해산시키라는
조칙을 내렸다. 이에 맞서 독립협회도 연일 가두시위를 벌이면서 정
국은 파국으로 치달았다. 독립협회의 가두시위가 계속되자 정부는 구
속자를 석방하였다. 또한 광무황제는 타협의 표시로 중추원 관제를
개정하고 독립협회가 중추원 의관 30명을 추천하면 그 가운데 25인을
임명하겠다고 발표했으나 독립협회는 이를 거부하였다. 이에 정부는
보부상을 동원하여 만민공동회를 습격하였다. 이 충돌로 인해 3명의
사망자와 많은 부상자가 발생했다. 그 후에도 독립협회는 계속해서
시위를 벌였다. 여기에 외교 사절들까지 정부의 폭력적인 진압을 비
판하였다.

사태가 불리하게 돌아가자 11월 26일 황제가 직접 나서서 헌의 6
조를 부분적으로 시행하고 독립협회가 추천한 일부 인사들을 중추원
의관으로 임명한다고 발표하여 사태를 무마하고자 했다. 황제는 윤치
호를 중추원 부의장에 임명하고 독립협회 회원 가운데 17명을 의관에
임명했다.12) 이에 윤치호 등 온건파들은 격렬한 충돌을 피하기 위해
옥내집회를 여는 방식으로 사태를 수습하고자 했다. 그러나 12월 6일
독립협회 내의 과격파가 대중시위를 다시 시작하였으며 일본에서 들
여온 자금으로 도시빈민을 고용하여 무력대결을 준비했다. 그리고 중
추원에 참여한 의관들 가운데 일부가 광무황제가 의심하고 있는 박영

효와 서재필을 대신으로 추천하여 정권을 장악하려는 의도를 드러냈다. 이에 12월 23일 황제는 군대를 동원하여 만민공동회를 무력으로 해산시키고 관련자들을 체포하였다. 이러한 사태의 배경에는 박영효를 대통령을 추대하고 공화국을 수립한다는 소문을 대신들이 광무황제에게 알리고 이에 동요한 황제가 강경노선을 걷게 되었기 때문이었다.

그런데 이미 독립국가인 조선에서 굳이 독립을 주장하면서 단체를 구성할 필요가 있었을까? 조선이 처음으로 문호를 개방했던 일본은 조선과의 수교에서 첫 번째 조건으로 조선이 독립국임을 규정하는 데 상당한 노력을 기울였다. 이는 전통적으로 동아시아에서 조선에 대한 중국, 청의 영향력을 의식한 것이기 때문이었다. 조선은 내치에서는 거의 중국의 간섭을 받지 않고 자율적인 권리를 행사했지만, 외교에서는 문제가 달랐다. 조선이 중국에 조공을 바치는 사대외교는 위계적인 질서를 전제로 중국을 높은 나라로 조선을 그보다 아래의 나라로 규정하고 있었다.

500년 동안 내려온 이러한 전통이 갑작스럽게 도전을 받았을 때, 기존의 질서를 대체할 다른 어떤 질서가 필요했다. 하지만 조선은 기존의 전통을 대체할 다른 어떤 질서 관념을 갖고 있지 않았다. 일본과의 수교는 물론 그 후 다른 여러 서구 나라들과의 수교과정에서도 중국의 허락 내지 주선을 통했다. 이런 맥락에서 여러 차례의 수교과정에서 조선이 독립국가라는 점을 협정서와 같은 공문에서 밝혔음에도 실지로 여러 측면에서 중국으로부터의 독립은 어려운 과제였다.

특히 임오군란이나 갑신정변을 진압하는 과정에서 중국이 결정적인 역할을 하면서, 중국의 영향력은 오히려 커져갔다. 아울러 청의 영향력에 기대어 권력을 강화했던 관료들의 존재 또한 무시할 수 없었다. 예를 들어, 청의 영향력을 견제하기 위해 고종이 청의 경쟁국인 러시아와 수교를 하려고 하자 많은 관료들이 반대하였다. 그리하여 비밀리에 러시아와의 수교회담이 진행되기도 했다. 따라서 현실을 무시하고 조선의 진정한 독립을 주장하기는 상당히 어려웠다.

청으로부터의 독립을 요구하는 움직임이 현실의 장벽에 가로막혀 있을 때, 이러한 상황에 결정적인 변화를 가져온 것이 청일전쟁에서 청이 패배한 사건이었다. 이를 계기로 일본의 영향력이 급속히 확대되는 부작용이 있었지만, 청의 개입에 거부감을 갖고 있던 조선의 여러 세력들은 그것을 계기로 오랫동안 종주국이었던 청으로부터의 독립을 최우선 과제로 제기하였다. 독립협회는 이러한 분위기 속에서 만들어졌고 어떤 의미에서 그것은 반청세력의 연합체라고 할 수 있을 것이다. 그러나 반청이라는 공통점을 빼면, 독립협회의 구성원들의 정치적 견해는 많은 부분에서 서로 달랐다. 어떤 정치체제가 바람직한지, 어떤 나라와 가까운 관계를 유지해야 하는지, 조선의 근대화를 어떻게 수행해야 하는지에 대해서는 견해의 일치를 보기가 힘들었다.

고종과 독립협회에 대한 기존의 논의는 양자의 적대적이고도 대립적인 성격을 강조하는 것이었다.[13] 그러나 독립협회 내부는 황제권 강화를 통한 연합 노선을 추구했던 현실적인 노선과 공화국 건설을 추구했던 급진적인 노선이 존재했고 고종의 칭제에 대한 독립신문의 지지논설은 전자를 반영하는 것이라는 주장도 있다.[14]

이 견해에 따르면 독립협회 내에서도 황제권 중심의 정치체제를 강조하는 견해와 쿠데타를 통해 고종을 폐위시킨 후 의화군 및 이준용 가운데 명목상의 황제를 내세우고 자신들이 권력을 장악하려는 두 가지 조류가 존재했다. 독립협회 지도부 가운데 일부는 미국식의 입헌 공화제를 선호했지만[15] 대부분은 군주국가를 선호했다는 것이다.[16] 최소한 독립협회의 회표나 『독립신문』은 틈날 때마다 '충군애국'을 강조했고, 각종 행사에도 황제에 대한 축수와 만세는 반드시 행해졌다.[17] 의도했던 의도하지 않았던 독립협회의 이와 같은 노선은 대한제국이 성립되는 과정에서 결정적인 기여를 했다. 그러나 독립신문에 반영된 노선이 곧 황제권의 실질적인 강화를 의도했던 것은 아니었고 전체적으로 독립협회의 노선은 군주권의 제한에 있었다.[18]

　일부 연구자들은 독립협회가 부르주아운동으로 급진적인 개혁을 추구했다고 주장한다. 하지만 독립협회는 스스로를 하나의 권력기관으로 설정하여, 대한제국의 일부가 되기를 원했다. 군주권을 현실적으로 부정할 수 없는 상황에서 독립협회는 일본처럼 군주권과 근대화 노선이 결합되어야 하며, 그것은 자신들의 특권을 인정하는 위에 추진되어야 한다고 주장했다. 그리하여 이들은 중추원 개편안을 통해 의회제를 도입하고자 했으며, 「하의원은 급치 않다」는 제목의 논설로 인민주권은 거부했다.[19] 뿐만 아니라 독립협회는 정부에 중추원 인사의 개편을 요구하여 의관의 반수를 독립협회에서 선출할 것, 부의장을 독립협회에서 맡을 것 등을 요구했다. 독립협회는 하원의 설립 반대와 자신들의 특권화를 주장했다는 점에서 부르주아 독재 권력을 추구했던 것이라 규정될 수 있을 것이다.

　독립협회의 해산을 마지막으로 국내에서 고종의 주도권을 견제할 만한 세력은 존재하지 않게 되었다. 기존의 관료들은 고종의 통제에 완벽하게 종속되어 있었다. 아관파천으로 왕권을 위협하던 관료집단을 붕괴시킨 다음, 독립협회 해산을 통해 남아있던 마지막 반대 세력을 붕괴시킴으로써, 고종은 강력한 정국 주도권을 행사하게 되었다. 황제는 한편으로 독립협회를 무력으로 해산시키고 다른 한편으로 일부 세력을 중추원에 편입시킴으로써 궁극적으로 황제권에 대한 견제 세력을 거의 제거하였다. 독립협회를 해산시킨 황제는 1899년에 입법, 사법, 행정 3권이 군주에게 집중된 일종의 전제군주제 국가를 선언한 「대한국 국제」를 반포하고[20] 황제권을 성문법으로 명문화시켰다. 아울러 황실기구인 궁내부 대신이 의정부에 참여하게 함으로써 황제권이 의정부에 제도적으로 관철되게끔 했다.

대한제국과 독립협회의 성격에 대해 대한제국을 개혁적이라고 보는 견해[21]와, 그것을 부정하고 독립협회운동을 대한제국과 대비시켜 부르주아 개혁운동으로 규정하는 견해가 대립한다.[22] 그런데 앞서 살펴본 것처럼 고종은 꾸준히 개혁을 추진해왔다. 그럼에도 광무개혁을 수구적이라 규정하는 것은 상대적으로 부르주아 민족운동으로 규정되는 독립협회를 탄압했다는 것 때문이다. 독립협회에 대한 이러한 규정은 타당한 측면이 있음에도 불구하고 몇 가지 측면에서 재해석되어야 한다.

독립협회가 부르주아적이라는 것은 타당하다. 그러나 그것은 부르주아 독재라는 측면에서 타당하지 그것이 오늘날과 같은 의미에서 민족주의는 아니었고 민주주의는 더더군다나 아니었다. 둘째, 독립협회가 민주주의나 민족주의를 추구했던 세력이 아니었다는 의미에서 광무개혁 또한 수구적이라고 평가될 수 없다. 왜냐하면 고종이 추진한 광무개혁도 궁극적으로는 부국강병을 추구했던 부르주아적 노선과 별반 차이가 없는 국가강화노선이었기 때문이다. 왕권을 강화하는 것과 부르주아적인 것은 상반되는 것이 아니다. 당시의 세계사적 시간대에 근거해 보더라도 독일, 영국, 러시아, 일본 모두 황제정이었지만 그것 모두를 수구적이었다고 말할 근거는 없다.

20세기 초반까지도 왕정, 황제정은 일반적인 사례였다. 지구적 규모에서 왕정이 폐기된 것은 1차 대전 이후였고 귀족주의가 붕괴된 것은 2차 대전 이후였다.[23] 따라서 독립협회의 노선을 부르주아 민주주의나 민족 국가 건설운동으로 규정하고 반대로 제국을 추구한 것 자체를 시대착오적인 것으로 규정하는 것이야말로 오히려 시대착오적이라고 할 수 있다.

대한제국이 시대착오적이었던 것은 그것이 황제정을 추구했기 때문이 아니라, 오히려 정권의 정치적 기반을 체계적으로 배제했다는 점에서였다. 먼저 고종은 갑오농민전쟁과정에서 농민들에 대해 탄압으로 일관하였다. 뿐만 아니라 아관파천과 대한제국 성립을 통해 왕권에 도전하는 관료들을 완전히 무력화시켰다. 나아가 대한제국의 성립에 기여했던 부르주아적인 독립협회세력을 붕괴시켰다. 그러면서 왕권에 위협이 되지 않는 관료들이나 독립협회세력들을 개별적으로 정권에 끌어들였지만, 하나의 정치세력으로서의 관료들과 독립협회는 철저하게 부정하였다. 뿐만 아니라 친위세력이라 하더라도 황제권에 위협이 되는 상황이 발생하면 즉각적으로 그것을 부정하였다.

개항 이후부터 대한제국기에 이르기까지 고종은 반복되는 쿠데타, 암살 등의 위협을 계속 경험하였다. 갑신정변의 주체들이 공격의 화살을 왕의 친위세력들에게 돌림으로써 왕권강화에 결정적인 위협을 가했다거나, 원세개가 왕의 폐위를 추진한 일도 있었다. 왕에 대한 일관된 반대노선을 걸었던 박영효 등의 쿠데타 음모가 계속되는 가운데,[24] 왕의 친위세력으로서 독립협회 내의 강경파였던 안경수가 군대를 동원하여 황제를 퇴위시키려 했던 것이나[25] 근왕주의자였던 김홍륙이 독살사건을 꾀했던 사건은[26] 고종에 대한 위협세력이 그만큼 많았다는 것을 보여준다. 고종은 이들에 대한 철저한 탄압으로 일관하였다.

광무황제의 정치체제 구상은 1899년 8월 제정된 '대한국 국제'에서 잘 드러나고 있다. 대한제국 성립 후, 황제의 재가(裁可)를 받아 법규교정소가 만든 전문 9조의 '대한국 국제'는 대한국은 세계 만국에 공인된 자주 독립하는 제국이며, 대한제국의 정치체제는 전제정치체제이며, 황제의 군권은 무한하며, 그것은 공법에 이르는 자립정체이기 때문이며 이에 도전할 경우 신민의 도리를 박탈당한다는 것이다. 또한 황제는 군대 통솔, 계엄 및 해엄권, 각종 법률 제정 및 반포와 집행, 만국의 공공한 법률에 근거하여 국내법을 개정하는 권리, 사면 등의 공법상의 권리(自定律例), 행정부 관제 및 관료 봉급의 제정, 개정, 칙령 발표권 등의 공법상의 권리(自行治理), 문무관의 임면, 작위 등의 수여 및 체탈하는 공법상의 권리(自選臣工), 외교와 관련된 업무관장 등 공법상의 권리(自遣使臣)를 갖는다고 밝히고 있다. 근대 국가가 필요로 하는 제도들의 설립 필요성, 그리고 그 근거가 황제권으로부터 비롯됨을 밝히고, 그 정체를 전제정으로 규정하고 있다.

이렇게 하여 광무황제는 여러 세력과의 투쟁을 통해 전제적인 왕권을 달성할 수 있었다. 그러나 그 결과는 파멸적이었다. 무엇보다도 과거 조선이 왕과 양반관료들과의 정치적 연합에 의해 운영되어 왔던 점을 감안해보면, 대한제국은 역설적으로 어떠한 정치적 연합 없이 황제권력 하나만으로 유지되었음을 알 수 있다. 즉 대한제국은 스스로의 정치적 기반과 정당성을 철저히 파괴함으로써 성립되었던 것이다.

대한제국의 운명을 결정지은 것은 바로 정치적 기반의 말살 바로 그것이었다. 대한제국은 이념적인 측면에서도 아무런 기반이 없었다. 과거와 같은 유교적인 기반도, 혹은 절대주의 국가처럼 절대자에 의존한 정치적 정당성도, 혹은 민족적인 주장에 입각한 근대적 지향성도 갖추지 못한 국가였다. 이러한 점은 동일한 절대주의 국가라 할지라도 러시아의 차르(tsar), 일본의 천황, 영국의 황제, 독일의 황제가 각각 민족적 근거 위에서 정당성을 모색하려 했던 상황과 대조적인 것이었다.

또한 대한제국은 정치적인 측면에서도 아무런 기반이 없었다. 기존의 관료들, 지주계급들, 농민, 도시의 부르주아 모두를 배제했던 고종은 오직 근왕 세력에만 의존함으로써 대한제국의 정치적 기반은 전무한 상황에 처하게 되었던 것이다. 물론 근왕 세력들이 하나의 제도로서 존재했다면 상황은 달라졌을지도 모른다. 하지만 이때까지 근왕

세력들은 아무런 제도적인 근거 없이 황제에 대한 충성심이나 기술적인 능력만으로 황제에 의해 등용되거나 배제되고 있었다. 즉 그들의 존재 근거는 대단히 취약했던 것이었다.

갑오개혁부터 대한제국의 성립에 이르는 과정을 검토했을 때, 한국에서 근대로의 이행과정에서 강조되어야 할 점은 어떠한 방식으로 억압적인 국가를 형성할 것이냐, 여기에 더하여 누가 주체가 되어 근대적인 국가를 형성할 것이냐를 둘러싸고 나타난 지배계급의 균열 구조이다.

지배계급들 내부에서 개혁적인 세력, 이른바 개화세력이 기존의 지배계급을 대체하는 경우를 상정해 볼 수 있다. 갑신정변이나 갑오개혁의 주체들은 지배계급 내부에서도 상대적으로 소수였으며, 외세에 의존하였고, 농민들을 포함한 인민들의 정치적 지지 또한 얻지 못했다. 이들은 국가 재정의 합리화를 위해 새로운 부세수취 제도를 실시하고자 했다. 이들이 도입했던 새로운 부세수취 제도는 세금의 부과는 기존의 지방 관료들이 그대로 수행하는 대신 세금의 수취는 중앙에서 파견된 관료들이 수행하게 하는 것이었다. 그렇게 함으로써 부세수취 과정에서 지방 관료들이 자행했던 비리와 횡령을 방지하고자 했던 것이다.

하지만 갑오정권의 시도는 광범위한 지방 지주관료들의 저항에 직면하여 좌절되고 말았다. 지방의 지주관료들은 지주들과 결탁하여 세원을 은닉하거나 중앙에서 파견된 관료들에 대해 협조를 거부하는 등 다양한 방식으로 저항하였다. 이들을 결정적으로 거부했던 것은 농민들이었다. 갑오농민항쟁과 그 뒤를 이은 의병운동은 이들에 대한 공격에 초점을 맞추고 있었다. 따라서 왕이 그들을 상대로 권력투쟁을 전개했을 때, 그들은 무기력하게 정권에서 배제되고 말았다.

다른 하나의 가능성은 왕에 의해 추진된 노선을 들 수 있다. 하지만 왕권을 안정시키기 위해 지배계급의 지지가 필요했던 왕은 과거 갑오정권이 추진했던 부세개혁을 포기하고 부세 수취권을 기존의 지방관료들에게 돌려줌으로써 국가 강화의 기반이 될 수 있었던 개혁을 포기해야 했다. 국가 강화를 위한 다양한 시도를 했음에도 불구하고 기존의 지배계급들의 정치적 지지에 의존했던 한, 고종은 국가 강화에 필요한 개혁을 구조적으로 추진할 수가 없었던 것이다. 그 결과 국가 재정은 마비되었고, 사회적 불안은 점차 확대되어갔다. 농민들의 항쟁은 계속되었고 국가는 이를 통제할 수 없었으며, 그 결과 대한제국이 의존했던 지배계급의 불안감은 점차 확대되어 갔다.

대한제국이 직면했던 이러한 현실은 기존 연구들이 지적하는 것처럼 단순하게 제도의 미발전, 지주관료들의 부패, 개혁세력의 허약함 혹은 개혁을 할 만한 시간적 여유의 부재와 같은 상황적인 것에서 기인하는 것이 아니라 국가를 구성하고 있었던 지배연합의 파괴라는 구조적인 문제에서 기인하는 것이었다.

이처럼 대한제국은 위로부터의 개혁이나 아래로부터의 혁명이 모두 저지될 수밖에 없는 구조적인 한계를 갖고 있었던 것이다. 아래로부터의 압력은 상당한 정도로 강력했다. 갑오농민항쟁은 국가 전체에 상당한 압력을 가했으나, 그것이 과거로부터의 혁명적 단절이나 새로운 정치세력의 등장을 출현시키지는 못했다. 농민항쟁은 이데올로기적인 지향에 있어서 근왕적이고 복고적인 것이었으며, 물리적 힘에 있어서도 기존의 지배계급을 전복할 만한 능력을 갖고 있지 못했다. 청과 일본군의 개입을 의식한 것이기도 했지만 전주화약이 이루어진 것은 이미 농민군의 전열이 약화되고 있었기 때문이었다.

또한 조선의 지배계급은 왕과 지주관료들 간의 갈등으로 인해 분열되어 있었으며, 지배계급 내부에서도 기존의 정치체제를 개혁하거나 혹은 붕괴시킬 만한 세력이 존재하지 않았다. 고종이 시도했던 근왕세력의 형성은 기존의 상층지주관료들로부터 끊임없는 공격에 직면해야만 했다. 뿐만 아니라 왕권 강화의 기반으로 충원되었던 전문적인 관료들은 특정한 사회 세력으로서가 아니라 개인적인 차원에서 충원되었는데, 그 결과 중앙과 지방에 걸친 기존 관료세력을 대체할 만한 기반이 존재하지 않았던 것이다.

따라서 고종에 의한 근왕세력의 양성은 국가 기구 전반에 걸친 것이라기보다는 왕실 기구의 확대 이상으로 발전할 수가 없었다. 즉 특정한 계급분파, 기존의 지주관료들의 지배를 대체할 만한 계급분파가 존재하지 않는 상황에서 왕에 의한 국가 강화는 구조적으로 한계가 있었던 것이다. 그리고 고종이 정치적으로 활용했던 상인들이나 유림들은 왕실과 국가권력에 기댄 매판적인 세력이거나 혹은 국가강화와는 부합될 수 없는 소멸해 가는 계급들이었다. 게다가 고종은 지배계급 내부에 존재하는 어떠한 종류의 분파들과도 정치적 동맹을 거부했기 때문에 왕권이 확대되는 것과는 달리 정치적 기반은 점차 약화되어갔다.

고종에게 유일하게 가능할 수 있었던 정치적 동맹은 독립협회세력과의 연합이었을 것이다. 하지만 고종은 왕권에 위협적인 세력과의 동맹을 거부했을 뿐만 아니라 독립협회세력은 기존의 지배계급을 대체하고 국가기구를 장악하여 국가를 강화시킬 주체로 역할하기에는 구성원들의 사회적 기반이 너무나 다양했다. 지주관료들 내부에서 나타난 개혁 세력은 국가강화를 위한 주도세력이 되기에는 지나치게 취약했다. 갑신정변의 주역들이 시도했던 쿠데타가 지주관료들 내부의 반대와 저항에 직면하여 붕괴된 것이나 갑오개혁의 지도부가 지주관료들 내부의 반대와 저항은 물론 왕에 의해 거부된 것은 이들이 피지배계급뿐만 아니라 지배계급 내부로부터의 지지조차도 획득하지 못하고 있었기 때문이었다.

대한제국의 지배계급들 가운데서 만약 일본의 사무라이들처럼 지배계급의 일부이면서도 경제적 이해관계로부터 상대적으로 자유로웠을 뿐만 아니라 기존체제에 대해 광범위한 불만을 가진 계급분파가 존재했더라면 사태는 좀 더 달라졌을지도 모른다. 하지만 조선의 지배계급들은 중앙에서 지방에 이르기까지 그리고 고위관료로부터 지방관아의 아전들에 이르기까지 광범위한 경제적 이해관계에 노출되어 있었다.

이러한 사태는 위로부터의 개혁에 요구되는 정치적 기반이 구조적으로 결여되게끔 했던 것이다. 이러한 구조적인 한계 위에서 왕과 지배계급들 사이에 존재했던 광범위한 이해관계의 대립은 위로부터의 개혁에 의한 국가강화가 아니라 국가쇠퇴를 초래했던 것이다.

1) 『고종실록』, 고종 31년 6월 28일 계유.

2) 『고종실록』, 고종 33년, 3월 25일 병신.

3) 『일성록』, 을미 3월 25일, 62.

4) 1894년 8월 4일(음 7.4) 『維新綸音』은 이전의 "선왕이 이룩한 법제를 거울삼고 변화한 세계사정을 참작한다"는 것을 밝히고 있다.

5) 『고종실록』, 고종 31년 8월 2일 갑오.

6) 서영희, "1894~1904년의 정치체제 변동과 궁내부," 『한국사론』 23(1990).

7) 『일성록』, 을미 3월 25일.

8) 이태진, "18~19세기 서울의 근대적 도시발달양상," 『서울학연구』 4(1995), pp. 19-20.

9) 서영희, "광무정권의 국정운영과 일제의 국권침탈에 대한 대응," 서울대학교 박사학위논문(1998).

10) 서영희, "1894~1904년의 정치체제 변동과 궁내부," 『한국사론』 23(1998), pp. 342-377 참조.

11) 서영희, "광무정권의 국정운영과 일제의 국권침탈에 대한 대응," 서울대학교 박사학위논문(1998), pp.20-23.

12) 주진오, "독립협회의 주도세력과 참가계층," 『동방학지』 77/78/79합집(연세대학교 국학연구원, 1993).

13) 신용하, 『독립협회연구』(일조각, 1976).

14) 주진오, "갑오개혁의 새로운 이해," 『역사비평』 가을 계간 26호(1994).

15) 『尹致昊日記』, 1898일 5월 2일.

16) 『독립신문』, 1897.8.26.

17) 愼鏞廈 · 서영희, "광무정권의 국정운영과 일제의 국권침탈에 대한 대응," 서울대학교 박사학위논문(1998), p.598.

18) 서영희, "개화파의 근대국가 구상과 그 실천," 『근대 국민국가와 민족문제』(지식산업사, 1994), pp.296-300.

19) "하의원은 급치 않다," 『독립신문』, 1898.4.7. 논설.

20) 그 내용은 다음과 같다. 1. 臣民이 君權을 침해하면 처벌을 받는다. 2. 皇帝는 육해군의 통솔 및 편제권과 계엄, 해엄령 발포권을 지닌다. 3. 皇帝는 법률의 제정, 반포, 집행, 개정과 사면, 복권명령 등 일체의 법률권을 지닌다. 4. 皇帝는 행정 각 부서의 관제와 문무관의 봉급제정, 개정, 행정에 필요한 모든 법령을 발포한다. 5. 皇帝는 문무관의 출척, 임면권을 갖는다. 6. 皇帝는 외국과의 조약 선전 강화 사신파견에 관한 모든 권리를 갖는다.

21) 김용섭, "서평 독립협회연구,"『한국사연구』 12(1976).

22) 신용하, "광무개혁론의 문제점,"『창작과 비평』 가을호(1978).

23) Benedict Anderson, "Old state, New Society," *Journal of Asian Studies*, Vol. 42, No.3(May 1983), pp.477-478.

24) 윤병희, "제2차 일본 망명시절 박영효의 쿠데타 음모사건,"『이기백 교수 고희 기념, 한국사학논총(下)』(일조각, 1995), pp.1682-1685.

25) 이광린,『개화기의 인물』(연세대학교출판부, 1993), p.157.

26) 조재곤, "김홍륙: 어느 대외의존적 인물의 비극적인 말로,"『북악사학회보』, 7(1993).

제 **4** 장

독립신문의
근대 국가 건설론

독립신문의 근대 국가 건설론

1절 독립신문의 근대 지향

이 장에서는 앞서 설명한 독립협회의 근대 구상을 세부적으로 살펴보기 위해 독립신문을 세부적으로 검토할 것이다. 독립협회의 기관지인 독립신문을 검토하는 것은 독립협회가 어떠한 방식으로 조선을 변화시키고자 했는지를 살펴보는 데 중요하다. 결론적으로 말하자면 독립신문은 흔히 알려진 것과는 다르게 과거와의 급진적인 단절보다는 전통적인 정치체제를 보완하는 보수적인 방식으로 근대 국가를 추구하였으며, 근대국민국가를 구상하지는 않았다는 것이다.

이는 독립신문이 고종 중심의 수구 세력에 반대하는 개화세력의 견해를 대변한 최초의 민간신문[1]이며, 위로부터의 개혁과 민족주의를 주장했고[2] 부르주아들의 정치적 견해를 대표하여 국민국가 건설과

163

입헌정체론을 주장했다3)는 일반적인 인식과 견해를 달리하는 것이다. 독립신문의 개혁성에 대한 비판은 제국주의의 침략성에 대한 의식이 희박했을 뿐만 아니라 반민중적이었으며,4) 자유주의자들이 가진 계급적 한계를 전형적으로 드러내고 있다는 지적으로 나타난 바 있다.5)

전체적으로 독립신문에 나타난 근대 구상은 인민을 강조했지만 주권을 가진 인민 즉, 국민은 거부했으며, 의회를 강조했지만 그것이 국민주권으로부터 만들어지지 않고 지식인이나 특권 세력에 의해 만들어져야 한다고 강조했으며, 나라의 독립을 강조했지만 때때로 문명론에 압도되어 국가의 경계마저도 무시할 때가 있었으며, 민족은 이 시점에서 아예 거론조차 되지 않았을 뿐만 아니라 주권을 가진 공동체로서의 민족 혹은 국민이란 개념은 의도적으로 배제되었다. 이는 근대적인 지식의 결핍, 예를 들어 민주정이나 공화정, 인민주권과 같은 개념이나 제도에 대한 이해의 부족이라기보다는 이 시기 개화 지식인들의 일관된 보수성 때문이었다고 할 수 있다.

1) 독립신문 발행과 폐간의 정치적 맥락

독립신문은 첫 호에서 스스로를 왕과 민의 의사소통의 기구로 규정하면서 왕권과 민을 연결시키고 부정부패에 물든 관료를 고발하고 사회개혁을 통해 나라를 쇄신하겠다는 견해를 밝혔다. 그리고 그러한 역할은 충실히 수행되었다. 독립신문과 마찬가지로 정부와 독립협회의 관계 또한 협력적이었다. 독립협회가 창립초기 고종의 지원을 받는 반관반민 단체였듯이6) 독립신문 또한 관민합작품으로서 그것이 만들어지기까지 왕과 정부 관료들의 지원이 절대적이었다.7)

그러나 황제와 독립신문 그리고 독립협회의 관계는 러시아의 이권

양도 문제로 관민공동회가 개최되고 이 과정에서 보다 적극적인 정치 참여 의사를 밝힌 독립협회가 중추원 관제개혁을 들고 나오면서 갈등 관계에 접어들게 된다. 양자의 갈등은 파국으로 치달아 1898년 12월 독립협회가 해체되었고 이듬해인 1899년 독립신문도 폐간되었다. 주목해야 할 점은 1898년 11월을 전후하여 관민공동회 주최로 본격적인 길거리 투쟁이 전개되었던 순간에도, 독립신문은 인민들에게 정치적 권리를 허락하지 않았다는 것이다.

보수적인 집권관료들이 독립협회에게 어떠한 정치적 권리도 양보하지 않으려 했듯이 독립협회와 독립신문 또한 일반 인민들에게 정치적 권리를 부여하기를 거부했던 것이다. 독립신문이 발행될 당시 왕에게 지원을 받았다는 점, 독립신문이 일관되게 왕에게 그리고 나중에는 황제에게 충성을 맹세했다는 점만으로 독립신문이 지배 분파였다고 주장하는 것은 잘못된 것일지도 모른다. 충군애국은 주어진 조건하에서 하나의 수사학일 수도 있기 때문이다. 그러나 독립신문이 일반 인민들에게 참정권을 부여하는 것을 거부했다는 것, 곧 주권을 가진 인민 즉 국민의 형성을 거부했다는 것은 단순한 수사의 문제일 수 없다. 그것은 기존 정치체제와 추구해야 할 정치체제에 대한 기본적인 인식의 문제이기 때문이다.

2) 독립신문과 국민개념

독립신문에서 나타나고 있는 근대정치체제 구상이 입헌군주제나 공화정에 입각한 근대민족국가 건설이라는 견해는 다음과 같은 논리체계를 갖고 있다. 독립신문은 천부인권설에 근거하여 인권을 중시하고 인민의 권리를 규정하였으며, 이에 근거하여 인민들의 법적 권리와 참정권을 주장하였으며 그러한 권리를 제도화시킨 것이 법에 의한 지배와 중추원 관제개혁이었으며 여기서 입헌군주제 혹은 입헌공화제라는 근대국민국가를 추구했다는 것이다.[8]

근대국민국가의 전제라고 규정되는 인간과 국민에 대한 관념을 검토해 보면 독립신문에서는 인권이라는 단어를 찾아보기 힘들다. 만약 독립신문에서 인권 문제를 거론할 수 있다면 그것은 현재의 관념을 투영하여 독립신문의 텍스트를 재해석하는 작업이 될 가능성이 높다.[9] 인권 개념이 인간 개개인이 보편적으로 가지거나 존중받아야 하는 권리라는 의미라면, 그러한 텍스트는 독립신문에서 부분적으로 발견될 수 있다. 하지만 근대 문명, 그것도 부강한 국가를 추구했던 독립신문에서 중요한 것은 보편적이고 추상적인 인권이 아니라 그러한 국가를 구성하는 인간, 사회적 혹은 정치적 존재로서 인간이었고 그것을 핵심적으로 나타내는 개념은 민권이었다. 독립신문에서 민권이라는 용어는 14회 권리라는 용어는 471회 등장하는데, 보통 인민의 권리라는 용법으로 사용되고 있다. 독립신문이 권리 개념을 자주 사용하면서 민권을 언급하는 이유는 인간의 권리를 사회 정치적인 맥락에서 해석했기 때문이다. 개인의 재산권도 법적·정치적 맥락에서만 보장될 수 있으며 그럴 때, 나라도 부강해진다는 것이다.

그런 의미에서 독립신문이 "빅셩마다 얼마큼 하ᄂ님이 주신 권리가 잇ᄂ디 그 권리ᄂ 아모라도 쎗지 못ᄒᄂ 권리요"[10]라고 하여 천부인권을 언급하고 있음을 거론하면서 이를 영미의 자유주의적 자연권 개념의 수용으로 해석하고 그로부터 인민 주권을 주장했다는 견해[11]는 몇 가지 점에서 문제가 있다.

첫째, 독립신문에서 민권은 법률에 의해서만 규정되고 있다. "나라에 법률과 규칙과 쟝졍을 ᄆᆞᆫ든 본의ᄂ 첫지ᄂ 사름의 권리를 잇게 졍히 놋코 사름마다 가진 권리를 남의게 쎗기지 안케 홈이요 또 남의 권리를 아모나 쎗지 못ᄒᆞ게 홈이라"[12]라고 하여 법이나 정치체로부터 보장되지 않는 권리는 혼란을 초래할 뿐만 아니라 "법률과 쟝졍과 규칙(을) 시힝치 아니ᄒᆞᄂᆞᆫ 사ᄅᆞᆷ은 나라에 원슈요 셰계에 뎨일 쳔ᄒᆞᆫ 사ᄅᆞᆷ이라"(1897.3.18)고 규정함으로써 사람의 권리는 법에 의해 규정되고 그것을 지키지 않는 사람은 나라의 원수, 세계의 천민으로 간주된다. 따라서 하늘이 주신 권리는 기존 체제가 부과한 법에 의해서만 보장될 뿐이다.

둘째, 그러나 인간이 지켜야 할 법은 실정법임에도 그것이 어떻게 성립가능한지에 대해서는 아무런 설명을 하지 않음으로써 법을 만드는 권리보다는 이미 부과된 질서를 지켜야 하는 의무로서의 의미가 강조되고 있다. 법률이 821회, 재판(지판)이 496회나 사용될 만큼 법과 관련된 용어는 자주 사용되고 있다. "빅셩이 법률과 규칙을 억이거드면 몬져 직판을 자셰히 ᄒᆞ여 빅셩이 죄 잇ᄂᆞᆫ 증거를 확실이 알거드면… 법률을 좃차 다ᄉᆞ리ᄂᆞᆫ 거시 법관의 직무라"[13] 하여 법률 재판 증거를 강조하거나 "님군을 ᄉᆞ랑ᄒᆞ고 빅셩을 구완ᄒᆞᄂᆞᆫ 법률과 리치를 ᄎᆞᄎᆞ 일쎠여 주고"[14]라든가 "문명기화ᄒᆞᆫ 풍쇽과 법률이 국즁에 셔게 ᄒᆞᆯ 싱각이 잇스면"[15]이라고 도덕과 이치를 강조한다. 이처럼 법률을 지켜야 하고 공평히 시행해야 한다는 점은 반복해서 강조되고 있지만, 누가 왜 어떻게 법률을 만드는지에 대해서는 아무런 언급이 없어서 인민의 권리를 규정하는 법은 주어진 질서의 유지를 위한 수단으로만 파악되고 있다.

셋째, 이처럼 제한적 의미를 지닌 민권 개념을 계약론이나 인민주권론으로 확대해석하여 그것을 정치참여의 권리로 연결시키는 것은 잘못이다. 물론 서구의 자유주의자들도 정치적 참여의 정당성을 천부인권에서 찾지는 않는다. 천부인권과 참정권은 별개의 문제이다. 자유주의자들은 모든 사람은 천부인권을 갖고 있지만, 참정권은 재산을 가진 자에게 허용하였다.16) 따라서 독립신문은 인민들의 참정권을 부정하고 일부 계층이나 독립협회 회원이 의원이 될 수 있도록 한 것은 전형적인 자유주의적 논리라는 견해17)가 오히려 타당하다.

서구의 자유주의자들은 재산권을 가진 세금을 내는 시민들에게 참정권을 부여하고 그로부터 정치체제의 기원을 설명하지만, 독립신문의 논리는 그와는 달리 교육받은 자와 그렇지 못한 자의 구분을 전제로 하고 있다. "하의원이라 ᄒᆞᄂᆞᆫ 것은 빅셩의게 졍권을 주ᄂᆞᆫ 것이라 졍권를 가지ᄂᆞᆫ 사ᄅᆞᆷ은 ᄒᆞᆫ 사ᄅᆞᆷ이던지 몃만명이던지 지식과 학문이 잇서셔 다ᄆᆞᆫ 내 권리ᄆᆞᆫ 알 ᄲᆞᆫ 아니라 남의 권리를 손샹치 아니 ᄒᆞ며 사ᄉᆞ를 이져 ᄇᆞ리고 공무를 몬져 ᄒᆞ며 쟉은 혐의를 보지 안코 큰 의리를 숭샹 ᄒᆞ여야 민국에 유익ᄒᆞᆫ 졍치를 시ᄒᆡᆼ ᄒᆞᆯ지니 무식 하면 ᄒᆞᆫ 사ᄅᆞᆷ이 다ᄉᆞ리나 여러 사ᄅᆞᆷ이 다ᄉᆞ리나 국졍이 그르기ᄂᆞᆫ 맛찬가지요 무식ᄒᆞᆫ 셰계에ᄂᆞᆫ 군쥬국이 도로혀 민쥬국보다 견고 ᄒᆞᆷ은 고금 ᄉᆞ긔와 구미 각국 졍형을 보와도 알지라 … 즁략 … 우리 나라 인민들은 몃 빅년 교휵이 업셔셔 나라 일이 엇지 되던지 ᄌᆞ긔의게 당쟝 괴로온 일이 업스면 막연히 샹관 아니 ᄒᆞ며 졍부가 뉘 손에 들던지 죠반 셕쥭ᄆᆞᆫ ᄒᆞ고 지ᄂᆡ면 어느 나라 쇽국이 되던지 걱졍 아니 ᄒᆞ며 … (즁략) … 이러ᄒᆞᆫ 빅셩의게 홀연히 민권을 주어서 하의원을 셜시 ᄒᆞᄂᆞᆫ 것은 도로혀 위ᄐᆡ ᄒᆞᆷ을 쇽 ᄒᆞ게 ᄒᆞᆷ이라 … (즁략) … ᄉᆞ오십년 진보ᄒᆞᆫ 후에나 하의원을 ᄉᆡᆼ각 ᄒᆞᄂᆞᆫ 것이 온당 ᄒᆞ겟도다."18)

문제는 재산권에 입각한 참정권의 부여는 불평등할지는 몰라도 제도화는 가능하다. 하지만 유식과 무식의 구분은 자의적이어서 제도화가 힘들다. 존 스튜어트 밀도 19세기 중반 영국에서 참정권의 확대가 문제되었던 시기에 재산과 교양에 따라 참정권을 제한해야 한다고 지적한 바 있다. 밀 자신도 교육의 질을 판가름할 제도적 장치가 부재하다는 점을 들어 재산권을 참정권의 기준으로 삼은 바 있다. 문제는 정치적 참여에 필요한 교육이나 교양은 그것을 감당할 재산이 존재해야만 한다는 사실이다. 따라서 교육의 문제는 재산권의 문제와 결코 분리해서 생각할 수 없다.

독립신문은 개인의 재산권 문제를 중요하게 취급하고 있음에도[19] 그것을 정치적 참정권의 문제와 연결시키지 않고 있다. 또 서구 자유주의와 달리 독립신문에서 718회가량 등장하는 학문과 139회 등장하는 교육(교휵)은 정치적 권리와 국가 건설에서 압도적으로 중요한 요소로 간주되고 있을 뿐만 아니라 심지어 군대나 산업보다 더 중요한 것이라고 지적되고 있다. 따라서 독립신문의 정치체제 구상에서 서구 자유주의의 영향보다는 지식을 중요시하는 유교적 전통, 조선의 문민 지배 원리가 더욱 강하게 작동하고 있다고 추론할 수 있다.

이처럼, 독립신문에서 나타난 천부인권개념은 개념 자체의 쓰임새가 제한적일뿐더러 그것으로부터 도출될 수 있는 정치적 함의는 거의 없고 단순한 수사에 그치고 있다. 따라서 독립신문에 나타난 민권 개념은 그 자체로는 조선시대에 비해 진일보한 개념이라고 할 수 있지만, 그것으로 인민주권의 문제를 거론하기에는 그 근거가 대단히 취약하다.

국민의 형성과 관련하여, 민권과 더불어 중요한 것은 평등의 문제이다. 국민국가에서 국민은, 비록 형식적이지만, 개념상의 평등이 전제된다. 그런데 독립신문에서 평등개념은 이중적이다. 한편으로는 법과 하느님 앞에서의 평등을 이야기하지만 다른 한편으로는 상하귀천의 존재를 분명히 인정하고 있다. 그리고 이 두 가지는 교묘하게 조합된다. 예를 들어 "우리신문이 한문은 아니쓰고 다만 국문으로만 쓰는 거슨 상하귀쳔이 다 보게 홈이라"[20]라거나 "나라일에 당ㅎ여셔는 샹하귀쳔이 합ㅎ야 될터"[21]라는 논설은 평등을 역설한 것[22]이 아니라 불평등을 인정하면서 그 위에 단합을 요구하는 역설이 그대로 반영되어 있다. 또 중추원 관제 개혁 당시 영문 기사의 제목은 모든 신분의 회합이라고 적고 있다(The Independent, November 1th, An Assembly of all castes).

이러한 차별의 인정과 그것의 통합은 독립신문 곳곳에서 언급되고 있다. 이는 추구해야 할 가치와 그렇지 못한 현실 사이의 타협이라는 측면과 더불어, 차별적인 인민을 모두 국가를 위해 동원하려는 측면 이 작동하고 있음을 알 수 있다. 하지만 그러한 불평등을 실질적으로 어떻게 타파하여 평등을 확보할 것인지에 대해서는 도덕적인 훈계로 일관하고 있다.

독립신문이 사람들을 지칭하는 데 가장 많이 사용되었던 용어는 백성(빅셩)으로서 약 2,466회 정도 등장한다. 백성은 "우리가 빅셩이 라고 말ᄒᆞᄂᆞᆫ 거시 다만 벼슬 아니 ᄒᆞᄂᆞᆫ 사람만 가지고 말ᄒᆞᄂᆞᆫ 것시 아니라 누구던지 그 나라에 사ᄂᆞᆫ 사람은 모도 그 나라 빅셩이라"[23]고 정의되고 있다. 벼슬을 하고 안 하고를 떠나 모두 백성이라 불릴 수 있다는 점에서 동등성이라는 개념이 어느 정도 자리를 잡고 있었다는 것은 분명 과거와 달라진 점이라고 할 수 있을 것이다.

이렇게 광범위하게 정의된 빅셩이란 개념은 1,532회 정도 등장하는 인민이라는 용어와 162회 등장하는 신민 그리고 98회 정도 등장하는 국민이라는 용어와 바꿔 사용될 수 있는 것이다. 따라서 백성, 인민, 신민, 국민은 사회 정치적인 행위주체로서의 새로운 의미, 예컨대 참정권이나 주권을 지닌 국민이라는 의미를 전혀 갖고 있지 않다.

독립신문에 나타나고 있는 사회적 존재로서의 인간에 대한 관념을 검토해보면 참정권을 행사하는 주권을 지닌 국민의 존재를 찾기는 거 의 불가능해 보인다. 실지로 독립신문에서 국민이라는 단어는 가끔 등장하지만 국민이라는 단어는 주권을 가졌다거나 참정권을 가졌다거 나 하는 의미를 지니고 있지도 않으며 또 그렇게 되어야 한다고 주장하지도 않는다. 독립신문에서 강조되고 있는 백성, 인민들의 역할은 근대국가를 만들기 위해 지켜야 할 의무들이 주된 내용을 이루고 있다.

예를 들어 "정부에셔 벼슬ㅎㄴ 사ㄹ음은 님군의 신하요 빅셩의 죵이라 죵이 샹뎐의 경계와 샤졍을 자셔히 알아야 그 샹뎐을 잘 셤길 터인듸 죠션은 꺼구로 되야 빅셩이 졍부 관인의 죵이 되얏스니"[24]라고 개탄하지만 "원컨듸 렴치 잇ㄴ 관인들은 ㅁㅏ음을 고쳐 ㅈㄱ의 샹뎐들을 착실히 셤기기를 ㅂㅏ라노라"라는 결론으로 끝나고 있다. 만약 이것이 인민 주권을 선언하는 것을 의미한다면,[25] 결국 백성들이 주권을 가지는 문제는 제도적인 문제가 아니라 마음을 고쳐먹는 일이 될 수밖에 없을 것이다.

또 "사ㄹ음 노릇 ㅎㄴ 것이 무엇이뇨 우리나라 대황뎨 폐하ᄭ셔ㄴ 다만 우리를 의지 ㅎㅗㅂ시니 우리가 힘 써야 명 ㄱ화의 부국 강병이 될터인듸 빅셩들은 뉘게다 밀고 ㅎㅕ 주기를 바라ㄴ지 빅톄가 멀졍이 셩 ㅎㅗ고 병신이나 죽은 사ㄹ음들과 ᄀᆺ치 가만들 잇스니 우리 나라가 어느 ᄶᅢ에 부국 강병이 되리오 나라가 잘 되고 못 되기ㄴ 빅셩이 힘 쓰ㄴ듸 달녓거ㄴᆯ"[26]이라고 언급하여 백성의 역할은 부국강병을 위해 노력해야 하는 것으로 규정되고 있다. 백성의 역할을 적극적으로 규정했다는 점에서 과거보다 진일보한 점은 있지만 이를 두고 국민주권사상으로 설명하는 것은 과잉해석이 아닐 수 없다.

독립신문에서 백성, 인민, 신민, 국민 개념은 오늘날과 같이 형식적이나마 주권을 가진 존재들로 규정되지 않는다. 따라서 거기에 오늘날의 국민 개념을 대입하는 것은 잘못된 것임을 알 수 있다. 오히려 자기 나라를 자기 나라로 생각해야 함[27]과 조선을 자기 나라로 알게 만들어야 한다는[28] 독립신문의 주장에서 당시 백성들의 국가관이나 국민관의 결여가 어느 정도인지를 짐작할 수 있게 한다.

부국강병을 위한, 근대 국가를 만들기 위한 정치적 동원의 측면에서 가장 활발하게 사용되었던 정치적 호명은 전통적인 유교적 개념의 변용인 '동포'였다.[29] 동원을 위한 호명은 근대 국가 건설에서 흔히 발견될 수 있는 경우이지만, 문제는 어떠한 명칭으로 그리고 어떠한 자격으로 동원되고 있는 것인가가 중요하다. 독립신문은 인민의 민력의 저급함을 지적하면서 하원의 필요성을 거부하고 독립협회 구성원이 참여하는 상원의 설립에 집착했다. 독립신문은 만민공동회가 진행되고 인민들의 정치참여가 활발하게 진행되어가는 과정에서, 가장 강성했을 때, 회원 수가 약 4,173명에 도달했던 독립협회를[30] "종로공동회 만민과 전국 2천만 동포형제를 대표한 총대"라고 선언하고 "전국 2천만 동포들의 명령을 받아 대표로 나서서 독립협회 회원이 되었지 독립협회가 따로 있어서 우리가 홀로 독립협회 회원이 된 것은 아니고 공동회 만민과 전국 2천만 동포가 다 독립협회 회원이다"[31]라고 주장하였다.

독립협회가 2천만 동포를 대표한다는 방식으로는 언급되었지만 만민공동회가 열기를 뿜어가던 시점에서도 2천만 동포에게 주권이 있다고 언급하지는 않았다. 인민들의 참여가 가장 고조에 도달했고 이들에 의거하여 정치적 위상을 확보하고자 했던 이때조차도 인민의 참정권을 인정하는 대목은 발견되지 않고 있는 점에서 독립신문은 모든 인민들이 주권을 가진 국민이 되는 것을 거부하고 있음을 알 수 있다.

독립신문에서 국민, 나아가 민족에 관한 문제가 가장 혼란스러워지는 부분은 문명과 인종이라는 개념의 구사에서 드러난다. 민족이란 용어 자체는 독립신문에서 아예 등장하지도 않지만, 문명과 인종 담론에서는 개념적으로 특정한 국가에 속해 있는 인간집단으로서의 민족이나 국민 자체가 애매한 위치에 놓여 있음을 알 수 있다. 문명과 인종의 이름으로 국가의 경계가 허물어지고 있는 것이다.

독립신문에서 인종(인종)이란 용어는 161회에 걸쳐 사용되고 있는

데, "죠션 사람들을 동양 각국 사람들과 비교ᄒ여 보거드면 청국 사람들보다는 더 총명ᄒ고 부지런ᄒ고 졍ᄒ고 일본 사람보다는 크고 쳬골이 더 튼튼히 싱겨스니 만일 우리를 교휵을 잘ᄒ야 의복 음식 거쳐를 학문이 잇게 ᄒ거드면 동양 즁에 뎨일 가는 인종이 될 터이니 만일 우리가 뎨일 가는 인종이 되거드면 나라도 ᄯ라셔 뎨일 가는 나라가 될 터이니"[32]라든가 "죠션 사람들이 세계에 남만 못 ᄒ지 안흔 인종이언마ᄂᆞᆫ 지금은 세계에 뎨일 잔약ᄒ고 뎨일 가란흔 나라히라"[33]라거나 '국가의 셩쇠'라는 논설에서 "일본은 … 오날늘 동양에 뎨일 가ᄂᆞᆫ 나라이 되엿스니 ᄀᆞᆺ흔 인종으로 ᄀᆞᆺ흔 대륙에 잇셔 이ᄀᆞᆺ치 셔로 우열이 ᄀᆞᆺ지 아니 ᄒ니 참 이샹흔 일이로다"[34]에서는 오늘날의 민족을 떠올리게 한다.

그러나 "대한이 발달 ᄒ야 가히 남의 나라와 ᄀᆞᆺ치 셰계의 일을 참셥 ᄒ올ᄆᆞᆫ ᄒ면 동양 삼국이 동심 합력 ᄒ야 동양 권리를 셔양 사람의게 ᄲᆡ기지 아니 ᄒ올진ᄃᆡ 그ᄯᆡ 가셔ᄂᆞᆫ 황인종이 셰계에 횡힝 ᄒ올터이니"[35]라거나 "대한과 청국이 흔가지 아셰아쥬에 거 ᄒ야 물과 륙디가 셔로 련합 흠이 나라 디경은 흔데 압록강을 격 흔지라 인종과 문ᄌᆞ가 셔로 ᄀᆞᆺ고"[36] "오날늘 셰계ᄂᆞᆫ 황인종과 빅인종의 각립(角立)ᄒ야 셔로 닷호ᄋᆞᆫ 시ᄃᆡ라 일본이 황인종의 즁에 몬져 ᄭᆡ다름이 될 죠션과 청국을 ᄭᆡ닷케 ᄒ야 동양의 큰 판을 보존ᄒ고 셔양 빅인종의 침로ᄒ고 로략질함을 ᄃᆡ들어 항거코져 함으로 그 ᄆᆞ음을 허비함이 심히 괴롭거늘 죠션과 청국의 관민들은 이졔 이 두 인종의 닷호ᄂᆞᆫ 큰 형셰를 알지 못ᄒ고 이에 도로혀 다른 죵ᄌᆞ되ᄂᆞᆫ 셔양 빅인들의게 의지ᄒ고 붓치여 계오 흔 ᄶᆡ의 편안함을 구ᄎᆞ히 도젹코져 ᄒᆞᄂᆞᆫ지라"[37]에서는 대한인종보다는 황인종이 더욱 중요시된다.

더구나 "일본의 무력(武力)이 그 분화의 함ᄭᅴ 압흐로 나아가 동양의 새로은 광치가 뎌 셔양 사람들의 눈 동ᄌᆞ에 빗쵸여 쏘인즉 … 일본

사룸이 황인종의 지식과 릉력을 텬하 만국에 표출함이라 그런즉 일본을 위 ᄒ야 치하 ᄒᆞᆯ뿐 아니라 동양에 황인종을 위ᄒᆞ야 치하 ᄒᆞᆯ지로다 구미 각국의 사룸들이 그 나라ᄂᆞᆫ 각기 다르나 동양에 황인종들의게 향 ᄒᆞᄂᆞᆫ 째에ᄂᆞᆫ 협동 일치(協同一致)ᄒᆞ겟ᄂᆞᆫ 고로 … 엇지 ᄒᆞ여 동양에 황인종들은 ᄒᆞᆫ뭉텅이가 되지 안코 … 서양 사룸들의 로예되기에 쳐ᄒᆞ려 ᄒᆞᄂᆞᆫ ᄌᆞᄂᆞᆫ 비록 왕공(王公)의 존귀함이라도 온 나라의 죄인만 될 뿐이 아니라 동양 황인종 전톄의 원슈가 되리니 진실노 원컨ᄃᆡ 동포 되ᄂᆞᆫ 황인종의 모든 나라ᄂᆞᆫ 일본 형뎨의 분발ᄒᆞᆫ 긔게와 썰쳐 이러난 정략(政略)을 본밧아 … 황인종 형뎨의 모든 나라를 권고 ᄒᆞ고 인도 ᄒᆞ되 죽은 리슷을 탐치말며 죽은 분에 츙격지 말고 ᄒᆞ가진 죵ᄌᆞ를 서로 보호 ᄒᆞᆯ 큰 계칙을 세워 동양 큰 판에 평화함을 유지(維持)케 ᄒᆞᄂᆞᆫ 것이 이것이 그 하ᄂᆞ님씌셔 뎡 ᄒᆞ여 주신 직분의 당연ᄒᆞᆫ 의무라 ᄒᆞ노라"[38]에서는 동양인종의 같음을 강조할 뿐만 아니라 나아가 '황인종 형제', '황인종 전체의 원수'를 거론하고 있다.

이러한 논조는 동양과 서양이라는 공간 개념의 구사에서도 잘 드러난다. 275회가량 사용되는 동양이란 단어는 인종과 더불어 국가의 경계를 넘나드는 단어 가운데 하나이다. 1900년 이후 본격적으로 논의된 동양평화론은 독립신문에서도 자주 찾아볼 수 있다.

"구라파 각국들이 구라파 안에셔ᄂᆞᆫ 셔로 싸호고 셔로 겨르되 만일 아셰아 나라에나 아메리가 나라들이 구라파에를 침범ᄒᆞ거드면 그 째ᄂᆞᆫ 구라파 각국이 셔로 싸호다가도 그 싸홈을 근치고 일심으로 합력 ᄒᆞ야 아셰아나 아메리가에셔 온 젹병을 ᄀᆞ치 막을 터이라 … 그리 ᄒᆞ기에 아셰아에 잇ᄂᆞᆫ 각국들도 셔로 ᄒᆞᆫ 대륙에셔 사ᄂᆞᆫ 직무와 졍의들을 ᄉᆡᆼ각ᄒᆞ야 셔로 도아 주고 셔로 붓도두어야 ᄒᆞᆯ터이요 또 그뿐이 아니라 별노히 대한과 일본과 청국은 다ᄆᆞᆫ ᄀᆞ치 ᄒᆞᆫ 아셰아 속에셔 살 뿐이 아니라 죵ᄌᆞ가 ᄀᆞᆺᄒᆞᆫ 죵ᄌᆞ인 고로 신톄 모발이 셔로 ᄀᆞᆺ고 글을 셔로 통용ᄒᆞ며 풍쇽에도 ᄀᆞᆺ흔것이 만히 잇ᄂᆞᆫ지라 이 셰 나라이 별노히 교졔를 친밀히 ᄒᆞ야 셔로 구라파 학문과 교휵을 본 맛아 어셔 쇽히 동양 삼국이 룽히 구라파의 침범 ᄒᆞᆷ을 동심으로 막어야 동양이 구라파의 쇽디가 아니 될터인ᄃᆡ 청국이 이 형편을 모르고 그져 구습에 져져 잠ᄆᆞᆫ 쟈며 좌우로 토디 인민을 ᄯᅵ고 씻겨 형셰 위급ᄒᆞᆫ 품이 대한보다 더 위틱ᄒᆞ니 엇지 동양을 대ᄒᆞ야 ᄒᆞᆫ심 ᄒᆞᆯ 일이 아니리요 대한이 어셔 물을 쥐여 먹고 청국을 목젼에 두고 보아 청국ᄃᆡ로 구습에 쥐ᄒᆞ야 잠쟈면 망ᄒᆞᄂᆞᆫ 것을 증계물로 알아 밤ᄂᆞᆽ ᄇᆡ호고 진보 ᄒᆞ야 쳣ᄌᆡ 군신 상하가 니간 붓칠슈 업시 샹합ᄒᆞ야 나라의 긔쵸를 ᄃᆞᆫᄃᆞᆫ히 ᄒᆞ고 대한 ᄉᆞ졍이 룽히 ᄌᆞ슈ᄒᆞᆯᄆᆞᆫᄒᆞ면 그 ᄯᅢᄂᆞᆫ 일본과 합력ᄒᆞ야 청국을 억지로라도 ᄀᆡ명 식혀 동양 형편을 보존ᄒᆞ여야 이 셰 나라이 ᄌᆞ쥬 독립권들을 지팅ᄒᆞ지 만일 대한이 ᄯᅩ 청국 모양으로 ᄌᆞ살지 계ᄆᆞᆫ 할것 ᄀᆞᆺ흐면 일본이 혼ᄌᆞ 지팅ᄒᆞᆯ슈가 업슬터이니 청국과 대한이 졀단 나ᄂᆞᆫ 늘은 일본도 얼마 아니 되야 구라파 힘에 못 견딜터일너라"[39]는 논리로 이어진다. 청이 같은 동양권에 속해 있고 그렇기 때문에 개화를 하지 못하면 억지로라도 개화시켜야 한다는 이 논리는 일본의 정한론과 너무나 흡사한 논리이다.

독립신문은 동양이라는 경계 속에 위치한 한중일이 상황에 따라 서로 같거나 다른 공동체로 규정되면서 그것을 근거로 간섭과 배제라는 이율배반적인 논리를 함께 추구하고 있는 것이다. 이를 통해 당시 지식인들은 문명이라는 보편적 사명과 일국의 개화와 부국강병이라는 명제 사이에서 어느 하나를 절대시하지 않았음을 알 수 있다. 그것은 선택의 문제였다. 이러한 논리는 시장의 개방을 둘러싼 논쟁에서도 잘 드러난다. 청과 일본의 상인들이 국내에서 세력을 확장하는 것을 한탄하는 논설이 있는가 하면, 국가 간의 약속을 지켜야 하기 때문에 그것을 용인해야 한다는 논설도 있다. 또 외국과의 무역 적자를 염려

하는 논설이 있는가 하면, 외국의 값싼 물건이 들어와 상대적으로 다수가 혜택을 받는다면 기꺼이 그렇게 해야 한다는 논설도 있다.

이런 논리에서 국가 외부에 동지가 있는가 하면 국가 내부에 적이 존재한다. 독립신문은 "무법한 인민으로 포장된 민중운동과 어리석고 고루한 관인과 유생층은 민병을 조직하여 박멸해야 될 존재"40)이거나 심지어 "동학과 의병이 그동안 벌써 경성을 침범했을 것"41)인데 외국 군대가 있어서 다행이라고 언급하고 있다. 이러한 대조에 따르면 인민 혹은 애국하는 인민의 경계는 문명개화론자들이거나 이에 동조하는 자들이지 자신들의 견해에 반대하는 사람은 해당되지 않는 것이었다. 나아가 외국인이라도 문명개화에 동조하는 사람들은 동포가 될 수 있었다는 논리로 확장된다.42) 이러한 독립신문의 논조에 비추어 볼 때, 독립신문이 엄밀한 의미에서 민족주의나 국민국가를 지향했다고 생각하기 힘들다. 또한 부국강병을 통해 근대 국가를 수립하고자 했던 일본의 근대화 노선과도 대조적이다.

2절 근대 국가 건설론

1) 독립신문의 근대 정치체제 구상

독립신문이 정치적 제도화의 문제인 중추원(의회) 설립운동과 의회와 행정의 분립을 거론한 것을 두고 개화파들이 입헌군주제를 추구했다는 주장이 존재한다.43) 당시의 지식인들은 입헌군주제는 물론이고 공화정이나 민주정에 대해서도 잘 알고 있었다. 그러나 독립신문

에서는 입헌군주제를 분명하게 거론한 경우는 찾아보기 힘들다. 독립
협회나 독립신문이 추구했던 중추원 관제개혁이나 의회제에 대한 구
상은 당시 다른 국가들의 정치체제를 참조하여 기존 체제를 근대적으
로 개혁하려는 하나의 구상은 될 수 있을지 몰라도, 의식적으로 의회
제나 입헌군주정을 추구했다고 보기는 힘들다. 독립신문의 의회설립
운동에 관한 기사[44]를 보면 의회원에 대해 언급하고 있지만 논의의
근거는 서구의 의회가 아니라 의정부의 의정과 같은 전통적인 제도임
을 알 수 있다.

또한 1898년 10월 28일부터 11월 2일까지 관민공동회를 개설하
면서 대회 도중 지켜야 할 4대 항목으로 황실과 황제에 대한 불경한
언급 및 민주주의와 공화주의를 옹호하는 연설, 외국을 모독하는 언
행, 양반 상민이 서로 모욕하는 언행과 전임대신들에 대한 불쾌한 언
행, 상투를 포함한 사회관습개혁에 대한 논의를 금지한다고 지적하였
다(The Independent, November 1th, An Assembly of all castes). 이를
두고 당시에 공화제나 의회제 논의가 있었다는 것을 반증하는 것이라
는 지적이 있지만, 독립신문의 공식적인 견해는 분명 민주주의와 공
화주의를 반대하는 것임을 알 수 있다.

오히려 의회를 모든 신분들(All Castes)의 의회라고 언급하는 것에
주목할 필요가 있다. 또 상원과 하원을 분명히 구분하고 하원 설립을
적극적으로 부정했다는 것을 염두에 둘 때, 중추원 관제 개혁은 새로
운 정치체제, 예를 들어 입헌군주제를 추구했다기보다는 기존 정치체
제에 대한 보완적인 제도로서의 의미가 더욱 강하다고 판단된다. 프
랑스의 경우 이러한 신분제 의회 예컨대, 삼부회는 혁명 이전, 즉 국
민국가가 형성되기 이전에 존재했던 것이다. 독립신문이 추구했던 것
도 이러한 정도의 의회였을 것이라 추정할 수 있다.

그나마도 처음 중추원 관제 개혁이 시도될 때는 이에 반대하는 논

설을 실어 '즁츄원은 아즉 무용지물일 듯 ᄒ니 좀더 덧쳐 두엇다가 몃 해 후에나 다시 죠직을 ᄒ던지 그럿치 아니 ᄒ면 아죠 폐ᄒ여 바려 그 ᄆ을에 드는 경비로 쇼학교나 더 셰우던지 ᄒ는 일이 미오 죠흘가 ᄒ노니'[45)]라고 주장하다가 다시 중추원을 의회로 활용하려 하면서는 '하의원은 급지 안타고'[46)]라고 하여 자신들의 기득권을 강화하려는 모습을 보이는 등 상황에 따라 논리가 변하고 있다.

한국에 적합한 정치체제로 입헌군주제가 명시적으로 거론된 것은 1905년 5월 24일에 헌정(정치)체제의 연구를 취지로 내건 헌정연구회가 창립되면서였다. 이들이 주장한 것은 입헌군주제이되 그 취지서에 흠정헌법의 실시를 목적으로 한다는 것을 분명히 밝히고 있다.[47)] 헌정연구회가 해산되고 그 뒤를 이어 1906년 4월 14일에 발족한 대한자강회와 그 뒤를 이은 대한협회도 입헌군주제를 주장하였다. 공화제가 직접적으로 거론된 것은 1907년 4월에 양기탁과 안창호가 주도하여 창립되었던 신민회에서였다. 따라서 독립협회나 독립신문이 입헌군주정 나아가 입헌공화정을 추구했다는 것은 과잉해석이라고 생각된다.[48)] 중추원 개편 움직임은 오히려 군민공치, 혹은 군신공치라는 전통적 개념의 확장, 서구의 제도를 모방하되 그 의미는 전통적인 제도의 확장이라는 형태로 해석되는 것이 더욱 타당해 보인다.

독립신문에서 의회의 역할을 규정한 논설을 근거로 서구적인 의미에서 행정과 입법을 구분한 의회제를 추구했다는 견해가 있지만, 그것도 불분명하다. 의회에 대해 기능면에서 서구의 의회와 같은 역할을 부여하고 있지만, 그것의 존재 근거가 인민 주권에 의한 것은 아니었다. 따라서 행정과 입법의 구분 자체는 기존 정치체제의 개혁이라는 근대성의 의미는 부여받을 수 있겠지만 그것으로 근대의회제와 근대국민국가를 추구했다고 규정하기는 힘들다.

의회와 행정에 대한 구분은 "각식 일을 싱각 ᄒ야 의ᄉ와 경영과 방칙을 싱각 ᄒ여 내ᄂ 관원들이 잇고 그 싱각을 시힝 ᄒ야 셰샹에 드러 나게 ᄒᄂ 관원들이 잇ᄂ지라 ⋯ 일국 ᄉ무를 힝졍관이 의졍관의 직무를 ᄒ며 의졍관이 힝졍관의 직무를 ᄒ랴고 ᄒ여셔ᄂ 의졍도 아니 되고 힝졍도 아니 될터이라 ⋯ 대한도 ᄎᄎ 일뎡 규모를 졍부에 셰워 불가불 의졍원이 ᄯ로 잇서 국즁에 그 즁 학문 잇고 지혜 잇고 죠흔 싱각 잇ᄂ 사ᄅᆷ들을 뽑아 그 사ᄅᆷ들을 힝졍 ᄒᄂ 권리ᄂ 주지 말고 의론 ᄒ야 쟉뎡 ᄒᄂ 권리ᄆ 주어 죠흔 싱각과 죠흔 의론을 늘마 다 공평 ᄒ게 토론 ᄒ야 리히 손익을 공변되게 토론 ᄒ여 쟉뎡ᄒ야"[49] 라고 설명하고 있다. 여기서 드러나는 것은 관리들의 역할 분담이나 정부운영의 효율성에 관한 것이지 인민 주권의 제도화를 주장하는 것은 아니다.

이는 의정과 행정의 구분 근거를 "하ᄂ님이 사ᄅᆷ을 ᄆᆫ들 ᄉᆡ에 그 사ᄅᆷ이 셰샹에서 그즁에 귀ᄒ 물건이 되야 능히 지혜 잇고 경계 잇게 살게 ᄒ신 고로 사ᄅᆷ의 일신 싱긴 것을 샹고 ᄒ여 보거드면 대단히 편리 ᄒ고 지혜 잇게 죠셩ᄒ 긔계라 사ᄅᆷ을 골을 주어 골의 직무ᄂ 각ᄉᆨ 싱각과 의ᄉ를 내게 ᄒ엿시며 입을 주어 쇽에 잇ᄂ 싱각을 음셩 으로 타인의게 젼ᄒ에 ᄒ엿시며 슈죡을 주어 골에셔 나ᄂ 싱각을 시 힝케 홈이라 사ᄅᆷ이 골이 업고ᄂ 싱각을 못 ᄒᄂ 법이요 벙어리ᄂ 골 에셔 싱각은 나나 그 싱각을 남의게 젼 ᄒ지 못ᄒ고 슈죡이 업슬 것 ᄀᆺᄒ면 내가 ᄒ고십흔 싱각을 힝 ᄒ지 못 홀지라 그런고로 졍부를 ᄆᆫ 들 ᄉᆡ에 이것을 본 밧아서 셰계 긔화 각국이 졍부를 죠직ᄒ엿ᄂᄃᆡ"라 고 하여 일종의 능력에 따른 역할분담론으로 해석하고 있음을 알 수 있다. 나아가 결론에서 "대황뎨 폐하ᄭᆡ와 ᄂᆡ각 대신네들의게와 젼국 인민의게 모도 편리 ᄒ고 직무ᄒ기에 현란ᄒ 일이 업슬터이며 군신 샹하가 졈졈 더 친밀 ᄒ야 ᄒ 집안 ᄀᆺ치 일뎡ᄒ 규묘를 가지고 지낼터 이며 나라이 이럿케 샹흡 ᄒ야 군신 샹하가 직분을 펼니케 ᄒ고 일이

공변되게 쟉뎡 되는 것을 외국들이 보거드면 그 쌔는 감히 대한을 능
멸히 흔다던지 침범 흐란다던지 실례 되는 일을 흐지 못 홀터이니 나
라에 그런 경ᄉ가 업ᄂ지라 첫지 황실이 만년 긔죠에 튼튼히 쳐 흐실
터이요 늬각이 합심 흐야 힝졍을 홀터이요 인민이 원통 흠이 업슬터
이니 졍부 관인들과 젼국 인민들이 참 말노 대황뎨 폐하의 츙심이 잇
고 대한 이ᄌ 스랑 흐거던 나라이 이렇케 쓰이도록 쥬션들을 흐여 보
시오"[50]라고 하여 행정과 의회의 역할분담이 결국 강한 국가를 만들
기 위한 방법으로서 그 의미가 강조되고 있음을 알 수 있다.

주목할 것은 이러한 제도의 도입이 결국 국가강화에 도움이 된다
는 논리이다. 즉 의회와 행정의 분리는 궁극적으로 국가의 강화, 국가
의 독립을 위해 사용되고 있다. 따라서 여기서 민주주의나 입헌공화
국의 논리적 근거를 찾기는 매우 힘들다.

다른 한편, 독립협회가 소수자에 의한 위로부터 개혁이라는 개화
파들의 역사적 한계, 즉 갑신정변과 갑오개혁에서 드러난 계급적 한
계를 넘어서는 대중적 운동이었고 자유민권운동이자 국권수호운동이
었다는 주장[51]이 제기된 바 있다. 이러한 주장의 근거로 프랑스 혁명
에 대한 인식의 변화를 들고 있는데,[52] 실지로 독립신문에서 거론되
고 있는 프랑스 혁명에 관한 기사는 혁명의 옹호가 아니라 대한에서
혁명의 불가능을 강조하는 것이 더욱 중요했다.

"불란셔에 낫던 민변이 대한에 날가 염녀라 흐니 대황뎨 폐하의옵
셔 여졍 도치 흐시는 셰계에 그런 변혁이 잇슬 리는 만무 흐거니와
… 법국의 그 쌔 졍형과 대한 금일 ᄉ셰를 비교 흐면 대단히 다른 것
이 몃 가지"라고 한 다음 그 예로 첫째, 법국 백성들은 민권을 오래
전부터 알고 있었지만 대한 백성은 민권을 몰랐고, 둘째, 법국은 압제
에 시달릴 때도 백성의 교육 상태가 대한 백성들보다 월등했으며 법
국은 국제 교류도 활발했지만 대한은 고루하여 더러운 것도 부끄러워

할 줄 모르며 좋은 것도 배울 마음이 없고, 셋째, 법국은 혁명 전부터 유명한 학자들이 인민의 자유권리와 정부의 직분을 소개하여 압제정부가 뒤집어졌어도 낭패를 보지 않았지만 대한에는 그런 학자도 없고 인민들도 무지하여 자유를 주면 어린이에게 칼을 준 것과 같으며, 넷째, 법국은 내정은 피폐했어도 무공을 숭상하여 외국의 침략에 견뎌낼 수 있었지만 대한은 늘 외국의 공격만 받았지 전쟁 한번 해보지 못했고 무공대신 문민을 숭상하여 인민의 기상이 쇠약하며, 다섯째, 법국 사람들은 서로 싸우다가도 국가가 위험하면 단결하여 국권을 수호했지만 대한 사람들은 자기 것을 지키는 데는 용맹하다가도 정작 국가의 전쟁에는 겁을 내고 붕당만 일삼으니 어떻게 법국의 사업을 본받을 수 있겠는가라고 지적하고 있다.

그래서 "부듸 그러흔 싱각들은 쑴에도 품지 말고 다믄 신문과 교육으로 동포의 문견믄 넓히 ᄒ며 우리 분외의 권리ᄂ 블ᄋ지도 말고 대황뎨 폐하씌셔 허락 ᄒ신 양볍 미규나 잘 시ᄒᆼ 되도록 관민이 일심 ᄒ면 ᄌ연 총명과 교육이 느ᄂ듸로 민권이 ᄎᄎ 확장이 되야 황실도 만셰에 견고케 ᄒ며 국셰도 부강 ᄒ게 될 일을 긔약 ᄒ노라"[53]라고 정리하고 있다.

위의 논설은 프랑스 혁명과 한국의 상황을 비교하면서, 한국의 현재 상황에서 혁명은 얼토당토 않는 망상에 불과하다고 주장하면서 황제가 허락한 법과 규칙이나 잘 지키고 분에 넘치는 권리는 바라지도 말라고 충고하고 교육에 힘쓸 것을 주장함으로써 기존 체제를 강화하는 범위 내에서 백성들의 정치적 권리를 인정하고 있음을 알 수 있다. 또 프랑스의 무공을 강조하고 대한의 문민 숭상을 비판하면서도 정작 대안으로 문견을 넓히고 교육에나 힘쓰라 하여 스스로 지적한 문제점을 오히려 옹호하는 오류마저 드러내고 있다. 따라서 이 문장을 두고 프랑스 혁명의 예를 들어, 민주주의에 대해 부정적이지 않았다고 주장하는 기사의 논지를 정반대로 해석한 것이다. 이 논설의 핵심은 민주주의나 혁명에 대한 긍정이 아니라 한국 인민들의 후진성을 지적하고 그것을 극복하기 위한 방법으로 교육의 필요성을 역설함으로써 체제 순응적인 정치적 인간을 양성하는 데 초점이 맞춰져 있음을 알 수 있다. 따라서 이 논설은 민주주의에 대한 긍정이 아니라 황제정의 옹호라는 보수적인 정치관을 보여주고 있을 뿐이다.

나아가 독립신문이 근대적인 민주주의를 주창했다는 견해54)가 있다. 그 근거로 "빅셩의 직무가 다만 안져 졍부를 시비 ᄒᆞᄂᆞᄃᆡ 그치ᄂᆞᆫ 것이 아니라 만일 졍부에서 나라에 ᄒᆡ로운 일을 ᄒᆞ거드면 기어히 그런 일을 못ᄒᆞ도록 ᄒᆞᄂᆞᆫ 것이 빅셩의 직분이요 ᄯᅩ 졍부에서 익군 익민 ᄒᆞ야 ᄆᆞ든 법령을 흔굴ᄀᆞᆺ치 시힝 ᄒᆞᄂᆞᆫ 것이 직분이요 ᄯᅩ 나ᄆᆞᆫ 올혼 빅셩이 될뿐이 아니라 젼국 인민이 다 나와 ᄀᆞᆺ치 올혼 빅셩이 되도록 권면 ᄒᆞᄂᆞᆫ 것이 ᄯᅩ흔 직분이니"55)를 인용하고 있는데, 이 논설의 핵심은 백성이 중요하다는 것과 중요한 이유가 백성이 지켜야 할 직무를 지킬 때, 나라가 잘 될 것이라는 점을 언급한 것이지 인민의 주권을 언급한 것은 아니다.

또 "나라라 ᄒᆞᄂᆞᆫ 것은 무엇이뇨 일뎡흔 토디를 두고 거나려 다ᄉᆞ리ᄂᆞᆫ 권에 복죵 ᄒᆞᄂᆞᆫ 인민의 만히 모힌 바이로다. 그런즉 나라를 ᄉᆞ랑 ᄒᆞᄂᆞᆫ 것은 텬부지셩이라 대개 사름이 각기 몸을 ᄉᆞ랑아니ᄒᆞᄂᆞᆫ 쟈이 업스니 그 몸으로 ᄉᆞ랑 ᄒᆞ면 엇지 그 집을 ᄉᆞ랑치 아니 ᄒᆞ며 그 집을 ᄉᆞ랑ᄒᆞ면 엇지 그 나라를 ᄉᆞ랑ᄒᆞᄂᆞᆫ ᄆᆞ음이 업스리요. 그러나 이 ᄆᆞ음을 룽히 발ᄒᆞ야 바로 셰우게 흠은 이 빅셩을 졍치 교육 샹에 몰아 너어 나라 졍략(政畧) 샹에 참례ᄒᆞᄂᆞᆫ 권을 주ᄂᆞᆫ ᄃᆡ 잇ᄂᆞᆫ지라 그런 고로 텬부지셩이 진실노 잇ᄂᆞᆫ 바"56)라고 했으나 이 또한 인민이 나라를 사랑해야 국가가 융성해진다는 것을 역설한 것으로 결국 인민 주권에 관한 것이 아니라 인민의 의무에 관한 주장이 핵심인 것이다.

독립신문이 민주주의 혹은 민주정체에 관해 언급한 것을 보면, 나폴레옹 몰락 이후 프랑스가 민주국이 되었다는 기사,[57] 로마의 시저를 다룬 기사,[58] 무식한 백성들이 많을 때 민주국보다 군주국이 더 견고하다는 기사,[59] 필리핀 민주국을 다룬 기사[60]가 전부이다. 이 기사들 대부분 역사적 사례나 당대의 민주정을 설명하는 것들이며 한국에서 그 적용 가능성을 주장한 경우는 한 차례도 없다. 비록 독립신문이 민주국(민쥬국) 6회, 공화 6회, 전제국(전뎨) 5회, 군주국(군쥬국) 5회, 입헌(립헌) 3회 등 다양한 정치체제에 대해 언급하고 있지만, 대부분의 경우 정치체제에 대한 분석보다는 여러 나라의 정치체제를 서술하는 데 그치고 있다.

　독립신문이 민주주의를 추구했다는 또 하나의 근거로 설명되고 있는 지방자치론도 그것과 전국적 혹은 국가적 차원의 참정권 문제와는 확실한 선을 긋고 있음에 비추어 분명한 한계를 지니고 있다. 지방자치에 관한 논의는 이미 유길준의 『서유견문』과 박영효의 『건백서』등에서 일찌감치 등장하고 있으며 갑오개혁 때에도 적극적으로 추구되었던 것이다. 그러나 이는 국회 혹은 의회 설립과는 별개의 문제로서 인민들의 자치훈련을 위한 과도적인 과정으로 설정되고 있다는 것이 오히려 정확한 설명일 것이다.[61]

　그리고 전통적인 위민, 민본 개념을 근거로 민주주의를 설명하는 것은 민주주의의 기본적인 개념에 비추어볼 때, 전혀 타당성이 없다. 민주주의 혹은 민주정은 그것이 우중에 의한 정치가 될지언정 인민의 지배를 의미한다. 전통적인 의미에서 위민이라는 개념은 주권의 소재와 행사가 인민에 근거한다는 민주주의와는 문제설정 자체가 다른 것이다. 이렇듯 독립신문은 위로부의 개혁을 추구하되 대단히 보수적인 경로를 택하고 있다. 이러한 특성은 독립신문만의 것이 아니며 개항 이후 개화파들이 추구해온 변화의 지속적인 특성이기도 하다.

2) 독립신문과 보수적 개혁의 역사

　개화파가 최초로 발간한 『한성순보』는 일찌감치 "지금 이 입헌 정체는 민선을 본으로 삼아 일체 그 뜻을 따르기 때문에 국중의 현능한 자는 누구나 그 의원이 될 수 있고 또한 누구나 나아가 재상에 이를 수 있으니…, 이것이 또한 입헌정체의 제 일 이익이다. 그러나 인민이 지혜가 없으면 함께 의논할 수 없는 것은 당연하다. 인민들의 지혜가 많아서 국가의 치란과 득실의 연유를 안 다음에야 이런 일을 거행할 수 있다"[62]고 지적하고 있다. 이 논리는 독립신문이 하의원이 급하지 않다고 지적한 논설[63]과 정확하게 일치하고 있다. 이러한 논리는 박정양, 박영효, 김윤식, 유길준 등의 논리에서도 그대로 드러난다. 서구 정치체제에 대한 입장 차이에도 불구하고 이들의 논리는 전통적인 조선의 군주제에 입각하여 그것을 보완하는 군민동치(君民同治)의 개념으로 설명될 수 있다.[64]

　물론 조선의 그것과 대한제국의 그것 사이에는 분명한 차이가 존재한다. 전자가 양반 관료들이라면 후자의 경우 신분제가 붕괴되어 가던 상황에서 그 대상이 상대적으로 확대되었던 것은 분명하다. 하지만 군신동치에서 신의 개념이 확장되었다고 해서 그것이 곧 인민주권을 의미하는 것이 아니라는 점 또한 분명하다. 개항 이후 지배층들의 이러한 인식은 독립신문의 시기에도 그대로 이어지고 있었다. 이러한 전통적인 군민동치 개념이 서구적인 의미에서 입헌정체론으로 전환되는 것은 1900년대 후반 계몽기에 나타나는 정치체제에 대한 분석에서 비로소 등장하고 있다.[65]

　신문이라는 매체와 단행본이라는 매체상의 한계도 있었겠지만, 독립신문을 발행했던 윤치호나 서재필이 미국에서 교육을 받았고 그만큼 서구의 정치체제에 대해 정통한 지식을 갖고 있었음에 비추어, 민주정체가 가볍게 취급되거나 아예 무시되었던 것은 의도적이었다고 추측할 수 있다. 아관파천으로 촉발된 정치적 변화와 고종의 권력 강화가 가속화되어 갔던 시점에서 군주정이 아닌 정치체제를 거론하는 것 자체가 부담으로 작용했을 수도 있겠다. 이런 맥락에서, 당시 독립협회의 주도세력들은 새로운 정치체제의 도입보다는 기존 체제를 인정하고 그 위에 제도적인 변화를 추구하려 했다고 판단된다.

그러나 단순한 상황적 요인만이 중요했던 것은 아니다. 거기에는 독립협회 주도세력들의 정치체제 변화에 대한 보수적인 시각이 분명히 작동하였다. 독립신문에 분석된 정치권력이나 제도에 대한 기사를 분석해보면 고종 혹은 광무황제에 대한 확고한 신념과 더불어 공화제나 민주정은 한국에서 아직 실현될 수 없는 것이라는 점이 계속해서 강조되고 있다. 이러한 특성은 독립협회에만 해당하는 것이 아니라 그 전에도 그리고 1900년대 후반 근대 계몽기에도 일관되게 나타나고 있다. 정치체제 개혁에 관한 한, 개항 이후 국권이 붕괴될 때까지 한국의 지배계층은 일관된 태도를 보였던 셈이다. 국민주권이나 민족을 강조하는 논리는 명시적으로 공화정을 주장했던 신민회와 민족과 민족주의, 국수(國粹)와 국가주의를 강조했던 대한매일신보에서야 비로소 그 모습을 찾을 수 있다.

독립신문의 개화 논리는 개항 이후 개화파의 일관된 논리이기도 했다. 이러한 개혁의 논리는 조선의 정치적 논리 가운데 하나였던 군신공치론(君臣共治論)과 더욱 가까울지도 모른다. 개항 이후 온건한 개화를 주장했던 박정양은 일본의 군민공치론(君民共治論)을 소개한 바 있다.66) 박영효 또한 군민공치의 개념을 발전시킨 바 있다.67) 실제로 갑오개혁의 주체들이 추구했던 지향도 군민공치론에 가까운 것이다. 독립신문 또한 이러한 군신동(공)치 개념을 확장하고 있는 듯한 모습을 보여주고 있다. 입법 사법 행정을 언급하고는 있으나 삼권분

립이라는 전통적인 서구적 의미의 연속선에 있다기보다는, 서구의 제도를 조선의 특성에 맞게 수용하여 군신공치의 개념을 가미하고, 정부는 의회와 행정이 구분되어야 하며, 그것과 별개로 법률을 관장하는 사법부의 역할이 강조되고 있다. 이는 기존 지식 엘리트들의 수사가 자유주의적 수사 즉 독립, 개화, 자유라는 수사로 확장되고는 있지만, 그것이 갖고 있는 기본적인 함의는 오히려 전통적인 것에 더욱 가깝다고 생각된다. 이런 점에서 개화파에 의한 근대 문명의 수용은 유교적 전통과 뒤섞여 있다는 지적은 타당해 보인다.[68]

독립신문을 통해 본 한국에서 근대로의 이행에서 나타나는 특질 가운데 하나는 당시 지식인들이 결코 민족주의적이지 않았으며 세계주의자로서의 면모, 유교적 보편성을 여전히 유지하고 있었다는 점이다. 서구화나 일본화는 또 다른 중화주의, 즉 보편성을 추구하는 사상으로, 인간으로서의 도리를 다하는 것으로 정당화될 개연성이 충분하다. 독립신문에서 나타난 개인에 대한 도덕적 희생을 통해 집단에 대한 귀속성을 강조하는 태도에서는 국가주의나 민족주의와는 거리가 먼, 보다 상위 개념인 인류적 가치와 같은 보편성을 강조하고 있음을 발견할 수 있다. 집단으로서의 주체에 대한 의식의 결여는 오늘날 민족이라 불리는 강고한 껍질로 둘러싸인 단위에 대한 의식적 증류물의 부재, 그것을 형성하기 위한 의식적인 노력의 부재로 드러난다.

독립신문에서는 그러한 의식적 노력을 표상하는 용어나 개념이 존재하지 않았다. 조선인, 대한인, 동포, 형제는 인류, 동양인, 인종보다 더 중요하지 않으며 심지어 동포나 형제와 같은 경우에도 인류 형제, 동양 형제라는 것으로도 확장되어 사용되는 경우도 많았다. 문명개화라는 용어는 특정하게 제도화된 근대 국가 건설에 초점을 맞추는 것이 아니라 세계의 진보와 함께 하려는, 보편성을 추구하는 것이라고 판단된다. 독립신문은 충군애국을 강조하지만 동시에 국가의 경계를 넘어 황인종의 단결과 문명한 인민들 간의 사해동포주의도 강조하고 있다. 독립신문의 이러한 특성은 당시 개화 세력들이 결코 민족이나 국민이라는 좁은 틀로 자신의 시대를 사고하지 않았으며, 그들이 추구하고자 했던 문명개화가 보장된다면 국가라는 틀을 넘어설 수도 있다는 개연성을 보여주고 있다.

또한 독립신문은 결코 인민 주권을 주장하지 않았다. 독립신문에서는 주권을 가진 국민이란 개념은 전혀 발견되지 않는다. 독립신문은 천부인권을 언급했지만, 그것을 정치적 권리인 참정권과 연결시키지는 않는다. 독립신문은 평등을 강조하지만 신분차별 또한 인정하고 있다. 독립신문은 행정과 의회의 역할분담을 강조하지만, 그것은 기존 체제의 강화를 위해 효율적으로 활용될 수 있는 제도로 간주할 뿐 인민주권을 실현할 수 있는 제도로 간주하지는 않았다. 독립신문은 의회의 설립과 의원의 구성을 강조하지만 그것을 구성할 수 있는 자격을 특정한 세력의 전유물, 즉 독립협회 구성원으로 제한하고 있다.

이렇게 보았을 때, 독립신문은 전통적인 국가개혁을 위해 근대적 개념과 제도들을 소개하고 실현하고자 하였으나 그들이 구상한 근대 국가는 결코 국민국가가 아니었다고 판단할 수 있다. 이러한 것은 민의 상태에 대한 비관적인 현실인식 때문으로 간주될 수도 있겠지만, 오히려 근대 지식계층의 일관된 신념으로 보는 것이 더욱 타당하다고 생각된다. 왜냐하면 다른 여러 나라의 역사가 경험했듯이 참정권의 확대나 민주주의의 실현은 시혜적인 방식으로 이루어져 본 적이 없기 때문이다. 그런 의미에서 독립신문은 강력한 근대 국가를 원했으나 국민국가는 원하지는 않았다고 결론내릴 수 있겠다.

1) 이광린, "서재필의 「독립신문」 간행에 대하여," 『진단학보』(1975); 신용하, "서평 『한국근대농업사연구』," 『한국사연구』 13(1976); 정진석, 『한국언론사』(나남, 1990).

2) 김영작, 『한말 내셔널리즘연구: 이상과 현실』(청계연구소, 1989), p.349.

3) 신용하, "19세기 한국의 근대국가형성문제와 입헌공화국 수립운동," 한국사연구회, 『한국의 근대국가형성과 민족문제』(문학과 지성사, 1988), p.61; 홍원표, "독립협회의 국가건설사상: 서재필과 윤치호," 『국제정치논총』 제43집 4호(2003), p.497; 김신재, "독립협회의 중추원 개편운동과 그 성격," 『경주사학』 제10집 (1991), p.198.

4) 주진오, "한국근대 부르주아지의 형성과정과 위로부터의 개혁," 『한국자본주의론: 주종환박사화갑기념논총』(한울, 1990), pp.681-682; 려증동, "부왜역적 기관지 ≪독립신문≫ 주변연구," 배달말학회, 『배달말』(1989), p.29.

5) 이나미, "독립신문의 자유주의 사상연구," 고려대학교 박사학위논문(2000), p.9.

6) 주진오, "독립협회의 주도세력과 참가계층: 독립문 건립 추진위원회 시기를 중심으로," 연세대학교 국학연구원, 『동방학지』 77/78/79합집(1993), pp.685-688.

7) 채백, "≪독립신문≫의 성격에 관한 일 연구: 한국 최초의 민간지라는 평가에 대한 재검토를 중심으로," 『한국사회와 언론』(1992), p.308; 주진오(1993), p.685.

8) 신용하(2001), pp.338-396; 홍원표(2003), p.496; 김신재(1991), pp.34-35; 정용화, "서구 인권 사상의 수용과 전개: 『독립신문』을 중심으로," 『한국정치학회보』(2003).

9) 정용화(2003), p.69.

10) 『독립신문』, 1897.3.9.

11) 신용하, "19세기 한국의 근대국가형성문제와 입헌공화국 수립운동," 한국사연구회, 『한국의 근대국가형성과 민족문제』(문학과 지성사, 1988), pp.64-65.

12) 『독립신문』, 1897.3.18.

13) 『독립신문』, 1896.4.16.

14) 『독립신문』, 1896.4.18.

15) 『독립신문』, 1896.9.1.

16) C. B. Macpherson(1975), 249-250; John Locke(1976), §32, §34, §117.

17) 이나미, "독립신문의 자유주의 사상연구," 고려대학교 박사학위논문(2000), p.9.

18) 『독립신문』, 1898.7.27.

19) 『독립신문』, 1896.9.15; 1896.11.10; 1896.12.8; 1896.12.8; 1898.8.15; 1898. 9.7.

20) 『독립신문』, 1896.4.7.

21) 『독립신문』, 1898.3.17.

22) 정용화(2003), p.72.

23) 『독립신문』, 1897.3.9.

24) 『독립신문』, 1896.11.22.

25) 신용하(2001), p.365.

26) 『독립신문』, 1897.10.21.

27) 『독립신문』, 1897.8.14.

28) 『독립신문』, 1897.8.17.

29) 권용기(1999), p.257.

30) 『독립신문』, 1898.3.15. 잡보.

31) 『독립신문』, 1898.11.29.

32) 『독립신문』, 1896.5.2.

33) 『독립신문』, 1896.12.8.

34) 『독립신문』, 1899.3.2.

35) 『독립신문』, 1899.2.28.

36) 『독립신문』, 1899.3.24.

37) 『독립신문』, 1899.11.8.

38) 『독립신문』, 1899.11.9.

39) 『독립신문』, 1898.4.7.

40) 『독립신문』, 1896.8.6.

41) 『독립신문』, 1898.4.14.

42) 『독립신문』, 1898.3.17.

43) 신용하(1988), pp.66-69.

44) 『독립신문』, 1898.4.30.

45) 『독립신문』, 1898.7.16.

46) 『독립신문』, 1898.7.27.

47) 『황성신문』, 1905.5.25. 잡보, [憲會員選定].

48) 김동택(2002).

49) 『독립신문』, 1898.4.30.

50) 『독립신문』, 1898.4.30.

51) 김영작(1989), p.152.

52) 김영작(1989), p.153.

53) 『독립신문』, 1898.7.9.

54) 안외순(2000), pp.57-61; 류영렬(1991), p.66.

55) 『독립신문』, 1898.1.11.

56) 『독립신문』, 1898.12.17.

57) 『독립신문』, 1896.8.18.

58) 『독립신문』, 1898.3.1.

59) 『독립신문』, 1898.7.27.

60) 『독립신문』, 1899.1.30.

61) 왕현종(2003), p.87, pp.287-288.

62) "歐米立憲政體," 『漢城旬報』 10호, 1884.1.30.

63) 『독립신문』, 1898.7.27.

64) 왕현종(2003), pp.85-98.

65) 김동택(2002).

66) 왕현종(2003), p.73.

67) 왕현종(2003), p.87.

68) 정용화(2003), p.67.

제 5 장

황제권 강화의 역설

제5장

황제권 강화의 역설

1절 대한제국의 근대화 전략과 국가의 쇠퇴

1) 황제권 강화와 정부기구의 무력화

대한제국의 초기 권력구조에 있어서 가장 특징적인 상황은 관료들이 장악하고 있었던 국가기구는 무력화되었던 반면 황실기구인 궁내부는 급격하게 세력을 확장했다는 점이었다. 아관파천 직후 단행된 내각제 폐지와 의정부 복설 이후, 광무황제는 「의정부 관제」 개정을 통해 의정부의 제도적 위상이 황제로부터 비롯되는 것임을 명백하게 밝히고 의정부의 무력화를 시도했다. 의정부의 의사 결정권은 박탈되었으며, 의정직은 왕실 행사를 위해 필요할 때를 제외하면 공석으로 남겨두었다.[1]

이러한 상황에 대해 초대의정 김병시는 "명칭을 의정부라 하면서도 실지로 정치를 논하지 못하게 한다면 유명무실한 것"[2]이라고 지적했으며, 조병세는 "의정을 그대로 두게 하려면 의식이나 맡기어 의장과 기물을 다루는 데 수고스럽게 해서는 안 되고, 의정이 권위가 없어서 지난날 감역만 못하다"[3]고 지적하였다. 즉 의정부는 주고 황실의 관혼상제에 동원되는 의례적인 통과기구로 전락하고 있었다. 게다가 전례가 없이 황실기구인 궁내부의 대신을 의정부 회의에 참석시킴으로써[4] 의정부 운영을 황제의 의도대로 관철하기 위한 제도적 기틀을 마련했다. 때문에 기존의 관료들은 예외 없이 의정직을 맡지 않으려 했던 것이다.[5]

따라서 의정부는 의정직을 궐석으로 두다가 황실과 관련된 일이 있으면 임명하여 일을 처리하는 방식으로 운영되었다. 고종은 의정부 대신들의 재임 기간도 짧게 만들어 전문성을 유지하기 힘들게 했고 정책의 일관성을 갖출 수 없도록 했다.

의정부가 주로 처리하고 있는 안건은 탁지부의 예산외 지출사항이었고, 나머지 안건들도 모두 형식적으로 처리되고 있을 뿐이었다. 또한 의정부의 견해와 황제의 견해가 다른 것은 황제의 견해가 우선시되었다. 지방제도 개선과 관련된 안건들이나 외국에의 이권양여 문제, 예비비 지출들에 대해 의정부의 거부가 있는 경우에도 황제의 견해대로 통과되었다. 게다가 각부는 의정부와 상관없이 황제의 명령에 의해 정책결정을 내렸기 때문에 의정부의 내각에 대한 통제권은 전무했다고 보아도 과언이 아닐 것이다.

공식적인 정부기구의 무력화는 다른 곳에서도 나타난다. 정부 재정을 담당했던 탁지부는 세원의 부족으로 인해 정부 예산의 상당 부분을 황실 자금으로 충당했다. 그리고 그 대가로 황실에 정부의 조세권을 넘기는 파행적인 재정 운용을 거듭했다. 그리하여 실제로 궁내부의 내장원이 대부분의 정부 재정을 통제했던 것이다.

양반관료들의 대표기구인 의정부의 쇠락과는 대조적으로 궁내부의 위상과 역할은 엄청나게 커져갔다. 당초 갑오개혁기에 군주권 제한을 위해 설치되었던 궁내부는 대한제국의 설립과 더불어 반대로 기존 관료권을 제한하고 황제권을 강화하는 역할을 하게 되었다. 궁내부를 장악한 것은 황제의 신임을 받는 이용익이었다. 1899년 중반부터 1903년 까지 궁내부 대신은 임명되지 않았으며, 대신 궁내부 내장원경을 담당한 이용익이 전권을 행사하였다. 이용익은 기존의 고위관료들과 달리 신분이 그다지 높지 않은 황제의 측근이었기 때문에, 궁내부 대신직을 맡길 수 없었다. 따라서 궁내부 대신직을 궐석으로 놔둔 채, 내장원경으로서 궁내부 업무의 전권을 행사하도록 했다. 황제권이 가장 확장되었던 1903년 무렵에 궁내부 정원은 기존의 163명에서 524명 이상으로 확장되었다.

또한 황제는 군대를 장악하기 위해 1898년 6월 29일 육해군을 직접 통괄할 것임을 밝히고, 군사 제도의 개편사업에 착수하였다. 그리고 1년 뒤인 1899년 6월에 황제가 직할하는 원수부를 창설하여 황제의 군권 행사를 강화하였다. 원수부의 지휘권은 모두 황제 측근 인사들에 의해 장악되었다. 원수부는 궁궐 내에 설치되었으며, 국방과 용병, 군사에 관한 명령을 관할하며, 군부와 중앙 및 지방 각 부대를 지휘 감독할 수 있도록 했다. 또 원수부 관원 전체를 무관으로 선임되도록 하면서, 기존 문관 관료들에 의한 군대 통제를 무력화시켰다. 기존 정부 체계의 일부인 군부의 위상은 약화되었다. 군령을 관장하던 군부의 군무국이 폐지되었으며 1899년 8월에 군부 관제를 개정하여 군부대신의 권한은 군비 관리와 요새지 관리에 한정되었다.

대조적으로 1900년 3월에 개정된 원수부 관제를 통해 원수부의 위상은 더욱 강화되었다. 국장의 칭호를 총장으로 격상시키고, 황실

측근들을 총장에 임명하는 한편, 황제의 명령을 받아 대신들에게 지령할 수 있게 되었다. 이어 6월에는 육군헌병사령부가 창설되어 원수부 휘하에 들어갔고, 9월 관제 개정을 통해 군부의 기능을 더욱 축소시켰다. 군부는 포공국과 경리국만 잔존하게 했으며, 문관들로만 관방장을 맡게 하여 군부를 실질적으로 무력화시켰다. 의정부와 유사하게 군부를 무력화시키고 황제 직속의 원수부를 통해 군사력을 직접 장악했던 것이다.

군제개편과 더불어 군비확충이 시도되면서 재정적인 문제가 불거졌다. 원수부와 군부의 경비가 탁지부의 예산부족으로 준비되지 못하자, 궁내부가 이를 대신했다.[6] 그리고 군부 소속의 역둔토 및 각종세를 일단 탁지부에 환속시킨 다음 별도의 예산을 작성하게 하였다. 무장력 강화를 위해 각종 병기들의 수입이 시도되었는데, 1898년 일본에 총기와 기기 구입을 위해 사람을 파견하였고, 1899년 프랑스로부터 1만 정의 총을 구입하였으며, 1901년 독일로부터도 총 300자루와 탄환 1만 발을 주문하였다. 그리고 1901년 일본으로부터 총 1만정을 구입하여 군대에 나누어주었고, 1902년 영국에서 포를 구입하여 서울에 배치하였다. 또 1903년에 일본으로부터 군함 1척을 구입하였고 프랑스로부터 총 1만 2천 정을 구입하였다. 아울러 1903년 일본으로부터 총기 제작 기계를 구입하고 무기 공장을 건축하였다. 이러한 일련의 조치를 통해 1900년 북부지방에 4천여 명의 진위대대가 설치되었고, 7월에는 병력 수 1만 7천의 전국적인 진위대 편제를 갖추게 되었다.[7]

실질적으로 군부예산은 총예산에서 1900년 초 3년간 평균 39.8%를 차지했으며 여기에 원수부와 호위대 예산이 10만 원을 넘어서서 전체적으로 무장력 강화를 위해 재정지출의 40% 이상이 투입되었다. 대체적으로 국가 예산 전체가 그러했지만, 이 무렵이 되면 황실 재정으로 탁지부의 부족한 예산집행을 돕는 구조가 만들어지는데, 군부의 운영 또한 마찬가지였다. 그리하여 1903년 무렵이 되면 군사력은 내용 면에서나 예산 면에서 가장 확장된 모습을 보이고 있었다. 황제는 1901년 8월 원수부에서 마련한 국민개병제안을 실시하려고 했으나 시행하지 못했다. 그리고 다시 1903년 3월 징병제 실시를 위한 조칙을 발표하였다. 하지만 구체적인 시행항목도 결여되어 있었고, 재정도 부족하여 이 또한 좌절되고 말았다. 그러나 군비팽창에도 불구하고 전체적인 무장력의 수준과 목적은 내부 치안에 한정되었다는 평가가 제기되고 있다.[8] 즉 외부로부터의 침략에 대해서는 그다지 효과적으로 대응하지 못했으며, 오히려 정권안보를 위해 동원된 측면이 강했다는 것이다.

이와 같은 상황은 경찰력에 있어서도 유사했다. 대한제국은 1900년 6월에 경무청을 경부로 확대 승격시킨 다음, 1901년에 경위원을 만들고 1902년에 경부를 다시 경무청으로 축소 개편하여, 경찰력은 경위원과 경무청 이원체제로 만들어졌다. 경부가 만들어진 것은 경찰업무가 정권의 안보를 보장하고, 각종 부세수취 과정에 있어서 실질적인 무장력이었기 때문에, 그 중요성을 감안하여 위상을 승격시킨 것이었다. 경부는 각종 정치사범과 반란세력을 감시, 체포했을 뿐만 아니라 수세과정에 직접 개입하고, 심지어 직접 세금을 거두기까지 하였다. 그러나 경부 내에서 모반사건이 일어나자, 황제권을 강화하고 있던 고종은 직접 통제할 수 있는 보다 확고한 친위세력을 필요로 하게 되었다. 그리하여 한편으로는 궁내부 산하에 경위원을 신설하고, 기존의 경부는 경무청으로 다시 축소 개편하였다.

경위원은 기존 경부의 임무 가운데 황궁내외의 경비, 수비, 규찰, 즙포와 개항장의 경무를 담당하게 했고 기존의 경무청은 그 외의 일을 담당하되, 의정부 찬정, 내부대신, 법부대신 등의 지휘 관리를 받도록 하였다. 즉 경위원은 황실 직속의 경찰력으로서 체제안정을 저해하는 행위를 규제 금지시켰으며, 언론행위 탄압 및 개항장에 대한 수세를 담당하였으며, 직접 회사를 설치하고 영업과 수세활동을 하였다.

반면 경무청은 민생치안에 주력케 하였다. 그러나 점차 경위원의 활동이 확대되면서 경무청의 활동영역을 장악해갔고, 결국 양 기관이 갈등 및 대립하는 사태가 초래되었다. 경위원의 조직과 인력은 계속적으로 확대되었고, 관료들은 이에 경위원의 폐지를 건의하기에 이르렀다.[9] 또한 광무황제는 1902년 6월 직속 정보기관인 제국익문사를 비밀리에 설립하였다. 이 기구는 서울 주요 지역과 외국공관 그리고 외국인 거류지를 대상으로 정보를 수집하고 황제에게 보고하였다.

고종이 대한제국을 통해 의도한 황제권 강화정책은 최소한 국내적으로는 거의 성공한 것처럼 보였다. 기존 관료들의 계속되는 반발에도 불구하고 황제는 기존 관료가 장악하고 있는 국가기구 자체를 무력화시키는 방향으로 나아갔다.

2) 재원에 대한 왕실의 지배 강화와 국가 재정의 마비

재정의 운용에서는 정식 국가기구인 탁지부가 아니라 황실의 내장원이 재정운영을 주도했다. 이를 수행한 핵심인물이 이용익이었다. 이용익은 1897년 전환국장을 그리고 1899에는 내장사장(이후 내장원경)을 겸임하면서 황실재정을 바탕으로 정부재정을 장악했다. 또한 그는 홍삼과 광산 관리를 책임진 삼정감독과 광무감독을 겸임하고 정부기구에도 진출하여 탁지부협판으로서 군부, 원수부, 경부, 경위원의 핵심적인 역할을 수행했다. 그리고 황제 직속의 서북철도국, 양지아문, 지계아문, 중앙은행의 총재와 부총재로 역할을 수행했다.

또 다른 하나는 과거 정부 소속의 재원이 황제나 황실로 이속되었다. 우선 화폐제조를 담당한 전환국이 탁지부에서 황제직속기구로 바뀌어 황실은 막대한 주조 차액뿐만 아니라 재정계획에 있어서 핵심적인 기구가 되었다. 반면 탁지부는 유명무실한 기구로 전락해갔다. 또 역둔토, 홍삼, 광산, 잡세 등 많은 세원이 황실 직속의 궁내부 혹은 내장원으로 이속되었다. 공식적인 국가재정을 담당하던 탁지부는 지세와 호세 그리고 약간의 관영사업의 수입 정도만 남게 되었다. 그 결과는 국가재정의 붕괴였다. 우선 탁지부의 수입으로는 국가기구의 공식적인 경상비를 마련하기도 힘들었다. 그리하여 매번 탁지부가 내장원이나 전환국에서 돈을 빌린 다음, 외획을 통해 지세와 호세를 내장원에게 양여하는 사태가 초래되었다.

대한제국 성립 이후 농상공부는 역토를 탁지부에 국가의 모든 재정을 이속하자는 제안을 제출했으나, 고종은 궁내부와 군부가 상의하여 군부로 귀속시키게 했으며, 일시적으로 탁지부로 다시 이관되었다가 1900년 9월 내장원으로 귀속되었다. 둔토는 궁내부, 탁지부, 군부로 분할 관리되었다가, 1897년 일부가 군부로, 다시 1898년 탁지부로 귀속되었다가 결국 1899년 모두 내장원으로 이속되었다. 내장원은 1899년 사검을 실시하고 통일적인 수세규정을 마련한 다음, 직접적인 경영을 실시한다.

이와 함께, 각종 잡세들도 황실로 귀속되었다. 1899년 연강세, 1900년 어세, 염세, 선세, 1902년에는 인삼세가 내장원으로 이속되었으며, 상업에 관련된 온갖 종류의 잡세가 황실로 이관되었다. 더불어 황실은 1900년 전환국을 황실직속기구로 승격시킨 다음 이를 관장하였다. 또, 농공상부가 관장하던 홍삼전매권이 1897년 궁내부로 이관되었으며, 1898년 6월 43개 군의 광산이 궁내부로 이속되었다. 갑오개혁 당시 폐지된 잡세들은 대한제국 성립 이후 부활되었고, 새로운 재원을 발굴하여 징수하기도 했다. 이른바 봉건적 특권을 활용한 각종 세의 부활은, 프랑스의 봉건 영주들에 의한 봉건적 반동과 유사하게, 자본 축적의 기능물로 전환되었던 것이다.

종래에 탁지부가 관장하던 많은 재정원이 황실로 이관됨에 따라, 탁지부 수입에서 전세의 비중이 높아졌다. 하지만 19세기 말에 오면 전체 예산 가운데 전세가 차지하는 비중은 점차 감소하고 있었다. 즉 상업과 공업부분의 재원이 그만큼 증대했던 것이다. 뿐만 아니라 증대된 재원의 대부분은 황실로 넘어감에 따라 국가재정수입의 절대액은 점차 감소하고 있었던 것이다.

3) 대한제국의 근대화정책들

대한제국은 다양한 근대화정책을 추진했다. 먼저 1896년 호구조사 규칙을 발표했다. 본래 조선시대 동안 호적이라는 것이 기록되어 왔는데, 이 문서는 가족관계를 기록한 문서로 처가와 친가 모두의 관계를 기록하며 신분이 기록되어 있다. 이때 개정된 호구조사 규칙은 갑오개혁기의 노비해방정책에 따라 신분이 삭제되었으며 부인 쪽 가계는 기록하지 않게 되었다. 조선시대에는 족보라는 것이 있어서 양반이나 중인들이 주로 아버지 쪽을 중심으로 자신의 집안 내력을 기록하였으나, 호적은 주로 정부가 세금을 부과하기 위해 만든 문서로 호주를 중심으로 기록되어 있었다.

호구조사 규칙의 개정은 정부의 공식 서류에서 신분 제도를 없앤다는 것을 의미했다. 신분제 개혁은 갑오정권하에서 추진된 개혁정책이었다. 그런데 대한제국은 구본신참이라는 원칙하에서 과거 정권이 추진했던 것이라도 개혁의 취지에 적합한 것이라면 그대로 추진했음을 알 수 있다.

정부는 금광 개발에도 주력하였다. 주로 외국 기업들에게 채굴권을 주고 그에 따른 이익의 일부를 정부에 바치게 했다. 이러한 방식의 사업에 대해 조선인들은 정부가 조선의 자원을 외국인들에게 팔아넘긴다는 비난을 하였다. 미국에 사업권을 넘긴 평안도 운산금광의 경우 정부의 일 년 예산과 맞먹는 200~500만 원의 금을 매년 캘 수 있었다. 이것은 조선의 일 년 금 생산량의 4분의 1에 해당하는 막대한 양이었다. 그런데 여기서 발생한 이익이 공식적인 정부 재정으로 넘어갔는지는 의문이다. 계약 조건은 운산금광을 운영하는 동양합동광업회사가 25년간의 사업권을 갖는 대신 회사의 주식 가운데 4분의 1을 왕실에 주고 금광 착공 때 한꺼번에 20만 원을 왕실에 주고 손익에 관계없이 매월 600원과 전신료로 매년 3,500원을 주는 것이었다. 왕실은 이러한 방식으로 재산을 늘여갔다.

그러나 많은 사람들이 정부가 외국에 이권을 주는 것에 대해 반대하면서 정부는 철도·광산 등의 이권을 더 이상 외국인에게 넘겨주지 않고 독자적인 회사 설립을 통해 운영한다는 정책을 천명하였다. 철도회사, 해운회사, 직물제사회사 등 각종 상회사를 설립하여 자원을 직접 개발하고 각종 상공업을 진흥시켜 근대화정책을 추진하기로 했다. 궁내부에 철도원과 광무국을 신설하여 철도 부설과 광산 개발에 나섰다. 그리고 공장을 설립하거나 민간 제조회사의 설립을 지원하였다. 그리고 이에 필요한 인력을 확보하기 위해 기술교육과 이에 필요한 교육기관을 설립하였다.

1898년 한국 자본에 의한 철도회사가 설립되기 시작했다. 부산-하단을 연결하는 부하철도회사가 최초로 설립되었고, 1899년에는 대한철도회사가 설립되어 서울-의주 간 철도 부설에 착수했다. 그리고 삼량진과 마산을 연결하는 철도회사도 설립되는 등 활발한 투자가 이루어졌다. 또한 해운권을 장악한 일본에 대응하여 한국해운회사들도 설립되기 시작했다. 대한협동우선회사, 인천우선사, 인한윤선주식회사 등이 그러한 회사들이다.

또한 서울과 인천 간 운송을 담당하는 마차회사가 1897년 설립되었고 연안 수송을 목적으로 하는 이운사가 1899년 설립되었다. 1899년에는 청량리에서 서대문을 왕복하는 전차가 개통되었는데, 미국의 콜브란-보스트위크사가 공사를 담당했다. 그리고 1897년에 한성은행, 대한천일은행, 대한은행 등이 설립되었다. 제조회사로는 대조선제마회사, 직조권업장, 종로직조회사, 한성제직회사 등이 설립되었다.

또한 정부는 기술교육정책의 장려하고 실업교육기관을 설립하여 기술자를 양성하였다. 1897년 세신사무요원의 양성을 목적으로 하는 우편학당, 전무(電務)학당을 설립하였고 1899년에는 상공인 양성을 위해 상공업학교를 설립하였으며, 1899년에는 경성의학교를 설립하였다. 1900년에는 광산기술자를 양성하기 위해 광무(鑛務)학교를 설립하였다. 그리고 외국어 습득을 위해 한어(漢語)학교, 독어(獨語)학교가 설립되었다.

서울과 지방에 공업 견습소가 설립되어 염직공, 직조공, 제지공, 금공, 목공 등의 공업기술자를 양성하도록 하였다. 농공상부는 잠업과를 설치하여 양잠기술 학교 역할을 담당하였고 서울과 평안도, 함경도 등에 잠업시험장을 설치하여 많은 졸업생을 배출하였다. 여학생들의 교육을 위하여 잠업여학교도 설치하였다. 궁내부는 독자적으로 모범양잠소를 설치하여 근대적인 견직 기술을 가르쳤다. 사립학교에서도 실업교육이 강화되었다. 1900년에 사립 인공양잠견습소가 설립되었고, 홍화학교에서는 영어와 일본어를 가르치면서 양지과를 두어 토지측량기술자를 양성하였다. 또한 낙영학교 내에 공업전수과가 부설되어 제조기술을 가르치고, 철도건설의 일환으로 사립철도학교도 설립되어 1901~1902년 사이에 많은 졸업생을 배출하였다.

기업설립도 활발하게 진행되어 1897년에는 관리 출신의 김종한이 자본금 20만 원으로 최초의 민간은행인 한성은행을 설립하였다. 조선인 자본으로 만들어진 이 은행은 종로의 상인들을 대상으로 환전과 대출업을 위주로 사업을 했다. 같은 해 대조선저마제사회사(大朝鮮苧麻製絲會社)가 설립되었다. 이 회사는 조선산 삼과 모시로 만든 실을 중국에 수출하기 위해 설립되었는데, 최초의 주식회사였다. 주로 독립협회 회원들이 주도하여 주식을 가졌으며 조선인이 3만 5천 원 외국인이 3만 5천 원으로 회사를 설립하였다. 안경수, 이재형, 서재필 등이 회사 주주이자 주요 임원으로 활동했다.

그리고 1898년에는 한성판윤 이채연을 사장으로 하는 한성전기회사가 설립되었다. 이 회사는 한국과 미국이 자본금 150만 원을 공동으로 출자한 합동회사형태를 하고 있었는데 서울에 전차와 전등을 가설하고 수도 시설을 보급하기 위해 설립되었다. 서울은 이미 설치된 전신선에 전차와 전등 그리고 수도가 보급되고 하수도 및 도로정비가 본격적으로 이루어지는 등 근대도시로의 면모를 갖춰가고 있었다. 애초에 서울의 도시 계획은 을미정부에서 준비한 것이었다. 내부대신이었던 박영효는 위생국을 설치하여 서울의 분뇨처리 문제에 대한 대책을 마련하였다. 그리고 서울의 근대적인 도시로의 전환을 위한 계획은 을미사변 후에도 지속적으로 추진되었다. 박정양 내각은 도로의 폭을 규정하는 규칙을 마련하였다.

본격적으로 도시 계획이 실시된 것은 1896년부터 한성판윤으로 재직 중인 이채연의 주도에 의해서였다. 그는 박정양이 주미공사로 있을 때, 그를 수행하여 미국의 워싱턴 D.C.를 둘러보기도 했다. 그가 입안한 도시 계획은 왕이 거주하는 경운궁을 중심으로 방사형 도로망을 만들고 운송시설을 근대화하고 분뇨처리를 통한 위생적인 환경을 조성하는 데 초점이 맞춰져 있었다.

과거 경복궁과 육조거리를 중심으로 이루어진 한양의 중심부가 경운궁을 중심으로 재배치되었다. 정부관청들도 경운궁을 중심으로 배치되었다. 경운궁에서 종로를 거쳐 홍릉에 이르는 길과 경운궁에서 남대문에 이르는 길이 중심적으로 정비되었다. 그리고 소공동의 원구단을 거쳐 남선에 이르는 도로망과 서소문으로 나가는 도로망도 확충되었다. 노면은 평탄하게 고른 다음 자갈을 넣었고 도로 곁에는 하수관로를 설치하였다.

과거에는 인분이나 동물들의 분뇨도 도로나 도랑에 버려지고 있었다. 그러나 인구가 증가하면서 심각한 위생 문제를 일으켰다. 때문에 각 민가는 변소를 설치해야 했으며 도로변에 일정한 구획을 정해 분뇨를 모으도록 했다. 그리고 매월 말에 담당 부서에서 수거하도록 했다. 그리고 이를 위한 비용을 민가가 부담하도록 했다. 시내 곳곳에 목조 가건물을 세워 간이 화장실로 사용하도록 했다.

대한제국은 또한 사회적인 인프라를 정비하는 데도 상당한 노력을 기울였다. 정부는 한양 도시정비 계획을 수립하여 종로와 청계천을 정비하였다. 대표적으로 1897년 서울의 종로에 석유 가로등이 켜졌다. 이 가로등에 사용되는 석유는 미국인 타운젠드가 독점 공급하는 스탠더드 오일을 사용했는데, 이를 위해 인천과 부산에 석유탱크시설이 건립되었다. 그리고 1900년 11월에 서울 서대문에서 제물포에 이르는 총 36km의 경인철도가 개통되었다. 경인철도가 완성되면서 한강철교도 준공되었다.

또한 정부는 1900년 문관복장규정과 문관대예복제식을 제정하여 모든 관료들이 서양식 관복을 착용하도록 했다. 이어 1902년에는 군인 경찰 관원에 대한 단발령이 내려졌다. 이에 대해 많은 반발이 있었으나 황제는 완강하게 이를 추진하였다.

아울러 대한제국은 경제 부문에서 중요한 정책을 실시하였는데, 토지조사사업이 그것이다. 1898년 7월 토지 조사를 담당할 전담 부서로 양지아문을 설치하여 양전사업(量田事業)을 실시하였다. 1898년 9월부터 실시된 양전사업은 1901년 12월까지 전국 331개 군 가운데 124개의 군에서 실시되었다. 그러나 1901년 심각한 흉년이 들자 사업이 일시 중단되었다가 1902년 다시 실시되었다.

양전사업을 실시하면서 토지소유권에 대한 제도화가 필요하다는 것을 확인한 정부는 토지증명서인 지계(地契)를 발급하기로 하고 이를 위해 지계아문을 설치하였다. 재개된 토지조사사업은 양전보다는 지계의 발급에 무게를 두어 실시되었는데, 1902년 3월 양지아문이 지계아문에 통합되었다. 그리고 지계아문은 양지아문이 실시했던 양전사업을 이어받아 추가로 94개 군의 토지조사사업을 실시했다.

1902년에는 민간용 전화가 개통되었다. 본래 정부나 공사관 등에만 설치되었다가 민간 가정에서도 사용할 수 있도록 한 것이다 그리고 서울, 인천, 개성에 공중전화도 설치되었다. 그러나 광무정권이 추진한 일련의 개혁은 급격한 국제정세의 변화로 말미암아 중단되고 말았다. 1904년에 발발한 러일전쟁이 바로 그것이다.

2절 동아시아의 패권 변동 II: 러일전쟁과 일본의 지역패권

1) 러일전쟁과 한반도

20세기 초 아시아에서는 몇 가지 주목할 만한 변화가 나타났다.

먼저 미국의 아시아에 대한 영향력이 상대적으로 커졌다. 1898년 미국은 스페인과의 전쟁에서 승리하여 스페인의 영토였던 남미의 쿠바와 아시아의 필리핀을 빼앗았다. 미 해군은 필리핀의 마닐라 만으로 진격하여 필리핀의 독립을 지원한다는 명목으로 스페인 함대를 공격하고 마닐라를 점령했다. 스페인에게 200만 달러를 지불하고 필리핀 통치권을 넘겨받은 미국은 필리핀 사람들의 독립요구를 거부하고 강제로 필리핀을 지배하였다.

다음으로 영국과 미국의 지원을 받은 일본의 위상이 강화되었다. 1900년 5월 중국에서 의화단이 '중화를 보전하고 외국인들을 추방하자'는 구호를 내걸고 반(反)서양 봉기를 일으켜 북경으로 집결하였다. 의화단(義和團)은 종교적 비밀결사의 하나로 중국의 전통적인 가치관을 지키고자 하였으며 중국 곳곳에 세력을 확장하고 있는 서양인들의 침략을 거부하였다. 여기에 서양 세력이 주도하는 근대화로 인해 소외되고 경제적 곤란에 처했던 중국인들이 합세하여 커다란 세력을 이루고 있었다.

의화단의 난이 격화되자 서양인들은 자국 조계지(租界地)로 피신했으며 자국민을 보고한다는 명분을 내세운 서구 7개국(러시아, 프랑스, 독일, 오스트리아, 영국, 미국, 이탈리아)과 일본이 구성한 연합군이 북경에 진입하여 의화단의 난을 진압하였다. 이를 계기로 아시아에 진출한 제국주의 세력들은 아시아와 중국에서 자국의 이익을 보다 철저히 지키기 위해 다양한 방식을 모색하게 되었다. 특히 3국 간섭으로 기세가 약화된 일본은 의화단의 난을 진압함으로써 자국의 영향력을 다시 확장하려는 기회로 파악하였다. 그리하여 중국에 가장 가깝다는 이유로 총 3만 3천 명의 연합군 병력 가운데 3분의 1이 넘는 1만 2천 명의 병력을 파견하였다. 이로써 일본은 중국에 대한 영향력 확대의 발판을 다시 마련할 수 있었다.

일본의 세력이 확대되자 시베리아 진출과 만주지역에 자국의 영향력을 확대하고자 했던 러시아와의 갈등이 불가피해졌다. 러시아는 연합군이 모두 철수한 뒤에도 만주의 철도를 보호한다는 명분으로 군대를 계속 주둔시켰다. 만주지역에 대한 러시아의 노골적인 욕심은 일본뿐만 아니라 세계 도처에서 러시아와 갈등하고 있었던 영국을 자극하였다. 그리하여 러시아, 프랑스, 독일을 한편으로 하고 영국, 미국, 일본을 다른 한편으로 하는 연합이 점차 강화되어갔다.

먼저 영국과 일본은 1902년 영일동맹을 체결하였다. 조약의 핵심은 중국에서 영국의 이익과 한국에서 일본이 이익이 침해당할 때 서로 필요한 조치를 취하기로 한 것이다. 이는 러시아의 동북아 진출로 인해 공동으로 대처한다는 내용을 뜻하는 것이었다. 영일동맹을 통해 일본은 커다란 정치적 지원세력을 얻게 되었고 남아프리카에서 보어전쟁을 벌이고 있어서 아시아에 더 이상의 병력을 파견하기 힘들었던 영국은 일본을 대신 내세워 아시아에서 러시아를 견제하고자 했다.

또한 뒤늦게 제국주의 대열에 뛰어든 미국은 중국의 분할을 반대하고 문호개방을 주장하면서 자국의 영향력을 확대하고자 했다. 따라서 러시아의 만주 독점은 미국의 이익 실현에 정면으로 반대되는 것이었다. 미국은 자국의 면직물 제품의 시장으로 만주를 염두에 두고 있었다. 그런데 러시아가 만주에 대한 영향력 확대를 공공연하게 드러내자 러시아에 반대하는 영국과 더불어 러시아를 견제하였다. 이해관계에 의해 형성된 영국, 미국, 일본 등 해양세력의 동맹과 러시아, 프랑스, 독일 등 대륙세력의 동맹이 점차 강화되어갔던 것이다.

이런 상황에서 러시아 상인이 조선 정부로부터 획득한 압록강과 두만강의 산림벌채권을 사들인 러시아 정부가 목재의 집하장인 압록강 하구의 용암포의 러시아 재산과 러시아 사람들을 보호한다는 명목으로 1903년 병력을 파견하여 압록강을 건너 한국의 용암포를 점령하였다. 그리고 조선 정부에 용암포의 조차를 요구하였다. 이에 영국과 일본은 강력하게 비판하고 나섰다. 특히 일본과 러시아는 몇 차례에 걸쳐 회담을 가졌지만 애초에 서로 양보할 의사가 없었다. 따라서 협상은 결렬되었고 두 나라는 결국 동북아시아에 대한 패권을 두고 전쟁에 돌입하게 된다.

하지만 영국과 미국의 일본에 대한 지지는 대단히 구체적인 데 반해 러시아에 대한 프랑스와 독일의 그것은 모호했다. 영국과 미국은 러시아와 전쟁을 수행하는 데 필요한 일본의 군자금을 지원했는데 총 8천2백만 파운드의 차관을 서로 반씩 부담하여 제공했다. 그리고 영국은 건조 중인 순양함 2척을 일본에 팔아 일본의 해군력 증강을 직접적으로 도와주었다. 이에 비해 프랑스는 동북아에서 러시아를 실질적으로 도울 만한 힘이 없었으며 독일의 경우는 오히려 러시아 세력이 확장되는 것을 원하지 않고 있었다. 따라서 러시아는 단독으로 영국, 미국, 일본과 대결해야 하는 상황에 놓이게 되었다.

애초에 일본은 1900년 러시아가 만주를 점령하면서부터 러시아를 견제하기 위한 무력 증강을 계속해 왔다. 여기에 영국과 미국의 지원을 얻은 일본은 1904년 2월 8일 여순항에 정박 중인 러시아 함대를 기습공격하면서 전쟁을 시작하였다. 여순항에는 러시아 전함 7척, 순양함 6척, 구축함 15척이 정박 중이었는데, 일본군의 공격으로 파괴된 함정은 3척이었다. 일본군이 여순항을 봉쇄하여 러시아 극동함대는 무력화되었다.

그리고 다음날 일본 해군은 한국의 인천 앞바다에 정박 중인 러시아 함대를 공격하였다. 이 공격으로 러시아 함대 2척이 파괴되었다. 이와 동시에 일본은 육군을 인천에 상륙시켜 만주로 진격하도록 했다. 러시아는 압록강을 주방위선으로 삼고 일본군과의 교전을 준비하고 있었다. 러시아 군은 봉천 지역을 최후 방어선으로 설정하고 군대를 집결시켰다. 일본군은 약 25만 명의 군대를 파병했고 러시아는 약 35만 명이 봉천에 주둔하고 있었다. 3월 1일 시작된 전투는 어느 한쪽이 승리를 거두지 못한 채 계속되었다.

교착상태를 해결하기 위해 러시아는 발트함대를 파견하여 해상에서 군사적 우위를 확보한 다음, 일본 육군을 고립시키는 작전을 채택했다. 그런데 이러한 러시아의 계획은 영국에 의해 방해받았다. 영국은 터키에 압력을 넣어 흑해함대가 발트함대에 합류하는 것을 저지했고 수에즈 운하를 통과해서 인도양으로 진입할 수 없도록 했다. 때문에 발트함대는 아프리카 희망봉을 돌아 인도양을 통과하여 말라카 해협을 거쳐 동해에 도착하기까지 오랜 항해를 할 수밖에 없었다.

게다가 영국은 아프리카와 인도양 그리고 말라카에 이르는 영국이 관할하는 항구들에서 러시아 발트함대가 석탄 및 보급품을 받지 못하도록 했다. 또한 발트함대의 이동 경로와 동정을 일본에 미리 알려줌으로써 일본이 발트함대를 격파하는 데 중요한 도움을 주었다. 오랜 항해 끝에 지쳐있는 발트함대가 대한해협을 통과할 무렵 한국의 진해에서 대기 중이던 일본 함대가 공격했다. 이 해전으로 발트함대는 38척의 함대 가운데 19척이 격침되고 5척이 나포됨으로써 괴멸되었다.

만주에서의 전세가 교착상태에 빠져 있는 가운데 러시아에서 1905년 1월 1일 혁명세력에 의한 '피의 일요일' 사건이 발생했다. 러시아 군대는 자국의 정치적 불안으로 인해 만주에서 퇴각하게 되었고 전국력을 쏟아 부은 일본도 더 이상 전쟁을 계속할 수 없었다. 그리하여 미국의 중재로 1905년 5월 러시아와 일본 사이의 강화조약이 체결되었다. 미국 뉴햄프셔 주 남동부에 있는 포츠머스(Portsmouth)에서 체결된 강화조약에서 러시아는 일본이 한국에서 갖는 정치 군사적 권리를 인정하고, 만주에서의 러시아 이권과 북위 50도 이남의 사할린 열도 일부를 일본에 양도했다.

영국과 미국의 지지를 받으면서 러시아를 패퇴시킨 일본은 포츠머스 조약을 체결하면서 영국과 미국과의 관계를 더욱 강화하였다. 먼저 포츠머스 조약이 체결되기에 앞서 일본은 미국과 조약을 맺었다. 1905년 7월 일본을 방문한 미국의 육군 장관 태프트와 일본 수상 가쓰라는 조약을 맺었다. 이 조약(The Katsura-Taft Agreement)은 우선 영국, 미국, 일본은 극동지역의 평화를 유지하기 위해 실질적인 동맹 관계를 맺고, 미국은 한반도에서 일본의 권리를 인정하며 일본은 필리핀에서 미국의 권리를 인정한다는 내용을 담고 있었다. 이어서 8월에 영국과 일본은 제2차 영일동맹을 체결하였다. 이 조약은 한반도에서 일본이 정치·경제·군사적으로 특별한 이익을 갖고 있으며, 영국은 일본이 이를 공고히 하고 증진시키기 위해 필요한 조치를 취하는 것을 승인한다는 내용을 담고 있었다.

이로써 일본은 영국과 미국의 지원을 받으면서 동북아에서 두 나라의 이익을 대변해주고 대신 조선에 대한 권리와 향후 중국으로 진출할 수 있는 발판을 다질 수 있게 되었다. 러일전쟁이 진행되는 과정에서 그리고 전쟁이 끝난 직후 일본이 한국에 대해 본격적으로 침략적인 행보를 보인 것은 바로 이러한 국제정세에 바탕을 둔 것이었다.

2) 대한제국의 쇠퇴와 유사패권국으로서의 일본

개항 이래 고종은 관료집단에 의한 왕권 배제, 쿠데타, 암살, 퇴위와 같은 위협에 시달려왔다. 그는 특정한 계급적 이익에 기반한 계급 분파에 권력의 일부가 잠식될 경우 곧바로 왕권과 국가 강화에 도전 세력이 될 수 있다는 것을 자각하고 있었다. 때문에 그는 근왕적인 직업 관료들을 형성하기 위해 노력하였던 것이다. 계급적 재생산에서 국가의 역할이 결정적으로 중요했던 한말의 사회구조하에서, 정치권력을 장악한 지배 분파는 경향적으로 경제적인 독점을 추구할 수밖에 없었다.

때문에 왕권이나 국가권력을 강화하기 위해서는 이들과 상이한 경제적 이해관계를 갖거나 경제적 이해관계로부터 상대적으로 독립적인 직업 관료를 충원할 수 있어야 했다. 고종이 등용했던 실무관료들은 바로 그러한 목적에 적합한 것처럼 보였다. 하지만 이들 또한 관직을 기반으로 토지를 매입하는 등, 계급적 이익을 추구함으로써 고종의 기대와 어긋난 행보를 취하였다. 이러한 상황에 비추어 왕권을 강화하고 이를 통해 국가를 강화하려는 고종의 의지가 실패하게 된 데에는 조선사회의 구조적 요인이 더욱 컸다. 무엇보다도 구조적으로 국가의 지배에 기반이 될 만한 계급 분파가 부재했다.

반면 지배계급이 왕권을 배제하고 정치권력을 장악하는 것도 불가능했다. 지배계급의 경제적 재생산은 억압적인 국가 권력을 필요로 했다. 하지만 지배계급이 왕권을 배제하고 정치권력을 장악했을 경우 농민에 대한 압력은 필연적으로 가중될 수밖에 없었다. 왕권이 약화되고 지배계급의 권력이 전면에 등장했던 세도정치기와 갑오개혁기에 농민들의 반란이 야기되었고, 또 농민항쟁으로 인해 세도정치와 갑오개혁이 후퇴했던 것은 우연이 아니었다. 뿐만 아니라 갑신정변이나 갑오개혁을 주도한 세력들이 지방의 조세권을 중앙정부가 장악하려 했을 때, 기존의 지주관료들은 전혀 그것을 양보하려 하지 않음으로써 지배계급 내부의 지지조차도 획득하지 못했던 것이다.

이러한 정치적 구조하에서 몇 차례의 정변을 거치면서 왕과 관료들 간의 투쟁은 궁극적으로 왕권 강화 노선의 승리로 귀결되어 대한제국의 출발을 가져왔다. 대한제국기에 나타난 황제권의 강화는 과거와는 분명한 차별성을 갖고 있다. 과거의 왕권 강화는 지주관료들과의 적절한 타협을 통해 이루어졌다. 그러나 대한제국기에 추진된 황제권의 강화는 지주관료들을 배제하고 새로운 친위실무관료들을 동원하여 그 역할을 대체시키는 방식으로 추진되었다. 아울러 전통적으로 지주관료들에 의해 장악되어 온 국가기구들 즉, 의정부와 각 부서를 무력화시키고 대신 황실의 하부기구가 그 역할을 담당하거나 혹은 황실 직속의 새로운 기구를 만들어냈던 것이다.

그 결과 황제는 지주관료들에 대해서는 궁극적인 황제권의 절대화를 달성할 수는 있었다. 하지만 황제권의 절대화는 지배계급들과의 정치적 결별을 통해서 이루어진 까닭에 그 정치적 기반은 허약할 수밖에 없었다. 소수의 근왕적인 관료들이 정치의 전반에 개입하는 가운데, 기존의 지배계급들이 장악하고 있었던 국가기구의 기능은 정지되어버렸다. 뿐만 아니라 야심적으로 추진되었던 양전 사업은 지방 지주관료들의 저항에 부딪쳐 성과를 거두지 못하였으며 황실 주도로 추진된 여타의 산업정책 또한 큰 성과를 거둘 수가 없었다.

그리하여 일본이 러시아와의 전쟁을 시작함과 동시에 조선에 적극 개입했던 순간, 황제에 대한 고위관료들의 불만은 일제에 대한 적극적인 동조로 나타났다.[10] 뿐만 아니라 경제적 지배에 있어서 국가의 보호를 필요로 했던 지방의 지배계급들은 일본의 하위동맹자로 편입되는 데 별다른 거부감이 없었다. 오히려 국가의 보호가 필요했던 지방 지주계급들은 그것을 제공해주지 못하고 있던 대한제국 대신 농민항쟁에 대해 강력한 억압력을 동원하고 정치 경제적인 보호를 제공해줌으로써 계급적 재생산을 보장해줄 수 있었던 일본에 대한 기대감을 갖고 있었다.

대한제국의 붕괴에 있어서 핵심적인 문제는 지배계급의 경제적 지배력을 보장하고 농민을 억압해야 했던 국가의 자율성을 확립하는 데 있어서 근본적인 한계를 갖고 있었던 정치구조였다. 전통적으로 경제적 지배계급이 정치적인 지배를 담당하고 있었던 상황에서 국가의 개혁을 위해 왕이 시도했던 왕권강화정책들은 국가를 구성하고 있었던 지주관료들의 저항을 촉발시켰다. 지주관료들의 한 분파에 의한 개혁조차도 그것이 기존의 계급적 이익을 침해했던 까닭에 지주관료들의 저항을 발생시켰다.

또한 농민들의 항쟁은 기존 정치체제에 대한 급격한 단절을 낳지 못하였다. 농민들은 다만 광범위한 정치적 불만세력으로 남아 있었다. 여기에 지배계급이 위로부터의 개혁을 추진할 수 있는 조건이 구조적으로 결여되어 있었던 상황이야말로 지속적인 개혁 노력에도 불구하고 국가의 재정 붕괴, 대내적인 농민 억압 기제의 결핍, 대외적인 전쟁수행능력의 부재라는 결과를 초래시킨 근본적인 원인이었다.

일본에 의한 압력에 국가적 차원의 저항을 할 수 없었던 것은 대한제국이 이미 국가로서의 능력을 상실했다는 것, 즉 국가가 붕괴직전에 있었다는 것을 의미한다. 역사적 가정으로서 기존의 연구들 가운데 일부는 외압이 없었더라면 고종이 주도하는 대한제국이 나름대로 성공을 거두었을 것이란 견해가 존재한다. 하지만 국가강화를 주도할 수 있는 정치세력의 출현이 구조적으로 제한된 상황에서, 국가권력을 통해 계급적 이해관계를 실현하고자 했던 지배계급들이 끊임없이 국가의 기반을 마비시켜갔던 이중적인 난관에 봉착하여, 고종이 구상했던 강력한 왕권을 바탕으로 한 국가강화전략은 근왕적인 소수 실무관료들의 등용과 기존 지배계급의 정치적 배제를 통한 국가기구의 무력화라는 결과만을 낳았을 뿐이었다.

이러한 상황에서 일본은 러일전쟁의 승리로 포츠머스 조약을 체결하여 영미를 포함한 열강들로부터 조선에 대한 제국주의적 권리를 인정받았다. 일본은 러일전쟁을 개시하면서 한국 정부에 한일의정서를 강요했다. 한국 정부는 러일전쟁이 발발할 무렵 이미 중립을 선언한 바 있으나, 일본은 무력을 앞세워 강제로 조약을 체결하였다. 이 조약은 일본의 전쟁 수행에 협조한다는 내용을 담고 있었다. 그리고 5월 '대한방침', '대한시설강령 및 세목'을 확정하여 한국 정부의 협력을 강요했다. 황제는 이러한 일본의 요구에 강력하게 반대했으나, 무력을 앞세운 일본의 강요에 고위관료들이 동의함으로써 황제는 정치적으로 고립되었다.

1904년 여름 일본은 한국 정부가 외국인 고문을 초빙할 것을 요구하는 제1차 한일협약을 강요하였다. 외부대신서리인 윤치호와 일본공사 하야시 사이에 체결된 이 협약은 대한제국 정부는 일본 정부가 추천하는 일본인 고문 1명을 초빙하여 재무에 관한 사항을 관장하게 하고 다른 외국인 고문 1명을 외교 고문으로 초빙하여 외무와 관련된 사항을 관장하게 하도록 하는 것이었다. 애초에 두 부서만 고문을 두도록 되어 있었으나 규정에도 없이 군부, 내부, 궁내부, 학부 등에도 고문을 임명하여 한국 정부의 모든 부서에 고문이 배치되었고 나아가 이들을 보조한다는 명목으로 10명에서 100명 정도의 일본인들이 배치되었다. 그리하여 이들이 결과적으로 한국의 행정을 장악하게 되었다.

이와 함께 1904년 7월 일본군은 군사작전에 필요한 한국 내의 치안유지를 명목으로 일본군이 한국의 치안을 담당한다고 일방적으로 통보했다. 이로써 일본군은 군사력과 경찰력을 장악함으로써 한국 정부를 완전히 마비시킬 수 있게 되었다. 일본은 러시아와 전쟁을 수행하는 한편 경부선과 경의선의 개통을 서둘러 일본의 군사력과 군수물자가 원활하게 만주로 이동할 수 있도록 했으며, 경제적으로도 일본 상품이 한국에 원활하게 수출되고 한국의 값싼 농산물이 일본으로 쉽게 반출될 수 있도록 했다. 철도의 완성을 위해 철도 주변의 땅들이 강제로 몰수되었고, 많은 조선인들이 철도 건설을 위해 강제 동원되었다.

이어 1905년 11월 18일 일본은 이토 히로부미를 특사로 파견하여 한국의 외교권을 일본에 넘기도록 요구하는 을사조약을 체결하였다. 이 조약은 한국의 외교와 관련된 모든 권리를 일본이 갖도록 하는 것으로서, 한국은 이 조약으로 인해 사실상 독립국의 지위를 상실하고 일본의 보호국이 되었다. 일본은 군대를 동원하여 궁궐을 에워싸고 무력시위를 벌였다. 이런 상황에서 이토 히로부미가 광무 황제에게 조약체결을 강요하였으며, 황제가 완강하게 거부하자 내각 대신들을 소집하여 조약체결을 강요하였다.

강압적인 분위기하에서 계속된 이토의 협박과 회유에 의해 5개조로 된 조약이 체결되었다. 조약에 따르면 일본 정부가 한국의 외교업무를 총괄 지휘하며 통감을 임명하여 한국의 외교를 관할하게 하였다. 통감은 외교뿐만 아니라 사실상 거의 모든 국정에 관여함으로써 실질적인 권력자가 되었다. 그러나 황제가 계속 이 조약의 비준을 거부했기 때문에 이 조약의 법적 유효성은 현재까지도 한국과 일본 사이에 논란이 되고 있다. 조약체결을 강요한 이토 히로부미는 그 자신이 초대 총감으로 부임하여 조선의 내정 전반에 관여하였다.

조약이 체결되었다는 사실이 확산되면서 전국 각지에서 반대운동이 일어났다. 전 현직 관리들과 지방의 유생들이 조약체결을 반대하는 상소를 올렸고, 상인들과 학생들의 파업과 휴학이 잇따라 확대되었다. 또한 몇몇 관리들은 자결을 통해 조약의 부당함을 항의하였다. 그리고 지방에서는 의병들이 결성되어 일본군대와 전투를 벌였다. 의병운동은 전국적으로 확산되어갔으며 이의 진압을 위해 일본군대가 전국에 파견되었다.

1906년 통감부는 관세관 관제를 발표하여 세금을 거두는 권리를 장악했다. 기존에 지방의 관리들이 갖고 있던 징세권은 전면적으로 폐지되고 전국 13도에 세무감을 두어 세금징수 업무를 전담하도록 했으며 하부조직을 확대하여 일본인들을 관리로 임명하였다. 또한 의정부와 농공상부에 의해 광업법을 발표하여 광산채굴, 광업권의 매매, 양도 등 모든 사항들을 농상공부 대신의 허가를 받도록 했다. 하지만 대부분의 광산을 소유하고 있던 궁내부에 대해 별도 규정을 둔다는 조항을 만들어, 황실 소유의 광산들 가운데 절반 이상을 일본인들에게 넘겨주도록 했다. 그리고 통감부는 압록강과 두만강 일대의 산림 벌목권을 일본이 갖도록 했다.

이처럼 정치적 압력과 더불어 경제적 이권이 차츰 일본에 넘어갔으며, 이러한 추세에 맞추어 일본에서 건너온 일본인들의 숫자도 10만 명 정도로 늘어났다. 이들은 통감부에서 그리고 통감부가 관할하는 다양한 경제적 이권 사업을 담당하면서 한국의 정치와 경제의 주요 부분을 차지했다.

광무황제는 헐버트를 미국에 파견하여 조약의 무효를 주장했으나 이미 가쓰라-태프트 조약으로 일본과 이익을 공유하고 있었던 미국은 냉담한 반응을 보였다. 계속해서 광무황제는 1907년 네덜란드 헤이그에서 개최된 만국평화회의에 밀사를 파견하여 을사조약이 일본의 강압에 의한 것이며 무효라는 뜻을 밝혔다. 그러나 밀사들은 일본의 방해로 공식회의에는 참석하지 못하고 회의장 바깥에서 자신들의 견해를 밝힐 수밖에 없었다.

일본은 밀사 파견의 책임을 물어 황제를 강제로 퇴위시키고 황태자에게 자리를 물려주도록 강요했다. 일본은 외무대신을 파견하여 이토 통감과 함께 황제를 만나 일본의 보호를 거부하려면 선전포고를 하라고 협박하였다. 그리고 병력을 배치하여 무력시위를 벌였다. 이에 황제는 국정을 황태자에게 대리한다는 조칙을 내려 다시 집권할 여지를 남겨두고자 했으나 이토는 이를 양위한 것으로 만들기 위해 순종의 즉위식을 거행하였다. 임시 국정대리라는 황제의 뜻을 영구적인 양위로 만들어버린 것이다.

이로써 그동안 일본의 침략에 강력하게 저항하던 광무황제가 물러 남으로써 대한제국의 정권 내에서 일본을 견제할 세력은 소멸하였다. 일본은 대한제국의 권력을 완전히 장악하고 완전한 식민화를 위한 정 책을 추진하였다. 이미 일본은 1907년 5월 황제에게 을사조약을 적극 적으로 추진한 이완용을 중심으로 새로운 내각을 인정하도록 요구하 였다. 그리하여 황제가 퇴위하기 이전에 내각은 이미 일본의 괴뢰정 권이 되었는데, 이들은 헤이그 사건이 일어나자 일본과 더불어 황제 의 퇴위를 강력하게 주장하였다.

황제의 퇴위는 한국인들의 강력한 반대에 직면하였다. 양위가 발 표된 날, 서울에서는 대규모 군중들이 종로에 집결하여 퇴위 반대 시 위를 벌였다. 시위대는 이튿날에도 시내에 모여 일본경찰과 충돌하였 으며, 이 과정에서 황제의 경호대가 완전무장하고 시위대에 합류하여 일본경찰과 총격전을 벌였다. 시위는 지방으로 확산되었다. 전국적으 로 양위에 반대하는 시위가 발생했으며 지방에 주둔하고 있던 일본 경찰 및 군대와 충돌하였다.

1907년 7월 19일 광무황제가 퇴위하자마자 일본 정부는 7월 24일 한국 정부와 정미조약을 체결하였다. 정미조약은 한국 정부의 법령 제정 및 행정 처분은 통감의 승인을 거쳐야만 하며, 고위관리의 임명 과 해임, 외국인의 고용 등에 통감의 동의를 받도록 했으며, 통감이 추천한 일본인을 관리에 임명하도록 했다. 이완용 내각은 일본 측이 제시한 안건을 그대로 순종황제에 올려 재가를 받아낸 다음, 곧바로 이토를 만나 조약을 체결하였다.

정미조약으로 인해 한국 정부의 행정권은 일본에 넘어가게 되었 다. 아울러 공식적인 조약 말고도 몇 가지 부수적인 각서가 함께 체결 되었는데, 여기에는 일본인 차관임용, 사법권 이양, 군대 해산 등 한국 정부를 완전히 허수아비로 만들고 일본이 통치하도록 하는 내용을 담고 있었다. 일본 통감부는 결사 및 집회의 제한, 금지, 해산권 그리고 무기 및 폭발물 휴대 금지 등의 내용을 담은, 전문 10조로 이루어진 보안법을 제정하여 강력한 탄압을 시도하였다. 또한 신문지법을 제정하여 신문발행을 허가제로 전환하고 사전검열을 받도록 했으며 정부의 뜻에 반하는 내용을 담은 신문은 배포금지, 압수, 발행정지를 명령할 수 있도록 했다. 이처럼 일본은 거의 전 분야에 걸쳐 일본의 조선 지배를 진행시켰다.

그리고 정미조약에 따라 1907년 8월 1일 일본은 한국군대를 강제로 해산시켰다. 이를 거부하는 일부 군대가 서울과 지방 곳곳에서 일본군과 전투를 벌였다. 서울의 황제 시위대, 지방의 진위대, 분견대 등이 각각 해산되었다. 그러나 서울의 시위대 가운데 일부는 서울에서 전투를 치른 다음 지방으로 빠져나가 의병운동을 전개하였다. 또한 지방의 진위대도 일본군과 행정부서를 공격하는 등 무력투쟁에 돌입하였다. 일본군대의 진압이 시작되면서 전투가 벌어졌고, 일부는 지방으로 빠져나가 의병운동을 전개하였다.

1908년 전국적으로 확대된 의병투쟁은 서울로 침공한다는 목표를 세우고 무력투쟁을 벌였으나 일본의 진압작전에 의해 점차 쇠퇴하게 되었으며, 그 가운데 일부는 해외로 빠져나가 이후 전개될 독립운동을 벌이게 되었다. 그리고 자강운동을 추진하던 인사들 가운데 즉각적인 독립을 주장하던 신민회 계열 인사들은 속속 해외로 망명하여 독립운동을 벌이게 되었다.

정부의 거의 모든 기능을 장악하고 의병운동을 진압한 일본은 1910년 7월 데라우치 마사다케를 새로운 통감으로 임명하였다. 데라우치는 부임 직후 일본군대를 용산에 집결시키고 모든 경찰들을 동원하여 계엄 상태를 방불케 하는 상황을 만들었다. 8월 16일 이완용과

데라우치 통감 사이에 합방에 관한 각서가 교환되었고 8월 22일 대한
제국은 일본에 의해 강제로 병합되어, 마침내 붕괴하게 되었다.

3) 의병운동

을사조약이 체결된 이후 이를 반대하는 움직임이 여러 가지 형태
로 일어났다. 조약이 체결된 다음 날, 의정부 참정 이상설이 조약의
폐기와 나라를 팔아넘긴 관료들의 처단을 요구하는 상소를 올렸으며,
많은 관료들과 유생들이 이에 동참하였다.

서울 종로의 육의전 상인들은 조약에 대한 항의의 표시로 상점의
문을 닫았으며, 학생들은 동맹 휴업을 통하여 항의하였다. 또한 종로
에서는 많은 시민들이 모여 국권을 사수하자는 글을 붙이고 연설회를
개최했으며 이에 일본군이 해산에 들어가자 충돌이 일어나 많은 사람
이 다치거나 체포되었다. 11월 30일 시종무관장(侍從武官長)인 민영
환은 고종과 2천만 동포에게 보내는 유서를 남기고 자결하였다. 이와
함께 전 의정대신 조병세와 여러 고위관리들이 자결로서 항의하였다.

이러한 움직임과 더불어 전국적으로 일본과 싸워 주권을 수호하려
는 항쟁이 도처에서 발생하였다. 지방의 유림들과 농민들로 구성된
의병들은 일본군과 전투를 벌이면서 조약에 항의하였다. 일본은 지방
각 군대에 일본군 20명씩을 파견하였고 한국군대와 협력하여 의병 진
압에 나섰다.

1906년 5월 민종식이 이끄는 1천1백의 병력이 대포 6문 등으로
무장하고 홍주성을 공격하여 점령하였다. 의병들은 수차례에 걸쳐 일
본군대에 맞서 싸웠으나 탄약이 떨어져 패하고 말았다. 최익현 등은
호남에서 병력을 일으켜 무력투쟁에 나섰으나, 정부가 군대를 파견하

자 왕이 보낸 군대와 싸울 수 없다고 하여 자진 해산하였다. 의병장들은 대부분 지방에서 영향력이 있는 양반, 유생들이 중심이 되었으나, 태백산 호랑이로 불리는 신돌석은 평민 출신으로서 그의 부대는 3천 명 정도였다. 그의 부대는 경상, 강원, 충청도 접경지대에서 일본군과 격렬하게 투쟁하였으며 지속적인 투쟁을 계속하였다.

전국을 휩쓴 무력 투쟁은 일시적으로 진압되었다가 1907년 일본이 고종의 양위를 요구하면서 다시 전국적으로 발생하였다. 고종의 양위소식이 전해진 날 서울 시민들은 종로와 대안문 근처에서 집회를 열고 항의 시위를 전개하였다. 일본은 경찰과 헌병을 파견하여 시위를 진압하였으며, 수많은 사상자를 발생시켰다. 양위 조칙이 발표된 이튿날 시민들이 계속해서 시위를 벌이고 있을 무렵, 황제를 경호하는 시위대 가운데 3대대 병장들이 완전무장을 하고 병영을 뛰어나와 시위대에 합류하였으며, 이들은 일본과 총격전을 벌였다. 시위대는 친일 관료들의 집에 불을 지르고 친일단체인 일진회 회원들을 습격하였으며 일본인들에 대해서도 공격하였다. 지방에서도 양위 반대 시위가 확산되었으며 동맹휴학도 도처에서 일어났다.

1907년 일본 통감부는 한국군대의 해산을 명령하였다. 한국군대의 해체는 서울의 시위대와 지방의 진위대, 지방의 파견부대인 분견대로 1개월에 걸쳐 차례대로 이루어지기로 되어 있었다. 이에 분노한 군인들은 서울과 지방 곳곳에서 일본군과 전투를 벌였다.

일본은 시위대를 빈손으로 훈련원에 모이게 한 다음 해산을 명령할 계획을 세웠으나, 시위대 제1대대장인 박승환이 유서를 작성하고 권총으로 자결하였다. 이 소식이 알려지면서 사병들은 곧바로 무장을 하고 일본군과 시가전에 돌입하였다. 탄약이 떨어지면서 시위대는 점차 시외로 빠져나갔다. 8월에는 원주 진위대가 군사행동에 돌입하였다. 이들은 1,200정의 소총과 4만 발의 탄환으로 무장하여 원주 시내를 장악하고 일본군대를 공격하였다. 이에 일본은 충주지방의 일본군을 동원하여 진압에 나섰으며 격렬한 전투가 벌어졌다. 저항군대는 일본군대가 증파되자 원주에서 철수하여 장기 항전태세에 돌입하였다.

해산된 군대들은 무장을 하고 지방으로 흩어져 지방을 거점으로 발생한 의병과 결합하여 의병 전쟁을 전개하였다. 기존의 의병들은 구식 무기와 제대로 된 군사훈련을 받지 못했는데, 잘 훈련되고 무장력을 갖춘 군대의 합류로 상당한 전력을 갖추게 되었다. 그리고 포수들이 총포 및 화약 단속법의 제정으로 생업을 잃게 되자 대거 의병에 참여하였으며, 금광이나 철도건설 공사장에서 일하던 노동자들도 대거 의병활동에 참여하였다.

의병 활동지역은 경기, 황해, 충북, 강원, 경북, 그리고 전남북과 함남 지역으로 확산되어갔다. 충북의 노병대 부대는 지방민 200명으로 구성되었으나 해산 군인들이 합류하면서 1천여 명의 병력을 갖추게 되었다. 경상북도 북부지역은 1906년부터 봉기한 신돌석 부대가 여전히 활동을 하고 있었고 여기에 안동분견대에서 해산한 정규군이 합류하면서 세력이 크게 불어났다.

의병들은 관동 의병대장 이인영을 중심으로 13도 창의군을 결성하였다. 허위가 주축이 된 선봉군 300명은 동대문 밖 10km 지점까지 진출했으나 일본군이 대대적인 선제공격을 가해 패하고 말았다. 그리고 이인영이 부친이 사망하자 고향으로 내려가는 바람에 전력이 약화되었다.

이러한 의병활동은 향후 일본에 대한 무력투쟁의 기초가 되었다. 의병 가운데 일부는 국내에서 그리고 일부는 해외로 빠져나가 일제 지배하에서도 꾸준하게 지속된 항일 무력항쟁의 기반을 이루게 되었다. 그런데 이러한 의병활동에 대해 당시 지식인들로 구성된 일부 인사들은 공개적으로 비판하였다. 이른바 자강운동 계열의 대한협회의 구성원들은 의병운동을 폭도로 규정하고 일본에 협력한 일진회와 자위단에 참여하여 이들을 진압하는 데 도움을 주고 있었다.

이들은 이른바 계몽 운동가들로서 한국의 근대화를 주창하던 세력이었다. 그런데 어떻게 해서 이들은 국권을 유지하고자 투쟁했던 의병운동을 폭도로 규정하였을까? 여기에는 당시 개혁을 주장하던 지식인 계층이 전체적으로 일본의 현실적 힘을 인정하고 그것을 전제로 개혁을 시도한다는 보수적 현실인식이 깔려 있었기 때문이었다.

1) 오연숙, "대한제국기 의정부의 운영과 위상," 『역사와 현실』 19(1996).

2) 『고종실록』, 건양 원년 10월 9일.

3) 『고종실록』, 광무 4년 4월 20일.

4) 오연숙(1996), p.51.

5) 『고종실록』, 건양 원년 9월, 10월, 11월, 12월.

6) 조재곤, "대한제국기 군사정책과 군사기구의 운영," 『역사와 현실』 19(1996).

7) 『독립신문』, 1897.2.13.

8) 조재곤(1996), p.132.

9) 차선혜, "대한제국기 경찰제도의 변화와 성격," 『역사와 현실』 16(1996), p.98.

10) 을사조약의 체결에 대한 자세한 설명은 야마베 겐타로, 안병무 역, 『한일합병사』(범우사, 1991), 8장 및 9장 참조.

국민에서 민족으로

국민에서 민족으로

1절 대한매일신보와 민족

1) 역사적 상황과 대한매일신보

이 장에서는 근대로의 이행 과정에서 출현했던 이른바 애국계몽
운동기의 주요한 매체인 대한매일신보를 중심으로 국가가 붕
괴되어 가는 과정에서 이를 극복하기 위해 어떠한 노력이 나타났는지
를 검토해 볼 것이다. 대한매일신보는 국가의 보존을 스스로의 역할
로 규정하였다. 그리고 이를 위해 다양한 논의를 전개하였는데 그 가
운데 하나로 등장한 것이 민족 개념이었다. 여기서는 대한매일신보가
어떤 맥락에서 민족 개념을 논의하고 있는지 그리고 그것의 역사적
특성은 무엇인지를 규명함으로써 당시의 상황을 극복하기 위한 노력

의 성격을 규명하고자 한다.

베네딕트 앤더슨(Benedict Anderson)은 민족주의자들에게 민족은 고대성을 갖지만 연구자들에게 민족은 근대성을 갖고 있고, 민족주의 자체는 보편적이지만 그것의 성격은 대단히 특수하다고 간주되며, 정치적으로는 위력적이지만 철학적으로는 빈곤하다는 아이러니를 갖고 있다고 지적한다.[1] 한국에서도 민족은 오래된 역사적 실체를 갖고 있다고 간주되며[2] 이러한 관점의 연장에서 민족은 한국사를 이해하는 데 핵심적인 개념으로 간주되고 있다.[3] 최근까지 한국 근대사의 서술 방식은 민족의 역사적 실체를 바탕으로 근대 국민 국가 건설 노력과 그것의 좌절이라는 방식으로 설명하는 것이 자연스럽게 받아들여지고 있다.[4] 현재의 관점에서 한국 근대사를 이해하는 데 민족이라는 개념을 제외하는 것은 불가능한 것처럼 보인다. 그러나 이에 대해 민족의 근대성을 주장하는 연구자들은 한국의 근대 경험이 낳은 민족주의의 과잉이자 그 자체가 한국 역사에서 특수한 것이라고 지적하고 있다.[5]

여기서는 당시 발생되었던 대한매일신문을 통해 민족이라는 개념이 어떠한 방식으로 논의되어 왔는지 그리고 그것이 갖는 역사적 특성은 무엇인지를 검토해 보고 이를 근거로 한국에서의 민족과 민족주의에 대한 보다 포괄적인 논의를 진행하고자 한다.

먼저 민족이라는 용어가 등장하고 확산되어갔던 역사적·지식사적 맥락을 검토하고 다음으로 이 용어가 널리 사용되었던 근대 계몽기의 주요 매체인 대한매일신보의 논설과 기서를 분석하여 민족이라는 개념이 갖는 의미를 분석할 것이다. 그런 다음 당시 사용되고 있었던 여러 다른 개념들과의 비교를 통해 민족 개념이 갖는 특성과 함의를 제시할 것이다.

대한매일신보는 계몽기를 대표하는 대중 매체이며 당시 여러 매체들 가운데도 민족이라는 용어를 가장 활발하게 사용하였다. 따라서 대한매일신보는 계몽기 한국의 민족 개념을 분석하기 위해서 핵심적인 자료라고 할 수 있다. 매체로서의 대한매일신보에 대한 연구는 이미 다양한 측면에서 진행되어 왔으므로,[6] 여기서는 별도로 다루지 않고 다만 관련된 부분을 간략하게 언급하는 것으로 그치고자 한다.

대한매일신보는 런던 데일리 뉴스의 특파원으로 한국에 취재차 왔던 베델(Ernest Thomas Bethell)이 양기탁과 더불어 창간한 신문이다. 베델은 영국인이어서 당시 가중되고 있었던 일제의 검열을 피해갈 수 있었다. 신문에 대한 탄압은 광무정권으로부터 시작되었는데, 광무정권은 1899년 신문조례를 제정하여 정권에 위협이 되는 세력들을 탄압하였으며, 일본은 1906년 이를 다시 개정하여 일본의 진출에 방해가 되는 세력들을 탄압하였다. 여기에다 1907년에 이른바 광무 신문지법을 만들어 신문에 대한 사전 검열과 허가제 그리고 보증금 제도 등 구체적인 탄압을 시도하였다. 하지만 대한매일신보는 발행인이 외국인이어서 이 법을 적용하기 힘들었다. 그래서 일본은 1908년 추가 조항을 덧붙여 외국에서 발행하는 한국어 신문과 외국인이 국내에서 발행하는 외국어 신문 모두에게도 이 법이 적용되도록 하여 대한매일신보를 탄압하였다.

대한매일신보는 1904년 7월 18일에 창간하여 1910년 8월 28일 폐간하였는데, 창간 때부터 1905년 3월 10일까지는 영문 4면, 국문 2면을 포함하는 총 6면으로 발행하다가 일시적으로 휴간하였다. 이어 1905년 8월 11일부터 다시 발행되어 1907년 5월 22일까지는 〈The Korea Daily News〉라는 제호의 영문판과 국한문판을 각각 발간하였으며 1907년 5월 23일부터 1908년 5월 31일까지는 영문판, 국한문판, 한글판 등 3종을 발행하였다. 1908년 6월 1일부터 1910년 8월 28일까지 발행인이 베델로부터 만함(Alfred W. Marnham)으로 바뀌었는데 6월 1일부터 영문판 신문의 발행을 중단하고 국한문 혼용판과 한글판 두 가지 신문만 발행하다가, 1909년 1월 30일에 영문판을 다시 발행하였으며 1909년 5월 1일부터 영문판 발간을 다시 중단하였다. 그리고 일제의 탄압으로 1910년 8월 28일 폐간되었다. 주된 분석의 대상이 되는 텍스트는 한글판 대한매일신보의 논설과 기서이며 비교 분석이 필요한 경우 국한문판과 대조를 시도하였다.

대한매일신보는 일본이 1904년 한일의정서 체결, 1905년 을사보호조약 체결, 1907년 한일신협약의 체결을 강제하여 한국의 주권을 점차 장악해갔던 시기에 이러한 현실을 타개하기 위해 출현했던 다양한 움직임의 하나로 창간되었다. 황제권의 약화가 정치적 담론 공간을 만들어냈다면 국권의 쇠퇴는 이를 저지하기 위한 다양한 계몽 활동을 촉발시켰다. 다양한 단체와 조직들이 결성되었으며 이들은 다양한 방식으로 국권 문제를 논의했고 계몽을 추구하는 데 앞장섰다. 이들이 활용한 계몽의 방법 가운데 하나가 출판 매체를 통한 계몽운동이었다. 따라서 이 시기에 폭발적인 인쇄매체의 증가를 목격할 수 있는 것은 자연스러운 일이라고 할 수 있겠다.[7]

당시의 논의에서 주목해야 할 점은 당시 지식인들이 근대적인 정치체제를 구상하면서도 황제권의 존재를 인정하거나 혹은 인정해야만 하는 태도를 취했다는 점과, 그럼에도 불구하고 그 대척점에 있는 인민에 대한 논의도 꾸준히 이루어졌다는 것이다. 이러한 복합적이고 때로는 모순적인 양상이야말로 당시 정치체제에 관한 논의에서 나타나는 일반적인 특징이라고 할 수 있다.

계몽과 개화를 주장했던 독립협회가 공화정, 민주정이 아니라 기껏해야 군주제의 보완, 좀 더 나아가 입헌군주제 정도의 정치적 전망을 제시했고[8] 1905년 이후에도 여러 계몽단체들이 왕권을 전제로 입헌군주제를 거론하고 있었다. 헌정연구회의 경우 흠정헌법을 추구한다는 점을 분명히 밝혔고[9] 1906년에 발족한 대한자강회의 경우 입헌군주정을 주장했으나 그 또한 인민 주권을 기초로 한 민정헌법을 주장한 것은 아니었다.

이와 대조적으로 대한매일신보에서는 주목할 만한 움직임이 나타나고 있었다. 일본의 침략에 의해 현존하는 국가의 붕괴가 가시화되자 이에 대응하기 위한 논리로 무형의 국가, 국수, 국가정신, 정신으로 된 국가라는 개념을 강조하기 시작했던 것이다. 그런데 이러한 추상적 형태의 국가, 즉 기존의 국가가 붕괴된 이후에라도 언제든 국가를 다시 만들 수 있는 가능성을 유지하기 위해서는 불가피하게 그것을 추구하는 주체가 요구된다. 그것의 표현으로서 근대 계몽기에 국민, 인민, 민족, 동포, 백성 등 다양한 형태의 인간 집단이 호명되었던 것이다. 이 가운데서 오늘날 너무도 당연하게 오랜 역사성과 정치적 정당성을 갖고 있다고 간주되는 민족이 당시에 어떠한 방식으로 출현하고 있었는지를 검토해보겠다.

2) '민족'의 수용과정

19세기 후반 출판되기 시작한 매체들에서 인간 범주를 지칭하는 용어는 다양하게 사용되었다. 그 가운데 일부는 오늘날에서 여전히 사용되고 있지만 일부는 소멸되었다.[10] 예를 들어 동아시아의 전통 속에서 이제는 사용되지 않는 '國人(국인)'이라는 용어가 등장했다.[11] 유길준의 『서유견문』에서 "國人이 일제히 개화하기는 極難(지난)한 事(사)니"[12]라는 설명이 등장하는데, 이때 국인은 한 나라의 인민 즉, 오늘날 국민 개념과 일치하고 있다.

민족과 관련하여 주목할 만한 것은 유길준의 『정치학』[13]에서 출현하는 族民(족민)이라는 용어이다. 족민은 국민과 구별되는 용어로 사용되고 있는데, "족민은 종족이 서로 같은 일정한 인민의 무리를 말함이고 국민은 같은 나라에 거주하는 일정한 인민의 갈래를 말한다. 족민은 인종학상의 의미로서 법인의 자격을 갖지 않으며, 국민은 법률상의 의미로서 법인의 자격을 갖는다. 따라서 족민은 국가와 반드시 그 구역을 같이 하지 않아 한 족민이 몇 나라에 나누어지기도 하며 한 국가가 몇 개의 족민을 포함하기도 하나, 국민은 국가와 반드시 그 구역을 함께 하여 국경 내에 거주하는 사람들로 종족을 불문하고 모두 한 국가의 민이니 한 국가가 몇 개의 국민을 가질 수는 없는 것이다."라고 설명하고 있다. 족민과 국민에 대한 이러한 규정은 나중에 대한매일신보의 「국민과 민족의 구분」에서 등장하는 민족 규정과 거의 일치하고 있다.

주목할 점은 족민을 단순한 인종의 문제로 환원하지 않는다는 점이다. "족민의 기원은 공동의 혈통이다. 그러나 오랜 세월이 흐르면서 기후, 지형, 지질, 경제적 사정 등의 자연계와 인간계의 요소들을 혼합 조화함으로써 근세의 족민은 단순히 혈통상의 단체가 아니라 수많은 요소로 이루어진 복잡한 중합체인 것이다. 예컨대, 영국 족민은 본토의 고유한 족민과 프랑스 족민의 화합물이며, 프랑스 족민은 골족과 프랑크족의 화합물인 것이다." 이에 따르면 족민은 인종이나 국민과는 다른 어떤 실체로 규정된다. '인종학적 측면의 종족'도 아니고 '법적 측면의 국민'을 뜻하는 것도 아닌 족민의 애매성은 민족의 애매성과 상통하는 측면이 있다.

이러한 애매성은 민족이라는 단어가 특정한 의미로 정착되는 데 상당한 어려움을 주었을 것으로 판단되는데, 현재에도 그러한 문제는 여전히 남아 있다. 그러나 역설적으로 민족이 가진 이러한 애매성이야 말로 민족의 쓰임새에 많은 상상력이 동원될 수 있도록 했다.

이처럼 한국에서 민족이라는 용어 자체는 19세기 말에는 거의 사용되지 않았다. 민족이라는 용어를 처음으로 인쇄매체에서 찾아볼 수 있는 것은 1897년 12월에 발간된 『대조선유학생친목회회보』에서이다. 여기서 "邦境(방경)을 限(한)하여 민족이 集(집)하며 …… 優高安樂(우고안락)의 地(지)에 入(입)함은 민족의 고유한 본심"[14]이라는 용례가 갖는 의미는 당시 쓰이던 인민, 국민, 동포와 같은 여타의 인간 집단이 갖는 의미와 별 차이가 없었다. 나아가 독립신문의 경우에는 민족이라는 용어 자체가 등장하지 않고 있다. 황성신문에는 민족이라는 용어가 몇 차례 등장하는데, 1900년 1월 12일 「서세동점의 기인」이라는 제목의 기서에 등장하는 '민족'이라는 단어는 '동방민족' 혹은 '동아민족'이라는 방식으로 사용되었고 그 의미는 오늘날 인종과 가까운 것이다. 같은 맥락에서 '백인민족'이라는 단어도 등장한다.[15] 이런 표현은 독립신문에서 종종 사용되었던 황인종, 백인종, 흑인종과 같은 인종 개념이 민족이란 용어로 사용되는 경우였다.

대체로 1907년까지 출판된 인쇄 매체에서 민족이라는 용어는 잘 사용되지 않았으며, 사용되었다 하더라도 인종, 인민, 사람을 의미했다. 이처럼 매체들로부터 별다른 주목을 받지 못했던 '민족'이라는 용어가 이따금 사용되기 시작했던 시점은 1906~1907년의 대한매일신보에서부터였으며, 1908년부터는 대단히 활발하게 사용되었다.

2절 국가를 대체할 그 무엇을 찾아서

1) 대한매일신보의 '민족' 개념

대한매일신보에서 가장 핵심적인 개념어는 국가와 국민이다. 일본의 침략이 가시화되고 국권이 붕괴되어가는 상황에서 이를 타개하고자 창립된 신문이 국가와 국민을 강조하는 것은 자연스러운 일이었다. 〈표 1, 2, 3〉은 대한매일신보에 나타나는 국가, 국민이라는 단어의 출현 횟수이다.[16]

두 용어의 중요성을 뒷받침해주는 것은 대한매일신보가 스스로 '국가'의 문제가 핵심적인 의제임을 밝히고 있다는 점이다. 대한매일신보는 신문의 발행 목적이 "[국가의 정신을 발양ᄒ라]흔 이 열ᄉᄌ로

표 1 『대한매일신보』 한글판에 나타난 '국가'의 출현 횟수

	1904	1905	1907	1908	1909	1910
국가 출현 횟수	2	14	39	242	437	275

표 2 국한문판 『대한매일신보』에서 '국민'의 출현 횟수

	1905	1906	1907	1908	1909	1910
국가 출현 횟수	76	171	243	324	418	319

표 3 한글판 『대한매일신보』에서 '국민'의 출현 횟수

	1904	1905	1907	1908	1909	1910
국가 출현 횟수	없음	23	127	310	425	271

다"라고 지적하면서 "본보는 [국가] 두 글ㅅㅈ를 가지고 이천만 동포의게 향ᄒ야 작일에도 국가 국가라 ᄒ며 금일에도 국가 국가라ᄒ야 날마다 부르기를 마지아니ᄒ 지가 우금 오륙년이거늘"이라고 밝히고 있다.[17] 그리고 국가를 외치는 상대가 이천만 동포라는 점도 분명히 하고 있다. "국가를 보젼ᄒ는 법은 그 국민의 국가 정신이 굿은 거시 필요ᄒ거늘 오늘날 한국동포 이천만 즁에 능히 국가와 민족의 관계가 엇더ᄒ 거슬 아는쟈-몃 사름"[18]이냐고 질문하면서 국가정신을 보존할 주체로 국민, 동포, 민족을 상정하고 있다.

여기서 국가 건설이라는 과제 속에서 민족이라는 범주가 다른 범주들보다 우위에 있는 개념이 아님을 알 수 있다. 우리라는 의식을 가지는 주체, 그리고 그 주체를 형성하는 방법이 필요했는데, 그 대상으로 동포, 민족, 국민 등이 상정되었던 것이다. 이를 염두에 두고 민족이라는 용어가 어떻게 사용되고 개념화되었는지를 살펴보기로 하겠다.

민족이라는 용어가 대한매일신문에서 사용되는 횟수는 〈표 4, 5〉와 같다.[19] 민족이라는 용어가 사용되는 횟수를 보았을 때, 국한문본의 경우 1906년 26회가 사용되었고 1907년에는 47회가 사용되었다가 1908년에 들어서면 대단히 활발하게 사용되고 있다. 한글본의 경

● 표 4 국한문판에서 민족 용어의 출현 횟수

	1905	1906	1907	1908	1909	1910
민족	없음	26	47	139	126	79

● 표 5 한글판에서 민족 용어의 출현 횟수

	1904	1905	1907	1908	1909	1910
민족	1	없음	1	135	155	117

우 1907년까지는 거의 사용되지 않고 있다가 1908년부터 갑자기 활발하게 사용되고 있다.

1904년 한글판에 사용된 민족은 '한민족'이라고 쓰였는데, 여기서 '한국빅셩', '일본사름', '일본빅셩', '한국사름'과 같은 용어들이 같이 사용되어[20] 백성과 사람 그리고 민족이 유사한 내용으로 사용되고 있음을 보여준다. 1906년 국한문판의 용례는 "民族是二千萬餘口니 … 保全民族之道"[21]라거나 "其國家와 其民族이 必永滅乃已니"[22], "韓國民族"[23], "國權을 從不克復ᄒ고 民族을 終不能保存이면 … 人才를 養成ᄒ야 國權을 回復ᄒ고 民族을 保全ᄒ 然後에"[24], "二千萬 忠愛之民族"[25], "滅亡民族而乃己者 …… 爲韓國 二千萬人民而痛哭一聲ᄒ노니"[26], "三千里內 居生之民族컨딕"[27], "亦是大韓民族이라 大韓民族滅亡之日에 엇지 其命를 獨存ᄒ리오 …… 猶大民族 … 大英國民族 … 猶大民族 … 英國民族갓튼 ……"[28], "其波蘭民族즁…"[29] 등과 같다.

가장 많은 용법은 특정한 국가 경계 내에 존재하는 사람들을 가리키는 의미로 사용되고 있다. 앞의 용법에서 민족이 국가를 경계로 한 인간 집단으로 규정되고 있다면 다음의 용법은 여기에다 시간적으로 오래된 인간 집단을 의미하는 역사성과 타 민족과 구분되는 민족적 특색에 대한 정의가 보태져 있다.

"同一ᄒ 民族이 言語가 相同ᄒ 故로… 民族之特色은 言語가 相同ᄒᄆ에 在ᄒ도다 是故로 民族之發達이 其國性이 有ᄒᄆ으로 由ᄒ고 …… 二千年獨立花史를 有ᄒ 民族의 團體라 …… 韓國民族이 엇지 愛國性이 無ᄒ다ᄒ리오"[30], "韓國民族의 天然的 性質 … 若其民族의 原質이 不美ᄒ면 … 本朝五百餘年에 禮義成俗ᄒ 民族이니 … 謂韓國民族은 … 韓國民族의 實際性질은"[31]과 같은 표현이 그러하다. 민족을 역사적으로 오래된 것으로 취급하는 용례는 당시로서는 드물게

사용되었지만 이후 민족 개념이 역사적으로 확대될 수 있는 근거를 마련해두고 있다는 점에서 주목할 필요가 있다.

흥미로운 점은 1907년의 민족이라는 용어의 사용에서 나타난다. 이미 설명한 바 있지만, 대한매일신보는 1905년 8월 11일부터 1907년 5월 22일까지는 영문판과 국한문판을 각각 발간하였으며 1907년 5월 23일부터 1908년 5월 31일까지는 영문판, 국한문판, 한글판 등 3종을 발행하였다. 따라서 1907년 5월 23일 이후에는 한글판과 국한문판의 비교가 가능한데, 일반적으로 국한문판에 먼저 기사가 실리고 그 다음 하루 이틀이 지나 한글판에 같은 기사가 실리고 있다. 이 과정에서 일종의 번역과정을 거치거나 국한문판 기사를 참작하여 새롭게 기사를 작성했을 것이라 판단된다.

그런데 1907년에 국한문판에서는 민족이라는 용어가 47회 등장하지만 한글판에는 1회밖에 등장하지 않고 있다. 따라서 1907년 5월 23일 이후의 국한문판과 한글판을 비교해보면 국한문판의 民族이라는 용어가 한글판에 어떻게 표현되고 있는지를 파악할 수 있다. 국한문판 554호에 실린 논설에서 "意太利全國自由民族"[32]은 한글판 32호에서 "의대리 전국 ᄌᆞ유ᄒᆞᄂᆞᆫ 빅셩의게"[33]로, 국한문판 559호의 논설에서 "其人이 非同種之民族乎아 … 虐害我同種之民族ᄒᆞ니"[34]라는 표현은 한글판 37호의 논설에서 "사롬은 동식의 인종이라 … 종족을 학ᄃᆡᄒᆞ니"[35]로, 국한문판 570호의 "悖類惡種의 民族를"[36]이라는 표현은 한글판 48호에서 "하등 악종을 몃쳔 명식"[37]으로, 국한문판 607호의 "現今 吾韓民族이 … 一般 民族이"[38]라는 표현은 한글판 85호에서 각각 "대한 사롬은 … 여러 인민ᄉᆞ이에"[39]라고 표현되고 있다.

즉, 1907년의 논설에서는 국한문판의 民族이라는 용어가 한글판에서는 인민, 종족, 사람, 백성이라는 다양한 용어로 번역되었던 것이다. 따라서 1907년의 시점에서 한문으로 사용된 民族이라는 용어는 어느 정도 그 쓰임새가 자리를 잡고 있었지만, 대조적으로 한글판에서 민족은 잘 사용되지 않았고 오히려 다양한 용어들로 사용되고 있으며, 따라서 그 쓰임새와 개념이 제대로 정착되지 못하였음을 알 수 있다.

전체적으로 1907년 국한문판에 사용된 가장 흔한 민족의 용례는 "이천만 민족"이라는 용법과 유사하다. 이때 민족이라는 단어는 동포라는 단어와 호환될 수 있었다.40) 또 민족 앞에다 현재 혹은 과거의 특정한 국가나 정치체제의 이름을 붙여서 개별성을 드러내는 방식으로 대한민족, 유태민족,41) 그리스민족,42) 고구려민족43)이라는 용법도 사용되었다. 또 지역적 경계에 더하여 역사적 실체로서 민족을 호칭하는 경우도 볼 수 있다.44) 지리적 경계와 역사적 실체로서 그 의미가 고정된 경우, 민족은 그 자체로서 오래전부터 존재하는 역사적으로 형성된 인간 집단을 의미하게 된다.45) 특정한 국가나 개별 민족을 넘어서, 보다 광범위한 의미에서 인간 혹은 사람을 뜻하는 용례로 사용되는 경우도 가끔 발견되는데 민족과 물종, 일반 민족, 자유 민족 등으로 사용되는 경우가 그러하다.46)

이러한 분석을 통해, 1907년 무렵 한자어로서 民族은 일반 인민이나 사람을 뜻하는 표현을 제외하면 현재의 용법과 유사한 의미로 사용되고 있음을 알 수 있다. 이와 대조적으로 한글로 표기된 민족은 거의 사용되지 않고 있으며, 종족, 인종, 백성, 인민과 같은 다양한 의미로 표현되었다.

그러나 1908년부터는 한문표현과 한글표현 사이에 별다른 차이를 발견하기가 힘들게 된다. 1908년 이후의 시점이 되면 국한문판에서 한자로 표기된 民族은 한글판에서 그대로 민족으로 표기되어 한글이나 한문 모두 그 쓰임새가 어느 정도 정착되어가고 있음을 알 수 있다. 이러한 '민족'이라는 용어의 안정적인 사용에는 의식적인 노력이 부과되고 있었다. 예를 들어, 민족이라는 개념에 대한 규정들이 나타나고 있는데 대표적인 것이 민족과 국민의 구분에 관한 논설이다.

　　"국민이라 ᄒᆞ는 명목이 민족 두글ㅅᄌᆞ와ᄂᆞᆫ 구별이 잇거ᄂᆞᆯ …
민족이란거슨 다만 ᄀᆞᆺᄒᆞᆫ 조샹의 ᄌᆞ손에 미인 쟈ㅣ며 ᄀᆞᆺᄒᆞᆫ 디방에
사ᄂᆞᆫ 쟈ㅣ며 ᄀᆞᆺᄒᆞᆫ 력ᄉᆞ를 가진 쟈ㅣ며 ᄀᆞᆺᄒᆞᆫ 종교를 밧ᄃᆞᆫ 쟈ㅣ
며 ᄀᆞᆺᄒᆞᆫ 말을 쓰는 쟈ㅣ 곳 이 민족이라 칭ᄒᆞᄂᆞᆫ 바ㅣ어니와 국민
이라ᄂᆞᆫ 거슬 이와ᄀᆞᆺ치 희셕ᄒᆞ면 불가ᄒᆞᆯ지라 대뎌 ᄒᆞᆫ 조샹과 력ᄉᆞ
와 거주와 종교와 언어의 ᄀᆞᆺᄒᆞᆫ거시 국민의 근본은 아닌거시 아니
언마ᄂᆞᆫ 다만 이것이 ᄀᆞᆺ다ᄒᆞ야 믄득 국민이라 ᄒᆞᆯ 수 업ᄂᆞ니 비유ᄒᆞ
면 근골과 믹락이 진실노 동물되ᄂᆞᆫ 근본이라 ᄒᆞᆯ지나 허다히 버려
잇ᄂᆞᆫ 근골믹락을 ᄒᆞᆫ곳에 모도와 놋코 이것을 싱긔잇ᄂᆞᆫ 동물이라
고 억지로 말ᄒᆞᆯ 수 업ᄂᆞᆫ 것과 ᄀᆞᆺ치 뎌 별과 ᄀᆞᆺ치 허여져잇고 모릭
ᄀᆞᆺ치 모혀 사ᄂᆞᆫ 민족을 가ᄅᆞ쳐 국민이라 ᄒᆞᆷ이 엇지 가ᄒᆞ리오 국민
이란 쟈ᄂᆞᆫ 그 조샹과 력ᄉᆞ와 거디와 종교와 언어가 ᄀᆞᆺᄒᆞᆫ외에 ᄯᅩ
반ᄃᆞ시 ᄀᆞᆺᄒᆞᆫ 졍신을 가지며 ᄀᆞᆺᄒᆞᆫ 리해를 취ᄒᆞ며 ᄀᆞᆺᄒᆞᆫ 힝동을 지어
셔 그 ᄂᆡ부에 조직됨이 ᄒᆞᆫ몸에 근골과 ᄀᆞᆺᄒᆞ며 밧글 ᄃᆡᄒᆞᆫ 졍신은
ᄒᆞᆫ 영문에 군ᄃᆡᄀᆞᆺ치 ᄒᆞ여야 이거슬 국민이라 ᄒᆞᄂᆞ니라"[47]

　　이러한 정의는 당시 유행하던 국가요소설과 국가유기체설 가운데
국가유기체설[48] 특히 블룬칠리(Johann K. Bluntschli)의 학설에 큰 영
향을 받은 것으로 보인다.[49] "嗚呼라. 古代에ᄂᆞᆫ 國民資格이 無ᄒᆞᆫ 民
族이라도 可히 壹隅를 據ᄒᆞ야 土地를 闢ᄒᆞ야 子孫을 長ᄒᆞ며 水草를
逐ᄒᆞ야 生活을 作ᄒᆞ얏거니와 今日에 至ᄒᆞ야ᄂᆞᆫ 萬壹 國民資格이 無ᄒᆞᆫ
民族이면 大地上에 側足ᄒᆞᆯ 隙地가 無ᄒᆞᆯ지라"[50]라고 하여 국가와 국
민 그리고 민족 사이의 상관관계를 부언하고 있는데, 민족은 반드시
국민의 자격을 갖추어야 생존할 수 있는 것으로 규정하여 국민을 보
다 상위개념에 놓고 그것을 구성하는 일부로서 민족을 규정하고 있

다. 이후 사용되는 민족 개념은 대부분의 경우 이러한 규정에서 크게 벗어나지 않는 것으로 보아 당시 이러한 개념 규정이 널리 수용되었음을 알 수 있다.

나아가 "국민이라 ᄒᆞᄂᆞᆫ 쟈는 무엇을 닐음이뇨 일민족 혹 수다ᄒᆞᆫ 민족이 모혀서 ᄒᆞᆫ 단톄가 되어 일국의 일을 다ᄉᆞ리고 일국의 법을 뎡ᄒᆞ며 일국의 리익을 도모ᄒᆞ고 일국의 환란을 방어ᄒᆞᄂᆞᆫ 쟈ㅣ라"[51]라 하여 하나의 국가 아래에 다수의 민족이 존재할 수 있다고 하였다. 이 경우 국가와 그 국가에 속한 국민은 경계가 일치하지만 민족은 하나 혹은 다수가 하나의 국가 아래에 존재하게 된다. 이는 앞서 유길준의 '족민'에 관한 설명과도 동일하다는 점을 알 수 있는데, 이러한 방식으로 국가와 국민 그리고 그 아래에 민족이라는 위계가 성립되고 있었다.

1908년 7월에서 8월 이후 민족의 의미는 이러한 방식으로 자리를 잡아 가지만, 여전히 그 쓰임이 이와는 다른 방식으로 사용되는 경우도 가끔 나타난다. 예를 들어, 한 사회 내에서의 특정한 신분을 가리키는 의미로 민족이 사용되는 경우가 있는데, "소위 선비라 ᄒᆞᄂᆞᆫ 쟈는 네가지 민족 중에 거슈로셔 글을 닑고 궁리ᄒᆞ야 졔셰 안민ᄒᆞᄂᆞᆫ 츅임을 담부ᄒᆞ엿거늘"[52]과 같은 경우가 그러하다. 하지만 이러한 협소한 의미에서 민족을 규정하는 경우는 대단히 드문 경우라고 할 수 있다. 또 한 사회 내에서 특정한 집안이나 문중을 의미하는 방식으로 사용되는 경우도 있고, 한 국가 내에서 특정한 지방에 거주하는 사람들을 가리키는 의미로 사용되는 경우도 있다. 예를 들면 "오직 우리 가족은 이쳔만 국민즁에 일부분 민족으로셔 이러케 야미ᄒᆞᆫ 디위에 쌔지ᄂᆞᆫ 것을 즐겨ᄒᆞᄂᆞᆫ가 기우ᄂᆞᆫ 집을 벗틔며 풍랑을 안돈케 ᄒᆞᄂᆞᆫ 도리가 확실히 잇스니 곳 학교를 셜립ᄒᆞ야 교육을 발달케홈이어니와"[53]와 같은 경우가 있는데 국민 중의 일부분으로서 가족, 문중을 민족이라 표현하고 있다.

하나의 국가 내에 특정한 지역에 거주하는 사람들을 호칭하면서 민족이라는 용어를 사용하는 경우가 있다. 대표적으로 "이천만 형뎨 즈미즁에 그 뉘가 텬륜지친이 아니리오 그런고로 리해를 셔로 슯히고 고락을 셔로 관계ㅎ야 동도의 민족이 환난을 혹독히 밧으믹 셔도의 민족이 홀노 리익ㅎ 수 업스며 남도의 민족이 비운을 졸디에 맛ㄴ믹 북도의 민족이 홀노 안락할 수 업슴은 텬디간에 흔큰 원측이니 가족 교육에 유지ㅎ신 졔군즈여 교육의 범위ㄴ 적은 가족(곳 동종)을 유지 케ㅎ에 한뎡ㅎ지라도 교육의 졍신은 큰가족(곳 국가)을 유신케ㅎ에 ㅎ샹 둘지어다"54)와 같은 경우가 있다. 여기서 동도의 민족이나 서도의 민족이라고 표현하지만 어디까지나 그러한 표현은 이천만 형제가 모두 천륜지친이라는 의미하에서라는 점을 분명히 하고 있다.

또 "민족은 가족의 단결노 교육을 니르키며 디방의 싱각이 잇ㄴ쟈ㄴ 디방의 단결노 교육을 홍ㅎ게 ㅎ이 수반 공비가 될지니 … 그러나 가족과 디방의 싱각으로 단결된 쟈ㅣ 국가의 싱각이 적기가 쉬우니"55)라거나 "비록 녯적에 민권이 업슬 쌔라도 그 국가의 홍망은 은 연즁 그 민족의 실력이 잇고 업ㄴ듸 들넛거늘 이제 굴으듸 빅졔의 망흠은 그 빅셩을 쓰지 아니흔 신둙이라 ㅎ니 … 오호ㅣ라 호남디방 젼부 민족을 듸표흔 학회로셔"56)라는 표현에서는 일 가족이나 지방의 교육이 그 자체의 이익이 아니라 국가라는 최고의 가치에 종속되어야 함을 강조하고 있다.

마찬가지의 맥락에서 "그 쌔에 호남민족이 … 빅졔가 그 싸을 가지고 군ㅅ의 힘이 신라와 고구려와 굿치 셩ㅎ고 문명ㅎ기ㄴ 일본에신지 밋쳣스나 그 젼국 실력은 필경 령남민족에 밋지 못ㅎ고로"57)라는 표현과 "지금에 각 학회가 각각 독립ㅎ야 흔도의 민족만 단톄를 셩립ㅎ고 흔도의 즈뎨들만 교육을 ㄱㄹ치면 그 민족은 흔도의 졍신만 외

슈에 찰거시오 … 오늘날 각학회가 … 흔번 변ᄒᆞ야 대한뎨국 대학회가 되기를 축슈ᄒᆞ노라"[58]라는 문장에서도 '호남 민족', '영남 민족', '한도의 민족'과 같은 표현이 나타나고 있다. 이러한 경우에도 궁극적으로 가족적, 지방적 이해를 넘어서는 대한제국이라는 국가의 학회가 되어야 함을 역설하고 있는 것으로 보아 결국 국민의 하위범주로서의 가족, 지방 사람이라는 의미를 함축하고 있다. 1908년 후반이 지나면서 신분이나 특정 지방의 사람들을 민족으로 호칭하는 이러한 용법은 거의 찾아보기 힘들게 된다.

위의 몇 가지 사례를 제외하면 민족을 사용하는 용법 대부분은 특정한 국가의 경계 내에 존재하는 사람들을 지칭하는 경우로, 오늘날과 유사한 용례로 사용되고 있다. 눈여겨보아야 할 것은 이 경우에도 두 가지 방식의 설명이 존재하는데 하나는 당시의 시점에서 존재하고 있었던 국가 경계 내에 존재하는 인간 집단을 가리키는 경우이며, 다른 하나는 당시의 시점에서는 존재하지 않았지만 역사적으로 존재했던 인간 집단을 가리키는 경우이다. 전자의 경우 자주 발견되는 표현 방법이며 후자의 경우 상대적으로 활용된 횟수는 드물다. 그러나 후자의 경우 역사적으로 오래된 실체에 대해 민족이라는 용어를 적용함으로써 민족의 역사성에 주목할 수 있는 계기를 마련했다. 민족의 현재성에 덧붙여진 민족의 역사성은 민족이라는 개념을 역사적 존재, 나아가 역사적 변화 속에서 존재해온 것으로 이해하는 데 상당한 기여를 했다.

예를 들면, "수천년젼에 문명이 이믜 열녀셔 일본을 교도ᄒᆞ던 삼한 민족이 아닌가"[59], "부여민족의 최초 웅거ᄒᆞ엿던 디방과 력ᄃᆡ의 도와 군의 연혁이 분명ᄒᆞ지라"[60], "엇던 셔관에서 번역ᄒᆞᆫ 대한디지를 보와도 닐ᄋᆞ기를 한국에 뎨일 넷적 인민은 예믹 죵ᄌᆞ 뿐이라 ᄒᆞ며 쏘 글ᄋᆞᄃᆡ 가락국은 일본 츌운족의 식민국이라 ᄒᆞ고 쏘 글ᄋᆞᄃᆡ 한국은 일본민족과 부여민족이 일본 산음도에서 방축된 쟈가 이쥬흔 거시라 호엿스니 오호ㅣ라 이거시 엇진 황셜인가"[61]라거나, "고구려 광기토왕은 동정셔벌ㅎ야 션비의 민족을 비쳑ㅎ며 왜인을 축츌ㅎ실식 어가가 남으로 한강에 니르며 북으로 … 지나셧스며"[62]라는 표현이 그러하다. 또한 만주 문제를 논하면서 "넷젹 삼ㅅ쳔년젼에ᄂ 부여죡과 션비죡과 슉신죡 각 민족이 그 싸에 셕겨 살어"[63]라는 표현에서는 역사적으로 존재했던 종족 혹은 부족을 민족으로 표현하고 있음을 알 수 있다.

좀 더 나아가 "머리로ᄂ 한국 하늘을 니고 발노ᄂ 한국 싸을 발브며 몸에ᄂ 한국 옷을 닙고 입으로ᄂ 한국 곡식을 먹으며 ㅅ쳔년을 단군셩조의 혈통을 닛고 이쳔만 부여 민족의 동렬이되ᄂ 쟈로셔"[64]라는 표현을 통해 현재의 한국과 과거의 역사를 동일시하고 있다. 과거를 거쳐 현재에 이르는 역사는 이어서 미래로까지 나아간다. "오호ㅣ라 대한민족은 마즈막에 승리를 엇ᄂ 민족이로다. 대개 대한민족이 ㅅ쳔여년 오린 셰월을 삼쳔리 무궁화ㅅ 속에서 태평으로 보니며 … 여러 민족과 셔로 경징을 시험ㅎ며 여러 민족의 경징을 응ㅎ여 마즉막에 승리를 엇은 결과로 이 태평을 누린바ㅣ라 시험ㅎ여 볼지어다 대한민족이 … 그 마즈막 승리ᄂ 필경 대한민족의 슈즁으로 도라오지 아니ㅎ엿ᄂ가 … 날마다 분발ㅎ여 나아가면 마즈막에ᄂ 필경 승리가 동포의 슈즁으로 도라오리라"[65]라는 논설에서는 한국의 역사와 현재를 민족 간의 경쟁이라는 틀 속에서 구체적으로 서술하면서 종국에는 미래의 승리를 논하고 있다.

대한매일신보에서 민족이라는 용어가 많이 사용되고 있는 경우는 국가를 경계로 한 인간 집단을 지칭하는 것이다. 예를 들어보면, "한국민족이여"[66], "이 나라 이 짱은 대한 민족의 ㅅ쳔년을 젼릭ㅎ던 산업이 아닌가"[67], "민족이 경징ㅎᄂ 셰계에 진보ㅎ야 강흔 쟈가 퇴보ㅎ

야 약흔 쟈를 멸ᄒᄂ 거시니 엇지 의심ᄒ고 원망흘 바ㅣ리오"[68], "지
나 민족들"[69] "단군의 녯터에 죠선민족 이천만을 모흐고 … 너는 우
리 민족과 흠ᄭ 나지 아니ᄒ엿스며 우리국가와 흠ᄭ 나라나지 아니
ᄒ엿는가 … 영국 법국 흔 모퉁이에서 시작ᄒ여 니러난 됴흔 쇼식이
구라파 젼폭을 진동ᄒᄆ 구라파 민족들이 … 아셰아 민족을 춤아 닛
지 못흠으로 태평양을 건너서 일본에 니르ᄆ 일본민족이 너를 환영ᄒ
여 그 권리를 차젓도다"[70]와 같은 표현들은 국가의 경계를 중심으로
구성되는 민족을 가리키고 있다. 한국민족, 대한민족, 각국민족, 구라
파 민족들, 아셰아 민족, 일본민족이라는 표현에서는 국민국가를 경계
로 한 민족이라는 규정이 분명하게 드러나 있는 것이다.

독립신문 때 자주 출현했던 유럽인종, 백인종이라는 표현은 사라
지고 유럽 각국과 그에 속한 인민 혹은 민족이라는 함의가 분명하게
드러나며 아셰아 민족이라는 표현에서도 그 내용은 과거에 사용했던
각 국가의 상위범주에 통일체로서 상상되었던 동아민족이라는 뜻이
아니라 일본민족, 한국민족, 지나민족 등 각 개별 민족의 산술적 합을
뜻하는 의미가 분명하게 드러나고 있다.

공간적으로는 개별적인 근대 국가의 경계와 시간적으로는 이천년
혹은 사천년 역사가 각각 강조되는 과정과 함께, 초월적 실체로서의
민족개념이 점차 형성되어갔던 것도 이 무렵이었다. 이러한 작업은
여러 방식으로 나타난다. 국호를 논하면서 "우리 나라의 일홈은 무엇
이라 흘가 죠선이라 흘가 삼한이라 흘가 고구려라 흘가 신라라 흘가
빅졔라 흘가 굴으듸 아니라 이는 모다 당시에 죠뎡의 일홈이니 죠뎡
으 범위는 좁고 국가의 범위는 넓으며 죠뎡의 운명은 따르고 국가의
운명은 쟝원ᄒ거늘 죠뎡의 일홈을 가지고 국가의 일홈으로 쓰는거시
올치아니ᄒ며 쏘 뎌외국 사름들이 우리를 코리안 민족이라 칭명ᄒ나
이는 고려의 음을 · ᄒ여 쓰는듸 지나지 못ᄒ니 이거스로 나라일홈인

줄을 아는거슨 더욱 올치아니ᄒ도다 그런즉 우리나라 국호ᄂᆞᆫ 쟝춫 무어시라ᄒᆞᆯ가 ᄀᆞᆯᅌᆞ되 동국이라 ᄒᆞᆷ이 가ᄒᆞᆯ진되 동양에 잇ᄂᆞᆫ 나라들이 우리나라쑌은 아니나 녯 사름들이 흔히 쓰던 바ㅣ며 우리도 흔히 부르ᄂᆞᆫ 바ㅣ니 이거슬 두고 쟝춫 무어시라 ᄒᆞ리오 근릭 션빅들이 력ᄉᆞ를 편즙ᄒᆞ믹 혹 대동이라 동국이라 ᄒᆞᄂᆞᆫ 일홈을 쓰나 그러나 이거슬 국호로 아는 쟈ㅣ 실노 업스니 슯흐다 이거시 적은 일인듯ᄒᆞ나 실노 국민의 국가정신을 가리워 어둡게ᄒᆞ야 ᄒᆞᆫ 국가의 존망을 ᄒᆞᆫ 죠뎡의 존망으로 그릇알고 ᄒᆞᆫ 민족의 흥쇠를 ᄒᆞᆫ집안 ᄒᆞᆫ셩의 흥쇠로 그릇 짐작ᄒᆞ야… 이거슨 역ᄉᆞ를 져슐ᄒᆞᄂᆞᆫ 쟈의 ᄒᆞᆫ가지 크게 주의를 ᄒᆞᆯ 바ㅣ오"71)라고 하여 국가를 역사상 존재했고 멸망했던 왕조와는 다른, 시간 구속적이지 않은 초월적 실체로 규정하고 있다. 국가의 초월성은 이후 그것을 구성하는 주체의 초월성으로 이전된다.

민족과 인민을 중심으로 그러한 초월적 사고를 하는 경우는 다음의 문장에서 잘 나타난다. "정신으로 된 국가ㅣ라 ᄒᆞᆷ은 무엇을 닐ᅌᆞᆷ인가 그 민족의 독립ᄒᆞᆯ 정신 ᄌᆞ유ᄒᆞᆯ 정신 싱존ᄒᆞᆯ 정신 굴복지 아니ᄒᆞᆯ 정신 국권을 보젼ᄒᆞᆯ 정신 국가 위엄은 발양ᄒᆞᆯ 정신 국가의 영광을 빗나게 ᄒᆞᆯ 정신 등을 닐ᅌᆞᆷ이니라 형식으로 선 국가이라 ᄒᆞᆷ은 무엇을 닐ᅌᆞᆷ이뇨 강토와 님금과 정부의 의회와 관리와 군함과 대포와 륙군과 ᄒᆡ군 등의 나라 형톄를 일운 것을 닐ᅌᆞᆷ이니라 … 그 나라의 민족된 쟈ㅣ 독립과 ᄌᆞ유의 정신만 잇스면 정부와 의회 등 형식이 업슬지라도 … 필경 그 국가를 셰우ᄂᆞᆫ 날이 잇슬지니 이러ᄒᆞᆫ 나라ᄂᆞᆫ 오늘에 흥ᄒᆞ지 아니ᄒᆞ면 명일에 흥ᄒᆞ지 아니ᄒᆞᆯ지라도 필경은 흥ᄒᆞ고 말지니라 … 우리ᄂᆞᆫ 텬하에 나라를 ᄉᆞ랑ᄒᆞᄂᆞᆫ 동포에게 향ᄒᆞ여 국가의 정신을 몬져 세움을 축원ᄒᆞ노라"72)라는 논설에서는 현실적으로 국가가 멸망해도 그것은 형식적인 국가에 불과하다는 점, 동포, 인민, 민족이 정신으로 된 국가를 유지하는 한 언젠가 국가는 다시 만들어질 수 있다는 점을 역설하고 있다.

시간과 공간에 구애받지 않는 정신으로 된 국가를 설정하고 그것의 담지자로 민족, 동포, 인민을 호명하고 있는 것이다. 여기서 주목해야 할 점은 동포, 인민, 민족의 호환성이다. 민족이 초월적 실체로서 호명되고 있지만 아직은 동포, 인민과 동등하게 취급되고 있다.

민족을 초월적 실체로서 간주하는 경향은 점차 발전하여 한국 민족의 특수성을 규정하려는 다양한 시도를 엿볼 수 있는데, 그 가운데 하나가 역사적 단일성을 강조하는 것이다. "세계에 다섯가지 큰 종족이 잇스니 황인종 빅인종 흑인종 젹인종 종식인종"이 있고 여기에 각기 하위 종족이 있는데, 백인종 중에는 희랍, 라틴, 튜튼, 슬라브 족이 있고 황인종 중에는 당족, 퉁구스족, 흉노족, 묘월족 등이 있는 바, "대한민족도 ᄯᅩᄒᆫ 황인종의 일파로 인민이 이천만에 달ᄒ고 나라된지가 ᄉ천년이 지낫스며" 따라서 종족, 언어, 풍속, 역사적인 측면에서 라틴과 슬라브 민족이 섞인 다민족 국가인 오스트리아와 같은 나라와는 다르다고 지적한다. 그러면서 중국, 인도, 일본에서 건너온 사람들이 국민을 만든 것이 아니라 단일한 일파종족이 민족을 만들었으며, 우리 민족의 호칭으로 적합한 것은 조선 민족인데 그 까닭은 부여는 북부 민족을 대표하지 민족 전부를 대표하지 못하며, 한은 삼한의 남부 민족을 의미하여 이 또한 민족 전부를 대표하지 못하며, "다만 우리 대황조 단군ᄭᅨ셔 태빅산에 강림ᄒ샤 우리민족의 나라일홈을 죠선이라 ᄒ셧스며 우리 민족을 죠선사ᄅᆷ이라 ᄒ셧스니 이 죠선이라 ᄒᄂᆫ 두글ᄶᄂᆫ 죡히 우리나라와 우리민족의 젼부를 ᄃᆝ표홀만ᄒ고… 우리 민족의 젼셩ᄒᆫ던 시ᄃᆡ의 일홈인즉 영광의 표도될지라 그런고로 나ᄂᆫ 우리 민족의 종족 일홈을 죠선 민족이라 홈이 가ᄒ다 ᄒ노라"[73]라고 비교적 논리적으로 역사적 근거를 들어가며 설명하고 있다. 여기서 단일 민족이라는 규정, 시조로서의 단군 등 다양한 상징어들이 민족 개념을 더욱 풍부하게 만들고 있음을 알 수 있다.

한편으로 민족에 대해 시공간적으로 개념을 확장하면서, 다른 한편으로 민족의 정치사회적 위상을 세계정세 속에서 규정함으로써 민족의 현재적 의미를 더욱 강화시키는 작업도 볼 수 있는데, 그것은 바로 제국주의와 민족주의라는 규정을 통해서였다. 당시의 세계를 민족주의의 사나운 물결이 이는 홍수의 세계로 규정하거나,74) 제국주의와 민족주의가 날뛰는 세계로 설명하면서 민족주의야말로 민족을 보전하는 방법이라 규정하거나,75) 이십세기 새 국민을 논하면서 세계정세를 제국주의를 숭상하는 약육강식의 세계, 민족들이 서로 경쟁하는 민족주의를 숭상하는 세계로 규정하거나,76) 당시 한국이 처한 어려움을 벗어나기 위해서는 국가정신, 민족정신, 문명주의를 주창해야 한다고 주장하여 민족과 민족주의의 현실적 필요성을 적극적으로 주창하고 있다.77)

이러한 맥락에서 "한국에는 홀연 동양쥬의가 국가의 쥬의를 죽여 업시ᄒᆞᄂᆞ도다"라고 하여, 당시 일부 지식인들이 주장하던 세계주의, 동양주의는 국가를 멸망시키는 사상이라고 단호히 배격하였다. 그러면서 그 대안으로 국가주의를 주창하였는데78) 이때의 국가주의는 전체주의나 국가지상주의를 의미하는 것이 아니라 제국주의적 현실을 오도하는 이상적인 세계주의, 일본의 아시아 및 한국 침략을 오도하는 동양주의에 맞서서 한국을 규정하는 것으로, 오늘날 국민국가들의 세계에서 너무나 당연한 것으로 간주하는 일국적인 발전, 일국의 독립을 주창하는 주의로 해석된다. 즉 국가주의란 세계 각 민족이 자기 나라를 지키자는 주의인 것이다.79)

이런 맥락에서 개인주의 대 민족주의 혹은 개인주의 대 국가주의에서 국가의 우위나 우선성을 강조하는 내용도 전체주의적이거나 집단우선주의라는 해석과는 다르게 해석될 여지가 충분하다. 개인주의는 "즈긔 일신만 싱각ᄒᄂᆫ 쥬의"로 규정되는데80) 이것은 오늘날의 개인주의와 크게 다름을 알 수 있다.

대한매일신보에서 민족 개념은 몇 가지 예외적인 경우를 제외하면 오늘날 사용되는 민족 개념과 유사한 내용을 갖고 사용되었다. 그러나 그렇다고 해서 당시의 민족 개념이 오늘날처럼 다른 개념들보다 더 우월한 지위를 부여받고 있지는 않았다.

2) 계몽기 '민족' 개념의 역사적 특성

국가가 붕괴하고 국권이 상실되어갔던 계몽기에서 국가를 유지하기 위한 시도는 정신으로 된 국가를 유지해야 한다는 주장으로 나타났다. 지금은 망해도 언젠가는 국권을 회복할 것이라는 희망은 국권을 회복할 주체로서 호명된 '민족'이라는 단어에 시대를 뛰어넘는 초월성을 부여함으로써 이루어졌다. 이러한 방식으로 민족 개념은 점차 완성되어 갔다. 그러나 당시의 시점에서 민족 개념은 그것이 오늘날 부여받고 있는 정도의 우선성과 중요성을 갖고 있지는 않았던 것으로 보인다. 이미 본문을 분석하는 과정에서 일부 제시된 바 있지만, 민족과 같은 정도로 중요하게 간주되었던 개념들 혹은 민족과 호환되어 사용될 수 있었던 개념들이 분명 존재했고 어떤 경우에는 민족보다 더 중시되기도 했다.

당시의 시점에서 민족과 호환될 수 있었던 다른 단어들, 국민, 인민, 백성, 동포와 같은 용어들의 용법과 맥락을 추적하는 일은 별도의 논의를 필요로 한다.81) 다만 민족 개념의 용법을 추적하는 과정에서 드러난 다른 단어들과의 관련성 그리고 다른 단어들의 출현 횟수를 근거로 다음과 같은 정도의 추정은 가능하다고 생각된다. 첫째, 군신

(君臣)관계라는 전통적인 권력관계를 표현하였던 신민(臣民)이라는 용어는 국한문판이나 한글판 모두에서 확실히 감소 추세에 있음을 알 수 있다. 둘째, 흥미로운 점으로, 臣民과 유사한 이미지를 갖고 있는 백성이라는 용어는 국한문판과 한글판에서 서로 다르게 나타난다. 국한문판에서 백성은 거의 등장하지 않고 있지만 한글판에서는 상당히 자주 등장하고 있다. 이런 차이가 발생하는 이유는 1907년 국한문판에서 民族이라는 용어가 한글판에서 인종, 인민, 백성 등으로 표현되고 있는 것과 유사하다. 즉 한문과 한글 사이의 번역 과정 혹은 표현 과정에서 서로 다른 용어가 사용되었던 것인데, 국한문판에서 民이라는 용어가 한글판에서는 백성이라는 용어로 번역 혹은 표현되고 있다. 예를 들면 국한문판에서 "大明遺民이라 … 又觀於人民社會ᄒ니"[82]라는 표현이 한글판에서는 "명나라의 ᄭᅵ친 ᄇᆡᆨ셩이오 … ᄇᆡᆨ셩의 샤회를 보니"[83]라고 표현되고 있다. 民·백성과 관련한 이러한 사례는 이후에도 수없이 나타나는데, 적어도 한글판을 기준으로 할 때, 백성이라는 용어는 대단히 활발하게 사용되고 있음을 알 수 있다. 하지만 인민, 국민, 동포라는 한문 용어는 한글판과 국한문판이 큰 차이가 없다. 이러한 상황이 단순한 번역상의 문제인지 아니면 특정한 의도를 가진 것인지, 어떻게 해서 이러한 상황이 초래되었는지는 별도의 작업을 통해 살펴보아야 할 것이다. 셋째, 국민·인민·동포의 경우 민족·백성보다 압도적으로 자주 사용되고 있었다.

당시 대한매일신보에서 민족과 같은 의미로 등장했던 인간집단을 가리키는 용어들과 사용 횟수를 조사하여 〈표 6, 7〉과 같은 결과를 얻을 수 있었다.

민족 개념과 관련한 지금까지의 논의들을 정리해보면 다음과 같다. 첫째, 민족이라는 용어의 출현 시기는 19세기 후반이 되어서야 비로소 등장했다. 둘째, 그런 다음에도 민족이라는 용어는 한동안 별로

표 6 국한문판 『대한매일신보』에서 관련 용어들의 출현 횟수

	1905	1906	1907	1908	1909	1910
국민	76	171	243	324	418	319
민족	없음	26	47	139	126	79
인민	198	385	368	322	221	268
백성	3	5	3	7	5	1
동포	44	63	241	233	481	379
신민	12	20	20	20	11	5

표 7 한글판 『대한매일신보』에서 관련 용어들의 출현 횟수

	1904	1905	1907	1908	1909	1910
국민	없음	23	127	310	425	271
민족	1	없음	1	135	155	117
인민	11	37	82	420	416	585
빅성	125	2	362	195	148	24
동포	2	없음	153	315	510	442
신민	1	1	7	22	9	7

사용되지 않았다. 셋째, 사용되는 경우에도 그것이 뜻하는 바는 현재
의 쓰임새와 겹쳐지는 부분도 있지만 그렇지 않은 부분도 많아서 사
람들의 집단을 가리키는 다른 용어들과 혼용될 수 있는 개념이었고
또 그러한 방식으로 사용되어지는 경우가 왕왕 존재했다. 넷째, 민족
이라는 단어가 오늘날과 같은 쓰임으로 자리 잡게 된 시기는 대략
1907년에서 1908년 사이였다. 1907년의 경우 민족은 인민, 백성, 국
민, 동포와 서로 바꿔 사용되고 있었다. 한자어 民族과 한글 민족이
표현상 일치되는 시기는 1908년부터였다. 다섯째, 어느 정도 그 용법
과 의미가 확립된 이후에도 그것이 갖는 함의는 다른 여러 용어들, 예

를 들어 국민, 백성, 인민, 동포라는 용어들과 호환될 수 있었으며 그런 맥락에서 다른 용어들과 경쟁적이었다. 따라서 당시의 시점에서 민족이라는 개념은 그것이 오늘날과 같이 한국사회를 전체적으로 규정할 정도의 우월적인 함의는 갖지 못했다.

3) 새로운 주권체로의 민족의 등장

일본에 의해 점차 국권이 붕괴되고 주권이 일본에 의해 넘어가게 된 상황에서 더 이상 국가와 국민을 주장하기 힘들게 되자, 새로운 주장이 제기되었다. 국가를 유지하는 새로운 주체, 정신으로 된 국가를 담지 할 주체인 동포, 민족의식의 등장이 바로 그것이다.[84]

한국에서 영어인 state가 전통적인 개념에서의 '국가'로부터 근대적인 의미를 지닌 '국가'라는 개념어로 자리 잡기까지는 방국(邦國), 국(國) 등의 다양한 개념들과 경쟁을 거쳐야했다.[85] 이 과정에서 전통적인 관념을 통해 새로운 개념으로서의 국가를 설명하려는 시도가 나타났다. 즉, 국가를 큰 집으로 비유함으로써, 전통적인 관념을 활용하여 새로운 개념을 이해하고자 했던 것이다. '나라는 곧 일개 큰 집'이란 기사에서 그러한 관념을 발견할 수 있다.[86] 신채호는 '역사와 애국심과의 관계'[87]에서 나라집을 상세히 설명하고 있으며, '시조'와 '나라집' 그리고 '자손'이란 은유로 국가를 설명하는 경우도 발견된다.[88] "나라는 곧 일개 큰 집"이니 "대저 민족이 집을 잃으면 그 민족은 멸망되기 마련"[89]이라는 표현에서도 이러한 관념이 발견된다.

이러한 방식이 전통적인 개념에다 근대적인 개념을 연결시켜 국가를 설명했던 경우라면, 이와 다르게 서구의 국가 개념을 원용하여 설명하는 경우도 있었다. 계몽기 매체에 나타난 국가 개념들을 살펴보면, 서구의 지식을 원용하여 국가에 대한 정의 혹은 국가가 어떻게 구성되는지에 대한 지식을 제공하는 경우가 많았다. 당시 국가에 대한 소개는 대부분 서구의 국가요소설이나 국가유기체론에 입각하여 국가를 설명하고 있었다.

국가요소설을 소개한 유성준은 『법학통론』에서 국가를 국가, 인민, 통치권의 삼 요소를 갖추어야 한다고 정의하였다.90)라고 했으며, 주정균도 『법학통론』에서 국가를 인간, 토지, 권력의 삼 요소를 갖추어야 한다고 정의하였다.91) 1906년 9월 19일부터 11월 22일까지 만세보에 연재된 '국가학'에서도 토지, 인민, 정치기구가 있어야 국가라 할 수 있다고 설명하고 있다.92) 또 김대희(金大熙)는 『이십세기 조선론(二十世紀 朝鮮論)』(1907)에서 토지, 인민, 군주가 합쳐서 국가라 한다고 설명하고 있다.93) 필자 미상의 국민수지(國民須知)94)에서 국가의 본의(本義)를 인민, 토지 그리고 정치조직이 존재해야 국가라 규정할 수 있다고 설명하고 있다. 오석유(吳錫裕)는 태극학보에 실린 「국가」95)라는 기사에서 국가가 국(國)과 가(家)를 병칭한 것이 아니라 국(國)과 동의어라고 설명한 다음 토지 인민 권력을 갖추어야 근대 국가라 할 수 있다고 지적하고 있다. 설태희(薛泰熙)는 대한협회보의 기사 「헌법(속)」96)에서 국가는 토지, 권력, 인민의 3요소로 이루어진다고 설명하고 있다.

이와 함께 국가 유기체설도 널리 사용되고 있었다. 나진(羅晉)과 김상연(金祥演)은 『국가학』에서 국가는 국민들로 이루어진 공동체라고 지적하였다.97) 김성희는 대한자강회월보에 「독립설」98)을 실어 국가유기체설을 설명하고 '국민적 내치 국민적 외교'99)에서도 개인과 사회는 상호관계에 입각한 유기체이며 군주와 개인은 종복 관계가 아니라, 그 모두가 유기체의 한 부분임을 지적하고 있다.

국가요소설의 경우 인민, 토지는 모두 공통적으로 사용하고 있으나, 논자에 따라 군주, 정치조직, 주권 등 다양한 표현을 사용하고 있다. 또 국가유기체설은 군주를 국가를 구성하는 하나의 요소로 병치하고 있음을 알 수 있다. 국가유기체설의 특징은 하나의 유기체를 전제하고 그것의 특성이 비기계적, 비외부적, 비상부적, 비강제적, 비원자론적, 비개인주의적, 비개별주의적이라고 주장하는 데 있다.

위의 두 이론들은 주권 문제를 직접적으로 거론하지는 않았지만, 군주의 존재를 주권의 일부 혹은 상징적 대표체로 거론함으로써 군주가 곧 국가라는 대한국 국제의 규정을 부정하고 있다. 이 관점은 나아가 국가는 군주의 소유가 아니라는 규정으로 발전하여, 국가와 군주의 관계를 엄격하게 구분하고 있다. 하지만 이 경우에도 주권이 어떻게 발생하는지에 대해서는 여전히 애매한 태도를 취하고 있다.[100] 이에 비추어, 계몽기 지식인들은 소극적이나마 군주 주권설을 부정하고 국가의 일 구성 부분임을 강조했음을 알 수 있다.

이처럼 국가와 국민의 관계가 불분명하게 설정된 상황에서 일본에 의한 주권 침략은 가속화되었다. 그리하여 국가를 위해 모든 것이 바쳐져야 한다는 국가주의가 널리 확산되어갔다. 대한매일신보는 '국가의 정신을 발양ᄒ라'라는 기사에서 국가가 위기에 처한 상황에서 국가를 절대시하는 주장을 펼치고 있다.[101] 또한 '한국인이 마땅히 지킬 국가주의'를 주장하면서 국가를 보존하는 것이 최우선의 과제임을 제시하고[102] 나아가 국가 없이 어떻게 인권이나 국민이 존재할 수 있겠는가라고 반문하고 있다.[103]

이러한 주장은 일본에 의해 국권이 거의 붕괴될 시점에 이르러서는 국가보다 국가정신을 더욱 강조하는 방식으로 초점이 바뀌게 된다. 대한매일신보는 '정신으로 된 국가'라는 논설에서 국가 형식을 규정하는 것은 국가정신이며 국가가 없어지더라도 국가정신이 살아 있으면 국가는 영원할 것이라는 방식으로 논의를 전개하고 있다.[104] 이러한 주장이 제기된 것은 이미 일본의 보호국으로 전락한 상황이어서 독자적인 근대 국가를 건설할 현실성이 불가능해졌기 때문이었다. 그리하여 새로운 대안으로서 국가를 건설할 정신, 국수(國粹)를 유지하자는 주장이 본격적으로 제기되었다. 그리하여 국가의 정신을 가진 주체로서 인민, 인민, 국민, 민족을 주장하고, 이러한 주체들이 국가정신을 유지하고 있는 한, 국가는 망하지 않을 것이란 논리가 만들어졌던 것이다.

여기서 등장한 것이 국민과 민족을 구분하는 개념의 등장이다. 유길준은 『서유견문』에서 "개화한 자의 國에도 반개화한 자도 有하며 미개화한 자도 有한지라 國人이 일제히 개화하기는 極難한 事니"[105]라고 설명하고 있는데, 이때 국인은 한 나라의 인민 즉 오늘날 국민 개념과 일치함을 알 수 있다. 그리고 『정치학』에서는 족민이란 명칭을 사용하여 그것을 국민과 구분하고 있다.[106] 이러한 구분은 계몽기에도 나타난다. 대한매일신보의 논설 '민족과 국민의 구별'에서는 양자의 차이는 국민이 되겠다는 정신이 존재하는가의 여부에 달려 있다는 식으로 설명[107]되고 있는데 이는 청나라 말기의 사상가 양계초(梁啓超)가 소개한 블룬츨리의 국가학설에 따라 서술한 것이다.[108]

이렇게 볼 때, 국민 형성에서의 문제는 결국 주권체로서의 국민을 상상하는 문제이다. 이를 위해 주어진 한계 속에서나마 국민을 형성하기 위해 다양한 방식이 동원되었다. 그러나 개항 이후 많은 시간이 흘렀음에도, 실제로 국민이라는 단어가 자주 나타났던 것은 1905년 이후의 일이었고 본격적으로 사용되었던 것은 이미 대한제국이 붕괴 직전에 다다른 1907년 이후의 현상이다. 그 이전에는 전통적인 위계적 질서 개념에 입각하여 "임금은 집안 어른이요 백성은 자식들"[109]이란 형태로 우리됨을 상상하였다. 이러한 논조에서 주권체를 지닌 국민이란 개념은 존재할 수 없었다.

하지만 현실적으로 부국강병을 이루기 위해서는 인민을 동원해야만 했고, 그렇게 되기 위해서는 기존의 충군애국이란 개념만으로는 부족한 점이 많았다. 아무런 권리 없이 의무만 주어질 경우, 백성들이 국가와 일체감을 갖기란 불가능했을 것이란 점은 너무도 분명하다. 따라서 근대국가형성을 위한 자원동원이란 측면에서도 최소한의 권리가 주어지는 국민을 설정할 필요가 있었다. 그러나 그럴 경우, 주권에 대한 어느 정도의 변화는 불가피했다.

이러한 상황을 모면하기 위해 다른 방식의 담론이 동원되는 경우를 볼 수 있다. 즉 임금과 백성, 아버지와 자식보다는 덜 위계적인 공동체로 국민을 상상하게 하는 것이다. 이를 위해 가족과 같은 전통적 개념과의 유비(類比)를 통하여 우리됨을 설명하고 있는데 이때, 등장하는 개념이 바로 '동포'이다. '동포'의 경우에는 군주-백성의 관계를 부모-자식 관계에 견주어 국가를 이해하려는 은유가 힘을 잃었을 때, 새롭게 제시될 수 있었던 은유 중 유력한 것으로 형제 관계를 앞세웠던 것이다.110) 나라와 민족을 집과 가족이란 개념으로 설명하고, 가족의 그것을 가부장적 질서가 아니라 보다 평등한 형제애가 반영된 동포라는 개념으로 설명하고 있는 것이다.111)

하지만 동포라는 개념도 구체적인 제도화가 불가능한 개념이었다. 결국 본격적인 국민 개념이 등장하기 전까지는 이러지도 저러지도 못하는 일종의 막다른 길에 봉착하고 있었던 것이 당시의 상황이었음을 알 수 있다. 베네딕트 앤더슨은 민족을 '제한되고 주권을 가진 것으로 상상되는 공동체'112)라 규정한 바 있지만, 공동체라는 것이 상상되기 위해서는 분명 그에 적합한 제도화가 필수적이었다. 주권은 결코 상상으로 존재할 수 있는 것은 아니며, 현실 속에서 제도화될 때만 가능한 개념이었다.

주권을 지닌 존재로서 민족에 대한 강조가 가능했던 것은 왕권에 대한 부정, 주권을 가진 인민의 존재라는 점이 분명해졌기 때문이었다. 국민주권을 부정하고, 군주정을 옹호함으로써 보수적인 근대화의 길을 주장했던 다른 여러 근대국가형성 논리와 달리, 국민 주권 개념이 보다 명확하게 드러나는 노선, 즉 근대국민국가형성을 지향했던 노선은 명시적으로 공화정을 주장했던 신민회(新民會)와 대한매일신보에서 비로소 그 모습을 찾을 수 있다.

1907년에 설립된 신민회의 정치적 지향은 국민, 민족, 민족주의, 국수(國粹)와 국가주의를 강조했던 대한매일신보를 통해 드러나고 있다. 그러나 일본에 의해 대한제국의 주권이 거의 무력화될 무렵이라는 정치적 상황의 엄중함 때문이겠지만, 신민회 관련 자료들과 대한매일신보의 근대국민국가구상은 엄밀한 형태의 체제구상이라기보다는 원칙의 선언형태로 나타나고 있다. 신민회는 대한자강회가 해산될 무렵인 1907년 4월에 양기탁과 안창호가 주도하여 창립되었었다.

신민회는 당시의 다른 여러 단체들과 달리 입헌군주정이 아니라 공화정체를 추구했다.[113] 정치체제에 대한 논의가 군주정에서 공화정으로 변화했다는 것은 혁명적인 사건이라고 할 수 있다. 뿐만 아니라 신민회와 대한매일신보의 지향은 이후 국내외에서 무장 투쟁의 근거와 더불어 독립운동의 논리를 제공했다는 점에서 근대 국민국가 형성 논리에 커다란 기여를 했다.[114] 신민회의 체제구상은 일본과의 통합 내지 부속국으로의 전락을 예상하고 타협적인 참정권운동 등에 노력을 기울였던 대한협회 등의 지향과는 분명히 구분되는 것이었다.

대한매일신보는 신문의 발행 목적이 "국가의 정신을 발양하라 한 이 열자로다"라고 지적하고 있다.[115] 그리고 그 대상이 일부 지식인이 아니라 이천만 동포라는 점도 분명히 하고 있다. "대저 국가를 보전하는 법은 그 국민의 국가정신이 단단한 것이 필요하거늘 오늘날 한국동포 이천만 명 중에 능히 국가와 민족의 관계가 어떠한 것을 아는 사람이 몇 사람"116)이나 되겠느냐고 질문하면서 국가정신을 보존할 주체로 국민, 동포, 민족을 상정하고 있다.

그리고 현실적으로 국가가 붕괴해가고 있었던 상황에서 국가를 지킬 수 있는 대안은 국가 자체가 아니라 언젠가 국가를 다시 만들겠다는 '국가정신을 가진 국민'을 형성하는 것임을 밝히고 있다. 그러면서 "오호라 대한민족은 마지막에 승리를 얻는 민족이로다. … 날마다 분발하여 나아가면 마지막에 필경 승리가 동포의 수중으로 돌아오리라"117)라는 논설에서는 역사를 민족 간의 경쟁이라는 틀 속에서 서술하고 대한 민족이 미래에 승리할 것임을 논하고 있다.

그리고 현실적으로 국가가 멸망해도 정신으로 된 국가가 살아 있으면 무너지는 것은 형식적인 국가이며, 언젠가 국가는 다시 만들어질 것이라는 점을 역설하고 있다.118) 이러한 논리 속에서 현재의 세계를 제국주의와 민족주의의 투쟁이라고 정의하면서, 민족주의의 사나운 물결이 이는 홍수의 세계,119) 제국주의와 민족주의가 날뛰는 세계로 설명하면서 민족주의야말로 민족을 보전하는 방법이라 규정하고 있다.120) 그리고 이십세기 새 국민을 논하면서 세계정세를 제국주의를 숭상하는 약육강식의 세계, 민족들이 서로 경쟁하는 민족주의를 숭상하는 세계로 규정하면서121) 이에 대처하기 위해 국가정신, 민족정신을 주창해야 한다고 주장하여 민족과 민족주의의 현실적 필요성을 적극적으로 주장하고 있다.122)

즉, 대한매일신문은 정신으로 된 국가를 유지하는 주체로 국민, 민족을 주창함으로써 국가를 국민국가로 정의했으며, 비록 무너져가고 있었지만 새롭게 만들어질 국가는 민족 혹은 국민이 주체가 되는 국민국가라는 것을 분명하게 제시했던 것이다. 이러한 논리는 대한제국이 일본에 의해 붕괴된 이후 식민지 시대를 거치면서 일본에 대항하는 독립운동의 기본 정신으로 기능하였다. 국내외의 독립운동 세력들은 이러한 논리를 받아들여 임시정부를 만들거나, 교육 혹은 무장 투쟁을 통해 일본에 대항하였던 것이다. 그런 점에서 대한매일신보의 주장은 이후 한국 역사에 대단히 중요한 역할을 수행했다고 할 수 있다.

1) 베네딕트 앤더슨, 『상상의 공동체』(나남, 2002), p.24.

2) 대표적인 사례로 신용하, 『韓國民族의 形成과 民族社會學』(지식산업사, 2001); 강만길, 『고쳐 쓴 한국근대사』(창작과 비평사, 2006).

3) 한영우, 『한국민족주의의 역사학』(일조각, 1994).

4) 신용하, 『韓國近代社會史研究』(一志社, 1987); 노영택, 『한말 국민국가건설 운동과 민족교육』(신서원, 2000).

5) 한국의 민족주의 역사학에 대한 개괄적인 비판으로 임지현·이성시 엮음, 『국사의 신화를 넘어서』(휴머니스트, 2004).

6) 대표적인 연구로 한국언론사 연구회 엮음, 『대한매일신보연구』(커뮤니케이션북스, 2004)가 있으며 이전에는 이광린·유재천·김학동 저, 『대한매일신보연구』(서강대학교 인문과학연구소, 1986)가 있다.

7) 김동택, "근대(近代) 국민(國民)과 국가(國家) 개념(槪念)의 수용에 관한 연구(研究)," 『대동문화연구』 41(대동문화연구원, 2002) 참조.

8) 김동택, "독립신문의 근대국가 건설론," 『근대 계몽기 지식의 발견과 사유지평의 확대』(소명출판사, 2006), p.209.

9) 「憲會員選定」, 『황성신문』, 1905.5.25. 잡보.

10) 김동택, "근대(近代) 국민(國民)과 국가(國家) 개념(槪念)의 수용에 관한 연구(研究)," 『대동문화연구』 41(대동문화연구원, 2002) 참조.

11) 윤천근, 『유학의 철학적 문제들』(법인문화사, 1966), p.80.

12) 유길준, 「개화의 등급」, 『서유견문』, 유길준 전서 I. 유길준 전서편찬위원회(일조각, 1996), p.397.

13) 유길준·한석태 역주, 『정치학』(경남대 출판부, 1988), pp.41-45.

14) 장호익, "사회경쟁적," 『대조선유학생친목회회보』 6(1897), p.12, p.57.

15) "서세동점의 기인," 『황성신문』, 1900.1.12. 기서.

16) 〈표 1, 2, 3〉은 대한매일신보 한글본을 기초로 만들었다.

17) "국가의 정신을 발향ᄒ라," 『대한매일신보』, 1909.1.5. 논설.

18) 『대한매일신보』, 1909.6.18. 논설.

19) 〈표 4〉와 〈표 5〉는 대한매일신보의 국한문판과 한글판을 모두 참조했다.

20) 『대한매일신보』, 1904.9.3. 42, 논설.

21) 『대한매일신보』, 1906.1.4. 115, 논설.

22) 『대한매일신보』, 1906.3.29. 180, 논설.

23) 『대한매일신보』, 1906.6.29. 257, 기서.

24) 『대한매일신보』, 1906.7.20. 275, 논설.

25) 『대한매일신보』, 1906.8.4. 288, 논설.

26) 『대한매일신보』, 1906.8.7. 290, 논설.

27) 『대한매일신보』, 1906.8.21. 302, 논설.

28) 『대한매일신보』, 1906.4.15. 194, 기서.

29) 『대한매일신보』, 1906.4.13. 193, 기서.

30) 『대한매일신보』, 1906.4.13. 193, 기서.

31) 『대한매일신보』, 1906.8.1. 285, 논설.

32) 『대한매일신보』, 1907.7.4. 554, 논설.

33) 『대한매일신보』, 1907.7.5. 32, 논설.

34) 『대한매일신보』, 1907.7.10. 559, 논설.

35) 『대한매일신보』, 1907.7.11. 37, 논설.

36) 『대한매일신보』, 1907.7.23. 570, 기서.

37) 『대한매일신보』, 1907.7.24. 48, 기서.

38) 『대한매일신보』, 1907.9.7. 607, 논설.

39) 『대한매일신보』, 1907.9.8. 85, 논설.

40) "今我二千萬民族지," 『대한매일신보』, 1907.2.6; "二千萬 同胞여 我韓民族이 天
下大勢를 能히 利用乎아," 『대한매일신보』, 1907.10.29. 별보; "薦良師于二千
萬同胞 使我韓半島 二千萬民族으로 四千年 祖國精神을," 『대한매일신보』, 1907.
10.29. 기서; "此二千萬 神聖民族으로 … 保護란 者는 國家의 最慘厄이오 覇絆
이란 者는 民族의 大苦痛이니," 『대한매일신보』, 1907.12.22 論說과 같은 표현
이 그러한 사례이다.

41) "猶太民族," 『대한매일신보』, 1907.1.9. 413, 기서; '鳴呼라 現今 宇內之亡國民
族이야 … 世界上 亡國 民族을 免치 못흘지니 鳴呼라 大韓同胞여," 『대한매일신
보』, 1907.4.20. 491, 논설; "我韓國民族을 … 四千年獨立花史를 有흔 我民族이
… 韓民族은 自國의 外交權과 軍政權과 經濟權을 外人의게 盡賣ㅎ고," 『대한
매일신보』, 1907.6.21. 기서; "台灣民族이," 『대한매일신보』, 1907.8.11. 별보;
"日本民族의 團合力으로 從生흔 거시라," 『대한매일신보』, 1907.9.25. 논설;
"朝鮮民族의 固有흔 武氣의 神功이며," 『대한매일신보』, 1907.10.9. 별보; "英
國民族이라 稱ㅎ는 人은," 『대한매일신보』, 1907.11.5. 논설; "英國民族과 日本

人이 互相校中을 維持ᄒᄂ 形態로,"『대한매일신보』, 1907.11.6. 논설.

42) "世界無不驚羅甸民族之奮發特性,"『대한매일신보』, 1907.3.15. 기서.

43) "高句麗 民族이나 嗚呼라 現今 宇內之亡國民族이야,"『대한매일신보』, 1907. 4.20. 논설.

44) "… 余曰 我國 民族이 四千年 獨立ᄒ던 資格으로 비록 今日 此境에 至ᄒ엿스나,"『대한매일신보』, 1907.9.12. 기서; "韓國民族은 … 四千年獨立花史를 有ᄒ 我民族이 … 韓國民族은 自國의 外交權과 軍政權과 經濟權을 外人의게 盡賣ᄒ고,"『대한매일신보』, 1907.6.21. 기서.

45) "無能無爲의 民族이라 譏ᄒ리오,"『대한매일신보』, 1907.4.11. 논설; "國家를 速亡케ᄒ며 困窮ᄒ 民族을 盡滅케ᄒ며,"『대한매일신보』, 1907.9.10. 논설; "撫念民族에 血淚汪洋이라,"『대한매일신보』, 1907.9.14. 기서; "其行事가 民族的 惡을 不生케 ᄒ기에 不能이로다,"『대한매일신보』, 1907.9.19. 논설; "民族을 警醒ᄒ야,"『대한매일신보』, 1907.10.3. 별보; "皇室과 國家와 民族의 安危如何ᄂ 付在夢外ᄒ고,"『대한매일신보』, 1907.10.15. 기서; "東亞諸民族은 … 諸民族이 光輝ᄒ 新文明天地에 다시 活動雄飛코ᄌᄒᄂ 則日本이 是也요 其次ᄂ 我韓일ᄯᄒ도다,"『대한매일신보』, 1907.11.9. 논설; "吾人은 新時代에 出生ᄒ 民族이로다. 我民族의 生滅存亡에 … 一地方과 一國家의 時勢ᄂ 利害關係를 共同ᄒᄂ 民族間의 産物이라,"『대한매일신보』, 1907.11.12. 별보; "夫保種者ᄂ 此民族이 他民族의 殄滅을 受치 아니ᄒᄌ면,"『대한매일신보』, 1907.12.3. 논설; "然則 同家之興亡과 民族之存滅이 …,"『대한매일신보』, 1907.9.6. 기서.

46) "民族과 物種이,"『대한매일신보』, 1907.6.8. 기서; "現今 吾韓民族이 … 大韓은 東士의 文明古國이오 一般 民族이 皆禮義成俗ᄒ 優等人種이라,"『대한매일신보』, 1907.9.7. 논설; "全國民族,"『대한매일신보』, 1907.11.23. 기서.

47) "민족과 국민의 구별,"『대한매일신보』, 1908.7.30. 논설.

48) "泰西政學家曰 國家ᄂ 有機體의 組織이라 ᄒ고 又 曰 國家ᄂ 集合民人之筋肉關節ᄒ야 綜錯以構造라 ᄒ니,"김성희, "독립설,"『대한자강회월보』7(대한자강회, 1906), pp.15-16.

49) 국가유기체설은 당시 안종화, 『국가학강령』(1907)과 정인호 역술, 『국가사상학』(1908)에서 널리 소개되었던 블룬칠리의 저작에서 찾아볼 수 있는데, 특히 梁啓超는 『政治學大家伯倫知理之學說』, 飮氷室文集之十三, 頁 71-72(1903)에서 블룬칠리의 저작을 소개한 바 있다. 당시 한국의 지식인에게 큰 영향을 미쳤던 양계초의 저작에 실린 블룬칠리의 저작 또한 상당한 영향을 미쳤을 것이라 생각된다. 당시 저작들에 대한 상세한 설명은 김효전, 『근대한국의 국가사상』(철학과 현실사, 2000), p.120.

50) 『대한매일신보』, 1908.7.3. 논설.

51) "국민경칭의 대셰,"『대한매일신보』, 1910.8.5. 논설.

52) "공업을 맛당히 힘쓸 것우시싱," 『대한매일신보』, 1908.6.7. 기서.

53) "신씨 문즁에 홍학계," 『대한매일신보』, 1908.6.5. 논셜.

54) "가족 교육의 젼도," 『대한매일신보』, 1908.6.11. 논셜.

55) "가족 학회를 경고홈," 『대한매일신보』, 1908.8.6. 기서.

56) "호남학회의 완미홈을 의론홈," 『대한매일신보』, 1908.8.16. 논셜.

57) "호남학회에 경고홈," 『대한매일신보』, 1908.7.19. 논셜.

58) "각학회는 과연 근친ᄒᆞᄂᆞᆫ가," 『대한매일신보』, 1908.10.30. 논셜.

59) "한국사름은 가히 ᄀᆞᄅ칠만ᄒᆞ고 못ᄀᆞᄅ칠만 ᄒᆞᆯ 것을 ᄒᆞᆫ번 의론홈," 『대한매일신보』, 1908.7.28. 논셜.

60) "녯젓셔칙을 발간ᄒᆞᆯ 의론으로 셔젹출판ᄒᆞᄂᆞᆫ 졔씨에게 권고홈(쇽)," 『대한매일신보』, 1908.12.19. 논셜.

61) "글을 번역ᄒᆞᄂᆞᆫ 사름들에게 ᄒᆞᆫ번 경고홈," 『대한매일신보』, 1909.1.9. 논셜.

62) "고금을 슯혀보라," 『대한매일신보』, 1909.1.15. 논셜.

63) "만쥬문뎨를 인ᄒᆞ여 다시 의론홈," 『대한매일신보』, 1910.1.19. 논셜.

64) "외국인을 위ᄒᆞ여 졍탐에 죵ᄉᆞᄒᆞᄂᆞᆫ 쟈를 효유ᄒᆞ노라," 『대한매일신보』, 1910.2.17. 논셜.

65) "마즈막 승리를 엇는 민족," 『대한매일신보』, 1910.4.23. 논셜.

66) 『대한매일신보』, 1908.1.9. 기서.

67) "토디 가옥을 외국이의게 매도ᄒᆞᄂᆞᆫ 쟈를 경고홈," 『대한매일신보』, 1908.1.10. 논셜.

68) "진보ᄒᆞᆸ시다 동포여 희운즉," 『대한매일신보』, 1908.9.27. 기서.

69) "쳥국황뎨와 셔태후의셔 승하ᄒᆞ신후 쳥국문뎨에 ᄃᆡᄒᆞᆫ 연구," 『대한매일신보』, 1908.11.24. 논셜.

70) "민권을 부르는 글," 『대한매일신보』, 1909.3.17. 기서.

71) "력ᄉᆞ에 ᄃᆡᄒᆞᆫ 좁은 소견 두 가지," 『대한매일신보』, 1908.6.17. 기서.

72) "졍신으로 된 국가," 『대한매일신보』, 1909.4.29. 논셜.

73) 『대한매일신보』, 1910.5.11. 기서.

74) 『대한매일신보』, 1908.8.9. 논셜.

75) 『대한매일신보』, 1909.5.28. 논셜.

76) 『대한매일신보』, 1910.2.23. 논셜.

77) 『대한매일신보』, 1910.3.3. 논셜.

78) 『대한매일신보』, 1908.12.17. 논셜.

79) 『대한매일신보』, 1908.12.24. 논셜.

80) 『대한매일신보』, 1909.11.21. 논셜.

81) 계몽기 '국민'과 '민족'에 대한 분석으로 최기영, "한말 계몽기 '국민'과 '민족'에 대한 인식,"『나라사랑 독립정신 학술논문집 I』, 국가보훈처 편(국가보훈처, 2005) 참조.

82) 『대한매일신보』, 1907.7.10. 논설.

83) 『대한매일신보』, 1907.7.11. 논설.

84) 2000년대 초반 한국 근대 개념사 연구를 시작으로 최근 이에 대한 본격적인 연구서가 출간되었다. 김동택, "近代 國民과 國家槪念의 수용에 관한 硏究," 성균관대학교 대동문화연구원, 『대동문화연구』(2002); 김동택, "大韓每日申報에 나타난 '民族' 槪念에 관한 硏究," 성균관대학교 대동문화연구원, 『大東文化硏究』 61집(2008); 박찬승, 『민족 민족주의』(소화, 2010).

85) 예를 들어 유길준의 『서유견문』(1895)에서는 邦國·國·국가라는 단어가 혼용되어 사용되고 있다.

86) 『대한매일신보』, 1909.5.13.

87) 『대한협회회보』 제2호(1908), p.5.

88) 『대한매일신보』, 1909.8.6. 사조.

89) "나라는 곧 일개 큰 집,"『대한매일신보』, 1909.5.13. 논설.

90) 유성준, 『법학통론』, 국민교육회, 1907(아세아문화사, 1981), p.65; 한국법제연구원(1997).

91) 주정균, 『법학통론』(광학서포, 1908), pp.100-102.

92) 김효전 역주, 『동아법학』 7호(1988), pp.229-380.

93) 김대희, 『20세기 조선론』(중앙서관, 1907), 『근대한국공연예술사 자료집 1, 개화기~1910년』(1984)에 재수록, p.195.

94) 『국민수지』 현채, 『유년필독석의(幼年必讀釋義)』 4권 2책(1909). 『국민수지』 는 황성신문, 현채의 유년필독, 유년필독석의, 대한자강회월보, 헌정요의, 대한교육회보 등에 실려 있다.

95) 『태극학보』 제12호(1907), pp.29-30.

96) 『대한협회회보』 제5호(1908), p.29.

97) 나진·김상연 역술, 『국가학』(1906), pp.4-5.

98) 『대한자강회월보』 제7호(1906), pp.15-16.

99) 『대한협회회보』 제4호(1908), p.25.

100) "國家及皇室의 分別", "君主의 主權," 현채, 『국민수지』, 『유년필독석의(幼年必讀釋義)』 4권 2책(1909) 참조.

101) 『대한매일신보』, 1909.1.5.

102) 『대한매일신보』, 1909.6.18.

103) 『대한매일신보』, 1909.10.26.

104) 『대한매일신보』, 1909.4.29.

105) 유길준, "개화의 등급,"『서유견문』, 유길준 전서 I, 유길준 전서편찬위원회 (일조각, 1996). p.397.

106) 유길준·한석태 역주, 『정치학』(경남대 출판부, 1988), pp.41-45. "족민은 종족이 서로 같은 일정한 인민의 무리를 말함이고 국민은 같은 나라에 거주하는 일정한 인민의 갈래를 말한다. 족민은 인종학상의 의미로서 법인의 자격을 갖지 않으며, 국민은 법률상의 의미로서 법인의 자격을 갖는다. 따라서 족민은 국가와 반드시 그 구역을 같이 하지 않아 한 족민이 몇 나라에 나누어지기도 하며 한 국가가 몇 개의 족민을 포함하기도 하나, 국민은 국가와 반드시 그 구역을 함께 하여 국경 내에 거주하는 사람들로 종족을 불문하고 모두 한 국가의 민이니 한 국가가 몇 개의 국민을 가질 수는 없는 것이다.… 족민의 기원은 공동의 혈통이다.… 여러 족민이 한 나라에 존재하게 되면 서로 알력하여 국가의 안정을 파괴하게 되고 마침내 우등 족민이 세력을 차지하여 열등 족민을 압복하고 학대하는 결과를 빚게 된다.… 미루어 보건대, 천하에 한 임금과 사해에 한 나라 되는 황금세계를 바란다는 것은 황하의 물이 맑아지기를 기다리거나 곤륜산의 눈이 없어지기를 바라는 것과 다름 아니다."

107) 『대한매일신보』, 1908.7.3.

108) 梁啓超, "政治學大家伯倫知理之學說,"『飮氷室文集之十三』(1903), pp.71-72.

109) 『협성회 회보』, 1898.3.5. 논설.

110) 권보드래, "가족과 국가의 새로운 상산력,"『한국현대문학연구』 10(2001).

111) "여보시오 동포남네 내 육신이 생겨나면 한 집안의 혈속이나 이천만의 형제 되어 한 강토에 생장한다 나라이라 하는 것이 한 집안과 일반되니 몸과 나라 그 관계가 이렇듯이 밀접하고,"『대한매일신보』, 1909.9.12. 시사평론.

112) 베네딕트 앤더슨, 윤형숙 역, 『민족주의의 기원과 전파』(나남, 1991).

113) 『한국독립운동사』 제1권(1970), pp.1023-1026.

114) 조항래 편저(1993).

115) 『대한매일신보』, 1909.1.5.

116) 『대한매일신보』, 1909.6.18.

117) 『대한매일신보』, 1910.4.23.

118) 『대한매일신보』, 1909.4.29.

119) 『대한매일신보』, 1908.8.9.

120) 『대한매일신보』, 1909.5.28.

121) 『대한매일신보』, 1910.2.23.

122) 『대한매일신보』, 1910.3.3.

종장

결론:
보수적 근대화의 궤적

결론: 보수적 근대화의 궤적

근대로의 이행 과정에서 대한제국의 붕괴가 초래된 사회정치적 기원은 사회경제적인 구조로부터 야기되는 사회적 압력과 이에 대해 적절하게 대응할 수 없었던 지배체제의 구조로부터 찾을 수 있다.

1) 사회경제적 측면의 모순구조에서 비롯된 대한제국의 붕괴

18세기 이래 농업의 생산형태에 있어서 근본적인 변화는 노비노동에 입각한 농장이 점차 경제적 관계에 입각한 병작제로 대체되어갔다는 것이다. 농장제에서 병작제로의 변화는 지배-피지배 관계와 지배계급 내부에서의 권력관계에 결정적인 변화를 야기시켰다. 농장의 해체와 더불어 계약에 입각한 병작제의 확대가 사회변동에 미친 영향

가운데 가장 결정적인 것은 과거 농민들에게 제공되었던 사회적 보호
장치가 붕괴되었다는 점이다. 농민들의 소농화는 농민들이 국가기구
와 중간관료가 자행하는 부세수취에 아무런 보호장치 없이 노출되게
끔 했다.

이러한 사회변동은 농민들의 존재 조건을 근본적으로 위협하였다.
과거처럼 권세가 혹은 국가기구로의 투탁이라는 최후의 피신처마저
사라진 상황에서, 국가기구와 중간관료들에 의해 자행되는 수취는 농
민들의 몰락을 재촉하였으며, 일단 몰락할 경우 생존마저 위협받게
되었다. 그리하여 농민들은 불가피하게 집단적인 항쟁에 나서게 되었
던 것이다. 그런데 농민들의 항쟁은 직접적으로 국가기구를 대상으로
발생하였다. 이는 농장제에서 병작제로의 변화가 야기시킨 농민 통제
방식의 변화에서 기인한다.

상황을 더욱 악화시켰던 것은 부를 근거로한 신분상승과 매관매직
이 확대되면서, 지배계급들이 국가 기구를 계급적 이해관계에 직접적
으로 종속시켰다는 점이다. 관직을 차지한 지배계급들이 관직을 활용
하여 계급적 이익을 확대시킬수록 국가의 재정은 더욱 악화되었고 농
민들이 감당해야 할 압력의 정도가 높아질 수밖에 없었다. 그 결과
19세기 지배계급은 노골적인 억압성과 기생성을 특질로 갖게 되었던
것인데, 이러한 상황은 구조적으로 농민항쟁의 요인을 배태하고 있었
던 것이다.

물론 한말의 농민항쟁은 복고적이고 근왕적인 특성으로 인하여 왕
보다는 지주관료들을 주요한 공격 대상으로 삼았다. 농민들의 공격으
로 인해 19세기 초반 왕권을 위협할 정도로 강화되었던 지주관료들의
권력은 결정적인 정치적 우위를 확보하는 데 커다란 장애에 봉착하게
되었다. 그러나 농민항쟁은 지주관료계급의 정치적 위상에 타격을 주
기는 했지만, 과거와의 혁명적 단절이란 계기를 제공하는 데는 실패

함으로써, 근대로의 이행과정에서 억압적인 정치체제가 등장할 가능성을 배태하고 있었다.

2) 대한제국 지배구조 자체의 문제에서 비롯된 붕괴 요인

이러한 사회적 압력에 적절히 대응하지 못함으로써 대한제국의 붕괴를 야기시켰던 다른 하나의 요인은 대한제국의 지배 구조 자체로부터 기인했다. 결정적인 문제는 기존 정치체제의 지배자들이자 동시에 수혜자들이었던 조선의 지배계급이 국가강화에 요구되는 개혁을 거부하였다는 점이며, 계급적 이익을 실현하기 위해 개혁에 나설 만한 세력이 구조적으로 부재했다는 점이다. 세력지배계급 내부에서 개혁을 수행할 만한 세력들은 국제정세에 밝았던 몇몇 인물들에 불과했던 것이다.

하나의 정치세력으로서 왕이 추구했던 개혁도 이러한 구조적 요인으로 인해 좌절될 수밖에 없었다. 대원군과 그 뒤를 이은 고종은 왕권강화를 통한 국가강화를 시도하였다. 외압과 관료들의 반발에도 불구하고 왕권 강화노력은 지속적으로 추구되었으며, 또 상당 부분 승리를 거두었다. 고종은 대한제국의 성립을 통해 기존 지배계급의 정치적 권력을 봉쇄하는 데 성공했다. 하지만 고종에 의해 추진된 왕권강화정책은 국가강화라는 최종적인 목적을 달성하기에는 구조적인 문제를 안고 있었다. 왕권의 강화를 위해 농민들뿐만 아니라 지배계급들마저 배제함으로써 정치적으로 대단히 취약한 입지를 갖고 있었다.

지배계급의 일원으로서 고종은 농민들에게 적대적이었다. 또한 고종은 왕권에 위협이 될 수 있는 지배계급의 어떠한 분파들과도 정치적 연합을 추구하지 않았다. 즉 고종이 추구했던 목표는 왕권을 강화함으로써 농민들에 대한 억압과 지주제의 발전을 보장해주면서도 지배계급들로부터 자율성을 누릴 수 있는 국가강화전략을 추구하였다.

하지만 조선사회에서는 이러한 목표를 달성하기 위해 요구되었던 집단이 존재하지 않았다. 신분제의 철폐와 관직 등용에서의 개방정책을 추구했음에도 불구하고, 고종의 통치기반이 될 만한 세력들의 기반은 존재하지 않았다. 심지어 천민이나 서얼 출신들을 실무관료로 발탁하여 근왕세력으로 삼았음에도 불구하고, 이들 또한 주어진 정치구조하에서, 지배계급으로부터의 자율성을 가진 독자적 세력이 되기는커녕, 기존의 지배계급이 그랬던 것처럼 관직을 근거로 부의 축적을 시도함으로써 국가의 기반을 침식시키는 데 기여했다. 요컨대 일본의 사무라이들이나 프로이센의 관료처럼 지배계급의 구성원이면서도 경제적 지배계급과는 구별되는 분파들이 존재하지 않았고 또 생성될 수도 없었던 상황이야말로 대한제국의 국가강화전략을 구조적으로 제약했던 근본적인 한계였다.

그리하여 고종이 달성할 수 있었던 최대한의 결과는 얼마 되지 않는 중앙의 지주관료들을 정치권력으로부터 배제시키는 것에 불과했다. 물론 지배계급의 한 분파로 간주될 수 있는 독립협회와의 정치적 동맹을 통해 국가를 강화하는 방식은 가능했을지도 모른다. 실제로 고종은 독립협회를 활용하여 대한제국을 수립하고 황제가 됨으로써 이러한 가능성을 보여주었다. 하지만 일단 목적을 달성한 다음 고종 자신이 독립협회를 탄압했을 뿐만 아니라, 독립협회가 기존의 지주관료들을 대체하기에는 정치적 기반이 취약했다. 또 내부적으로 고위관료들로부터 이상주의적인 개혁가 그룹을 포괄하는 상이한 정치적 지향을 가진 세력들로 형성되어 있었던 까닭에, 고종에 의한 탄압하에서 정치적으로 분열됨으로써 한계를 노출하였다.

고종은 쿠데타와 암살의 위협 속에서 친위세력을 강화시키고자 하였으나 결국 소수의 황실관료들만을 만들어냈을 뿐이며 그들조차도 계급적인 역할 면에서 기존 지배계급들과 하등의 차이가 없었다. 또한 고종의 왕권강화정책은 농민, 기존의 고위관료들, 독립협회와 같은 정치 지향적 사회세력들 모두를 적으로 돌림으로써 국가의 정치적 기반을 와해시켰다. 특히 지주관료들이 장악하고 있었던 국가의 여러 기구들을 체계적으로 배제함으로써 국가의 쇠퇴를 불가피하게 만들어냈던 것이다.

그 결과 개항 이후 급격히 확대되어간 상품 경제의 발전 속에서 이윤을 확대시킬 결정적인 국면을 목전에 두고 있었던 한말 지배계급들이 만성적인 농민항쟁으로 인해 심각한 위협을 받게 되었음에도 불구하고 황제가 주도하는 대한제국이 농민항쟁으로부터 지배계급에 대한 적절한 보호를 제공하는 데 실패하게 되자 외부로부터 제공되는 보호를 적극적 혹은 소극적으로 인정함으로써 대한제국은 붕괴되었던 것이었다. 농민항쟁이 계속되는 가운데 지주계급들은 각기 자위의 수준에서 계를 조직하거나 농민 보호를 통해 기득권을 유지하려 했지만, 이러한 시도는 분명한 한계가 있었다. 지배계급의 이해를 위협하는 농민들의 항쟁을 억압할 수 있는 강력한 국가권력을 필요로 했던 상황과 반대로 국가는 점차 쇠퇴해갔던 것이 한말의 현실이었다.

이러한 상황에 직면하여, 지배계급들은 홉스(T. Hobbes)가 언급했던 국가인 리바이어던이 필요했다. 즉 그들은 절대권력만이 절대소유권을 보호할 수 있다는 현실을 받아들일 수밖에 없었던 것이다. 조선의 지배계급들은 정치적 권력을 양보하는 대신 그 대가로 지배계급으로서의 재생산을 안정적으로 확보할 수 있는 방법, 지주제의 발전을 보장받음으로써 이윤을 축적할 수 있는 하나의 대안으로서 일본 제국주의의 적극적 혹은 소극적 하부 동맹자가 되었던 것이었다.

이러한 맥락에서 근대로의 이행과정에서 대한제국의 붕괴와 식민지체제의 등장을 야기시켰던 역사적 맥락은 정체성론이 주장하는 것처럼 조선사회의 정체성으로부터 야기되었다기보다는 농업 생산에서의 병작제의 확대가 야기시킨 사회적 압력이 초래한 정치적 결과로 이해되어야 할 것이다.

그리하여 한국의 근대 경험은 외부로부터 주어진 압력에 대응하는 과정에서 대부분의 인민을 배제한 채 지배계층이 스스로의 이익을 보수하기 위해 주도했던 대단히 보수적인 근대화의 한 경로로 규정될 수 있을 것이다.

근대사 연표

1800년	정조 죽고 세자 즉위(순조). 대왕대비(영조계비 정순왕후) 수렴청정을 함
1801년	오가작통법 실시. 서얼소통 시행, 내사노비 폐지, 중국인 신부 주문모(周文謨) 등 30여 명의 교도가 처형되는 '신유교난(辛酉敎難)' 일어남. 황사영 백서 사건 일어남
1804년	순조의 친정 시작
1805년	안동김씨의 세도정치 시작
1808년	북청(北靑)·단천(端川)에서 민란 발생. 조선 후기의 재정, 군정에 관한 사항을 모아 놓은 『만기요람(萬機要覽)』 완성
1811년	곡산 등에서 민란 일어남. 홍경래(洪景來)의 난(평안도 농민전쟁) 일어남
1812년	4월 19일, 홍경래 전사, 난이 평정됨
1814년	함경도 일대, 경상도 지방에 대홍수
1817년	삼남지방에 대홍수
1818년	경상도 유생(儒生)들, 상소(上疏)로 채제공(蔡濟恭)의 신원을 요구. 정약용, 유배지 강진(康津)에서 『목민심서(牧民心書)』 완성
1819년	전국적인 인구조사 실시(호수: 153만 3,515호, 인구: 651만 2,349명)

1822년	호적법을 강화하고 인삼밀수출을 엄금함
1823년	경기·충청·황해도 등 5도 유생들이 '만인소(萬人疏)'를 올려 서얼(庶孼)의 임용을 요청
1824년	정하상(丁夏祥)이 베이징에 가 교황에게 사제 파송을 요청. 감자씨 전해짐
1827년	왕세자(익종) 대리청정. 호적법 정비. 전라·경상도에서 천주교도 탄압(정해교난)
1830년	효명세자(孝明世子) 병사, 왕세자 책봉
1831년	경희궁 중건 완료. 로마 교황청이 천주교 조선교구 창설
1834년	순조가 죽고 왕세손 즉위(헌종), 대왕대비(순조의 비, 純元王后 金氏)가 수렴청정
1835년	전국에 전염병 유행
1839년	유진길·정하상(丁夏祥) 등 천주교도 처형됨(己亥敎難). 헌종 '척사윤음(斥邪綸音)' 반포
1840년	헌종의 친정 시작. 풍양 조씨(豊陽趙氏) 세도정치 시작
1841년	전국적으로 전염병 유행
1845년	김대건, 상하이(上海)에서 조선인 최초의 신부가 되어 밀입국
1846년	프랑스 해군 천주교 탄압을 구실로 군함 3척 끌고 왕에게 항의서한 전달. 김대건 신부, 새남터에서 순교
1849년	헌종이 죽고 원범(元範) 즉위(철종)
1851년	철종 혼인(純明王后 金氏). 김씨 세도정치 재개. 철종의 친정
1853년	왜관(倭館)을 다시 건립
1855년	영남의 유생들 '만인소(萬人疏)'를 올려 장헌세자(莊獻世子)의 추존(追尊)을 상소
1857년	최한기(崔漢綺)가 세계지리서 『지구전요(地球典要)』 저술 완료
1859년	『대명률(大明律)』 『대전통편(大典通編)』 등 간행. 원자(元子)

죽음

1860년　4월　최제우(崔濟愚) 경주에서 동학(東學)을 창시

　　　　9월　철종 경회궁으로 천궁(遷宮)

1861년　3월　과거 때 금전거래를 금함

　　　　4월　창덕궁으로 환어

　　　　9월　김정호(金正浩)의『대동여지도(大東輿地圖)』완성·간행. 러시
　　　　　　아 함대, 함경도 원산항(元山港)에 들어와 통상을 요구

1862년　2월　진주 민란 등 충청·전라·경상도 곳곳에서 잇단 민란 일어남

　　　　5월　삼정문란을 해결하기 위해 삼정이정청 설치, 1850년 이후에
　　　　　　세운 서원을 철폐

1863년 11월　동학 교주 최제우 체포됨

　윤 12월　철종 사망, 고종 즉위. 흥선군을 대원군(大院君)으로 봉하고,
　　　　　　대왕대비 조씨가 수렴청정을 시행

1864년　1월　김정호『대동지지(大同地志)』완성

　　　　2월　비변사(備邊司)와 의정부(議政府)의 업무분장

　　　　3월　최제우 대구에서 사형당함

1865년　3월　한성부 준천공사 시작. 비변사를 의정부에 병합. 만동묘 철폐

　　　　4월　경복궁 중건을 위해 원납전을 내게 함

　　　　5월　삼군부 설치

　　　11월　『대전회통(大典會通)』편찬

1866년　1월　병인박해

　　　　2월　대왕대비의 수렴청정 끝내고 왕에게 환정(還政)

　　　　3월　민치록(閔緇祿)의 딸이 왕비가 됨(민비)

　　　　6월　오페르트가 통상을 요구

　　　　7월　미국 상선 제너럴셔먼호, 군민(軍民)에 의해 불탐

　　　　9월　프랑스 함대 강화도 점령, 양헌수(梁憲洙) 등이 대파

	11월	당백전 주조
1867년	2월	서울 각 성문에서 통과세(通過稅) 징수
	6월	청전의 통용을 허용
	11월	경복궁의 근정전(勤政殿)·경회루(慶會樓) 완공
1868년	2월	당백전(當百錢)의 통용을 허용
	3월	3군부 직제를 확정
	4월	오페르트의 남연군묘 도굴사건
	7월	고종 경복궁으로 이어
1869년	3월	흥인지문의 개축 완료
	7월	전국 8도(八道) 4도(四都)에 원납전(願納錢) 납입 독촉
	11월	전국 호구조사(호구: 161만 4,016호, 인구 676만 5,319명)
	12월	일본의 국서 접수를 거부
1871년	3월	사액(賜額) 서원 47곳만 남기고 전국의 서원을 철폐. 호포법 시행
	4월	미국군대 강화도 점령(신미양요). 전국에 척화비를 세움
1872년	5월	초량왜관을 철폐하고 국교를 일시 중단함
1873년	2월	선혜청 화재
	10월	성문세 폐지
	10월	최익현, 대원군을 배척하고 시폐(時弊)를 논단하는 상소 올림
	11월	국왕, 친정 선포(대원군 실각)
1874년	2월	김옥균 홍문관교리에 임명
	3월	강화도 연안 포대 축조 완성
	7월	일본과의 국교단절 책임을 물어 경강삼사와 동래부사 처벌
	11월	달레(프랑스 신부)의 저서 최초의 『한국교회사』 발간
1875년	5월	고종 창덕궁에서 경복궁으로 이어
	8월	일본 군함 운요호를 포격하여 퇴각시킴

	12월	전국호구조사(호구: 163만 4,908호, 인구: 669만 4,818명)
1876년	1월	일본 구로다와 이노우에가 조약체결을 위해 남양만에 도착함. 최익현(崔益鉉) '척사소(斥邪疏)'로 일본과의 통상조약에 반대, 흑산도에 유배
	2월	조일수호조규(朝日修好條規: 강화도조약·병자수호조약)에 조인
	3월	김기수를 일본파견 수신사에 임명
	7월	일본과 무역장정 조인
	8월	김기수, 『일동기유』 지금
	10월	전국에 방곡령
1877년	2월	부산에서 일본인이 경영하는 제생의원(濟生醫院)이 종두(種痘) 실시
	7월	천주교 조선교구 주교 리델(프랑스인) 및 두새·로베르 신부 등 체포
	10월	일본공사 하나부사 일행이 입국
	12월	전국 호구조사(호구: 158만 2,287호, 인구: 660만 7,547명)
1878년	6월	일본 제일은행 부산지점이 설립됨
	11월	일본 대리공사 하나부사가 동래수사에게 세관철폐를 요구하며 무력시위를 벌임
1879년	4월	청의 요청으로 리델 등 프랑스 신부를 베이징으로 귀환 조처
	5월	홍우창(洪祐昌), 일본 대리공사 하나부사와 원산개항예약 의정서(議定書)에 조인
	6월	전국에 콜레라 확산
	12월	지석영, 종두(種痘) 실시
1880년	2월	준천사와 한성부에 개천을 준설하게 함
	3월	김홍집을 일본수신사(日本修信使)에 임명
	4월	원산에 일본 영사관 개관

	5월	일본에 수신사 파견
	8월	수신사 김홍집이 왕에게 아뢰고 조선책략 등을 전달
	9월	청의 리홍장이 서양 각국과 교류할 것을 권유함
	12월	삼군부(三軍府)를 폐지하고 통리기무아문(統理機務衙門)을 설치
1881년	2월	경상도 유생 이만손, 조선책략을 비난하는 만인소를 올림
	4월	박정양, 홍영식, 어윤중 등 신사유람단이 일본 시찰 시작. 별기군 설치
	6월	전국에 척사윤음 반포
	8월	신사유람단이 돌아와 왕에게 결과를 보고
	9월	김윤식을 영선사로 하여 유학생 28명을 청에 파견함
	11월	주전소 설치
	12월	5군영 폐지. 무위영과 장어영 신설
1882년	4월	조미(朝美)수호조약과 조영(朝英)수호조약 등을 체결함
	5월	조독(朝獨)수호통상조약 조인
	6월	구식 군인들 급료 체불, 급여 양곡 변질, 정량 부족 등에 분노하여 난을 일으킴(壬午軍亂). 대원군, 청군에 의해 납치, 청국으로 호송
	7월	일본과 제물포조약 및 수호조규속약(修好條規續約) 체결
	8월	박영효(朴泳孝)를 일본특사 겸 수신사로 일본에 파견(선중에서 태극기를 고안). 전국에 척화비 철거를 명함
	11월	통리내무아문 설치
	12월	삼군부와 기무처를 통리군국사무아문으로 통합함
1883년	1월	태극기를 국기로 정함
	2월	재정위기 타개를 위해 당오전(當五錢)을 주조
	4월	초대 미국공사로 푸트 부임, 수호조규(修好條規)를 비준·교환. 기기국(機器局) 설치
	6월	전권대신 민영익을 미국에 파견

	7월	화폐주조를 위한 전환국 설치. 인쇄소인 박문국 설치
	10월	조영(朝英)수호통상 조약, 조독(朝獨)수호통상조약 조인
	11월	박문국, 『한성순보』 발행
1884년	2월	부산~나가사키(長崎) 간 해저 전선 개통
	3월	우정총국(郵政總局) 개설
윤	5월	이탈리아 및 러시아와 수호조규에 조인
	10월	개화당 일파 정변을 일으킴(甲申政變). 3일천하. 고종 새 내각 조직
	11월	5개 조항으로 된 조-일 한성조약 체결
	12월	최초의 전등 사용
1885년	1월	고종 경복궁으로 환궁
	2월	광혜원 설립, 미국인 의사 알렌 진료 실시
	3월	광혜원 제중원으로 개칭. 영국함대 거문도를 불법점령. 박문국에서 광인사로 옮겨 『한성순보』 속간
	5월	내무부 설치
	8월	아펜젤러가 배재학당 설립. 대원군 귀국
	10월	위안스카이가 조차조선총리교섭통상사의로 부임
	12월	국한문 혼용 『한성주보』 발간
1886년	1월	노비세습제 폐지, 노비 매매금지
	4월	언더우드, 학당 개설(儆新學校). 선교사 스크랜튼 이화학당 설립
	5월	프랑스와 수호통상조약 체결
	6월	최초의 근대식 교육기관인 육영공원 설립
	7월	조-러 밀약설
1887년	2월	영국함대 거문도에서 철수
	3월	조선전보총국 설치
	4월	아펜젤러가 최초의 감리교회 정동교회(貞洞敎會) 창립

	6월	박정양을 주미공사에, 심상학을 주 영, 독일, 러시아, 이탈리아, 프랑스 겸임공사에 임명. 광무국(鑛務局) 설치. 새문안교회 창립. 상공회의소 개설
1888년	2월	근대식 사관양성학교 연무공원 창설
	4월	군제 개편
	6월	박문국이 통리교섭통상사무아문에 소속되고 『한성주보』 폐간. 삼남지방에 큰 흉년
1889년	1월	함북 길주와 강원 정선 등지에서 민란 발생
	2월	주전소 폐지
	9월	함경도 감사 조병식. 방곡령 실시 유길준(兪吉濬) 『서유견문록(西遊見聞錄)』 완성
1890년	1월	함경도 방곡령 설회 부산·인천의 25객주 철폐. 침례교회 선교 시작. 커피·홍차 등이 소개되고 서양의 배·사과·복숭아 등이 원산(元山)·길주(吉州)·대구(大邱) 등지에서 재배 시작
1891년	3월	제주민란 발생
	8월	한성에 일어학당 개설. 한성 원산 간 북로전선 준공
	12월	연해주 조선인들이 러시아 국적을 취득
1892년	9월	한성에 약현성당 준공
	11월	전환국 현대식 화폐 주조
1893년	3월	동학교도 2만여 명, 충청도 보은군 장내에서 '척왜척양(斥倭斥洋)' '창의(倡儀)'를 내세우고 농성시위
	3월	어윤중 보은에서 동학교도 해산 설득
	4월	동학교도 해산
	10월	흉년으로 부산과 원산에 방곡령 실시
	12월	전봉준 등 학정 시정을 진정. 최초로 전화기 들여옴. 블라

디보스토크에 한인촌 건립
1894년 1월 동학교주 최시형(崔時亨) 무장봉기 선포. 전봉준 지도하에
고부관아 점령(갑오농민전쟁시작)
2월 김옥균, 상하이에서 홍종우에게 암살당함
3월 전봉준 호남창의대상소 설치
4월 농민군 황토현에서 관군격파. 이재마, 『동의수세보원』 집필,
전주성 함락
5월 청군 아산만 상륙. 일본군 인천에 상륙. 전주화약. 농민군
전주에서 철수. 일본의 내정개혁 요구
6월 일본군이 경복궁 침입. 흥선대원군 옹립. 일본 해군이 아산만
에서 청의 군대 전멸시킴. 군국기무처 설치. 갑오개혁 시작.
김홍집 내각 성립. 각종 관제개혁. 농민군 집강소 설치
7월 조세 금납화 의결, 군국기무처 과거제도 폐지, 은본위제,
도량형 개혁. 제1차 김홍집 내각 설립
8월 일본군 평양에서 청군 격파, 청일전쟁에서 승리
9월 동학교주 최시형 무력봉기 선언
10월 손병희와 전봉준이 논산에서 합류. 정부 일본군에 토벌권
양도. 흥선대원군 은퇴. 동학군 우금치에서 일본군에 패배
11월 제2차 김홍집 내각 성립. 군국기무처를 폐하고 중추원 설치
12월 전봉준 순창에서 체포됨. 고종 홍범 14조 발표. 의정부를
내각이라 칭함. 주상전하를 대군주폐하로 함. 농민군 진압됨
1895년 2월 영은문 철거
3월 동학 사령관 전봉준 등 사형
4월 유길준 『서유견문』 일본에서 간행. 덕수궁에 전등가설. 훈련
대 등 설치
윤 5월 고동 갑오개혁 비판
7월 제3차 김홍집 내각 설립. 친미파와 친러파가 정권에 참여

	8월	명성왕후를 시해한 을미사변 발생. 내각 개편, 친일내각 설립
	9월	태양력 채용, 태양력 사용(음력 1895.11.17.을 1896년 1월 1일 로). 훈련대 해산
	10월	춘생문 사건 발생. 단발령 선포함. 소학교령(小學校令) 공포
1896년	1월	연호 건양(建陽) 사용. 무관학교 관제 공표. 일본 헌병대 설치
	2월	이범진·이완용 등 고종 및 왕세자를 러시아 공사관으로 도피 시킴(아관파천, 俄館播遷). 김홍집, 정병하 처형. 유길준 망명, 어윤중 피살
	4월	민영환, 러시아 황제 대관식에 전권공사로 파견. 서재필,『독 립신문』창간
	6월	안경수 조선은행 설립
	7월	서재필, 윤치호, 독립협회 설립. 관립 소학교 설립
	8월	정치제도 개편(23부 폐지, 전국을 13도로 구획함)
	9월	내각을 의정부로 환원
	11월	독립협회 영은문 자리에 독립문 기공(1897년 11월 20일 준공)
1897년	2월	한성은행 설립. 고종 경운궁으로 환궁
	3월	경인선 기공식
	5월	독립협회 모화관을 고쳐 독립관을 세우고 협회 사무실로 사용
	8월	단발령 취소. 연호를 광무(光武)로 고침
	10월	원구단 건립. 고종 칭제를 선포함. 국호를 '대한제국(大韓帝 國),' 왕의 호칭을 '황제'로 정함. 황제 즉위
1898년	1월	한성전기회사 설립
	2월	독립협회, 종로 네거리에서 만민공동회 개최
	3월	배재학당 협성회,『매일신문』창간
	5월	명동성당 준공
	7월	황국협회 결성
	8월	『제국신문』창간

10월	독립협회 관민공동회 개최. 헌의 6조 올림
11월	독립협회 해산을 명함. 협회 지도자들 체포
1899년 1월	대한천일은행 설립
3월	주미공사에 민영환. 주러 공사에 이범진 임명. 관립의학교 설립
4월	중학교 관제 공포. 의원관제 공포
5월	서대문-청량리 간 전차 개통. 영학당 조직
6월	상공학교 관제 공포
8월	대한국 국제 반포
9월	경인선 개통
12월	독립신문 폐간
1900년 1월	만국우편연맹에 가입
2월	충청도에 활빈당 출몰. 1904년까지 활발하게 활동함
3월	원수부 관제개정
4월	종로에 최초의 전등 가설
6월	외국어학교 규칙 공포
7월	한강철교 준공
8월	국내부 관제 공포
12월	태극기 규정 반포
1901년 2월	신식화폐조례 공포. 금본위제 채택
5월	제주도에 이재수의 난 발생
8월	한성 홍인지문 밖에서 전등 시점식
10월	혜민청 설치. 광제원(廣濟院) 개설. 서울에 전차 운행 시작. 대한국 국제 반포. 경인선 완성. 『독립신문』 폐간. 관립경성 의학교부속병원(현 서울대 부속병원) 설립
1902년 1월	민영찬, 헤이그 만국평화회의에 대표로 임명

2월   출판법 공포

3월   손탁이 정동에 손탁호텔 건립

5월   경의철도 기공식. 현채(玄采), 광문사 설립

8월   군부와 경무청에 단발령

10월 도량형 규칙 공포

11월 수민원 설치. 이민사무주관

12월 제1차 하와이 이민 121명 출발

1903년 2월   궁내부 내에 박문원 설치

3월   법률학교 설립. 서북철도국 서북철도 기공식

6월   주한 외국공사들, 러시아 공사관에서 비밀회담. 장지연(張志淵) 『대한강역고(大韓疆域考)』 등 편찬

7월   최초의 안남미 수입

8월   하와이 호놀룰루에서 신민회 설립

12월 경부선 철도(영등포에서 수원 간) 준공

1904년 1월   러시아와 일본 사이에서 중립을 선언함

2월   일본군이 한성에 진입. 한일의정서(韓日議定書) 조인. 의주(義州)를 개방

3월   이토 히로부미(伊藤博文), 특파대사로 내한

4월   일본이 한국에 주차사령부(駐箚司令部) 설치함

5월   러시아와 체결했던 모든 조약과 협정의 폐기를 선언함

8월   송병준(宋秉畯) 등, 유신회(維新會) 조직

20일에 일진회(一進會)로 개칭

21일, 제1차 한일협약(韓一協約) 체결

11월 16일, 제중원(濟衆院: 세브란스병원) 낙성식

26일, 원직(元稷)·나유석(羅裕錫), 보부상을 규합, 진명회(進明會) 조직(12월 共進會와 통합)

12월 미국인 친일외교관 스티븐스, 외교고문에 임명

21일, 대한적십자사 발족, 세계적십자사에 가맹

1905년 1월　화폐조례 공포

　　　2월　22일, 일본 독도(獨島)를 강점, '다케시마(竹島)'로 명명.
　　　　　시네마 현에 편입시킴

　　　3월　21일, 도량형 법 공표
　　　　　25일, 고종 황제, 러시아 정부에 밀서

　　　4월　이용익(李容翊), 보성학교(普成學校) 설립(고려대학). 안창호,
　　　　　공립협회 창립

　　　11월　공립협회 샌프란시스코에서 『공립신보』 창간
　　　　　9일, 일본특파대사 이토 히로부미(伊藤博文) 내한
　　　　　17일, 박제순과 일본공사 하야시(林權助), 제2차 한일협약(乙
　　　　　巳條約, 을사조약) 조인. 민영환 자결

　　　12월　1일, 손병희(孫秉熙), 동학(東學)을 천도교(天道敎)로 개칭
　　　　　21일, 일본, 한국 통감부(統監府) 및 이사청(理事廳)관제
　　　　　공포 시행. 초대 통감에 이토 히로부미가 부임

1906년 2월　통감부 설치

　　　3월　2일, 초대통감 이토 히로부미가 입국. 윤치호, 윤호정,
　　　　　장지연 등 대한자강회 조직

　　　4월　21일, 엄비(嚴妃), 진명(進明)여학교 설립

　　　6월　4일, 최익현(崔益鉉)·신돌석(申乭石) 등 의병 일으킴

　　　7월　2일, 일본 경찰, 경운궁(덕수궁)의 경비권 강탈

　　　8월　일본 한국주차군 사령부 설치
　　　　　18, 최익현·임병찬 등 9명 대마도에 유배
　　　　　31일, 『한성신보』 폐간

　　　9월　1일, 통감부의 기관지로 『경성일보(京城日報)』 창간

　　　10월　1일, 지방행정구역 개편(13도 11부 333군으로 개편)
　　　　　18일, 한국 최초의 기념우표 발행

19일, 가톨릭교에 주간지로 『경향신문』 창간

11월　1일, 최초의 소년잡지 『소년한반도』 창간. 최초의 전국적
　　　　호구조사 실시

1907년　1월　29일, 서상돈(徐相敦) 등, 국채보상운동(國債報償運動)

　　　　4월　고종 헤이그 만국평화회의에 이준, 이상설 등을 밀사로 파견

　　　　5월　현채(玄采), 유년필독 편찬

　　　　　　　22일, 이완용(李完用) 내각 성립

　　　　　　　23일, 한글판 『대한매일신보』 창간

　　　　6월　내각관제 공포, 황제권한을 축소하고 의정부 폐지

　　　　7월　14일, '헤이그밀사사건'(李儁 분사)

　　　　　　　16일, 총리대신 이완용, 황제에게 양위를 강요

　　　　　　　24일, 한일신협약(韓日新協約: 丁未七條約) 및 비밀부 각서 조인

　　　　　　　31일, 군대해산 조칙(詔勅) 발표

　　　　8월　2일, 연호를 융희(隆熙)로 함

　　　11월　안창호 등 신민회 설립

　　　12월　허위, 이인영 등 13도 창의군 결성

　　　　　　　27일, 경운궁에서 순종, 황제 즉위식

1908년　1월　허위 13도 창의군 한성 30리까지 진격

　　　　　　　7일, 청진항(淸津港) 개항

　　　　3월　전명운·장인환·스티븐스 저격

　　　　4월　1일, 관립한성고등여학교(현 京畿女高) 설립. 부산역 개설

　　　　9월　안창호(安昌浩) 등 대성학교(大成學校) 설립

　　　11월　1일, 최남선(崔南善), 최초의 월간종합지 『소년(少年)』 창간.
　　　　　　　최초의 신극 이인직(李仁稙)의 『은세계』, 원각사에서 공연

　　　12월　한성에 동양척식주식회사 설립

1909년　1월　나철(羅喆), 대종교(大倧敎) 창시. 이범진 러시아에서 자결

　　　　2월　1일, 미주(美洲) 한국인단체들, 통합해 국민회로 발족

6월   2일, 『대한민보(大韓民報)』 창간
10월   24일, 안중근(安重根), 하얼빈에서 이토 히로부미를 사살.
조선은행(현 한국은행) 창립
1910년 3월   26일, 안중근, 여순(旅順)감옥에서 사형당함
8월   16일, 총리대신 이완용, 조중응(趙重應)과 통감 데라우치(寺內
正毅)를 방문. 한일합방에 관한 각서 교부
22일, 이완용·데라우치, 한일합병조약에 조인
10월   1일, 총독에 데라우치 통감이 임명됨

참고문헌

〈일차자료〉

『갑신일록』.

『고종실록』.

『공립신문』.

『관보』.

『기호흥학회월보』.

『대조선유학생친목회회보』.

『대한매일신보』.

『대한자강회월보』.

『대한협회회보』.

『大韓興學報』.

『독립신문』.

『西友』.

『승정원 일기』.

『신한민보』.

『일성록』.

『태극학보』.

『통문관지』.

『한국독립운동사』.

『한성순보』.

『한성주보』.

『협성회회보』.

『湖南學報』.

『황성신문』.

강덕상. 『갑신갑오기의 근대변혁과 민족운동』. 청아, 1983.

강만길. "대한제국의 성격." 『창작과 비평』 여름호. 1978.

_____. 『근대 한국사상사 연구』. 미래사, 1983.

_____. 『조선시대 상공업사 연구』. 한길사, 1984.

_____. 『고쳐 쓴 한국근대사』. 창작과비평사, 2006.

강명관. "조선후기 경아전 사회의 변화와 여항문학." 『대동문화연구』 제25집. 성균관대 대동문화연구원, 1990.

강재언. "봉건체제 해체기의 갑오농민전쟁." 안병직·박성수 외. 『한국근대민족운동사』. 돌베게, 1980.

_____. 『한국의 개화사상』. 비봉출판사, 1981.

_____. 『한국근대사연구』. 한울, 1982.

강훈덕. "일제하 소작쟁의의 성격에 대한 일고찰: 1921년부터 1932년까지 소작쟁의의 내용분석을 중심으로." 『한국사 논총』 4. 1981.

강희경. "트림버거의 '위로부터의 혁명'." 한국사회사 연구회 논문집. 『서구 사회사 이론의 조류』. 문학과 지성사, 1987.

고동환. "대원군 집정기 농민층 동향과 농민항쟁의 전개." 한국역사연구회. 『1894년 농민전쟁연구 2: 18·19세기의 농민항쟁』. 역사비평사, 1992.

고석규. "16~7세기 공납제 개혁의 방향." 『한국사론』 12. 1985.

_____. "19세기 농민 항쟁의 전개와 변혁주체의 성장." 한국역사연구회. 『1894년 농민전쟁연구 1: 농민전쟁의 사회경제적 배경』. 역사비평사, 1991.

_____. 『19세기 조선의 향촌사회 연구』. 서울대학교 출판부, 1998.

고정휴. "대한민국임시정부의 통합정부수립에 대한 재검토."『한국근현대사연구』 13. 2000.

구범모. "개화기 정치의식 상황: 1876년부터 1910년까지의 개화과정에 대한 정치사적 고찰." 한국정치학회. 『한국정치학회보』 3. 1969.

구완회. "선생안을 통해본 조선후기의 수령."『경북사학』 4. 1982.

宮嶋博史. "조선 갑오개혁 이후의 상업적 농업."『한국근대경제사연구』. 사계절, 1983.

_____. "광무양안의 역사적 성격."『대한제국기의 토지제도』. 민음사, 1990.

宮嶋博史 외. 『한국근대경제사연구』. 사계절, 1983.

권보드래. "가족과 국가의 새로운 상상력."『한국현대문학연구』 10. 2001.

권석봉. 『청말 대조선정책사 연구』. 일조각, 1986.

권용기. "『독립신문』에 나타난 '동포'의 검토." 한국사상사학회. 『한국사상사학』 제12집. 1999.

권태억. 『한국근대면업사 연구』. 일조각, 1989.

권태환·신용하. "조선왕조시대 인구추정에 관한 일 시론."『동아문화』 14. 1977.

근대사연구회 편. 『한국중세사회 해체기의 제문제』 상, 하. 한울, 1987.

길야성. "조선 개국후의 곡물수출에 대하여." 청아편집부 편. 『갑신갑오기의 근대변혁과 민족운동』. 청아, 1983.

김경태. 『근대한국의 민족운동과 그 사상』. 이화여대출판부, 1994.

_____. 『한국근대경제사연구』. 창작과 비평사, 1994.

김경택. "한말 중인층의 개화활동과 친일 개화론."『역사비평』 여름. 21. 1993.

김기정. "조선정부의 청차관도입 1882~1894."『한국사론』 3. 1976.

_____. "조선정부의 독일차관도입 1883~1894."『한국사연구』 39. 1982.

_____. "갑오경장기 일본의 대조선 경제 정책."『한국사연구』 47. 1984.

_____. "청의 조선 종주권 문제와 내정간섭." 역사문제 연구소. 『역사비평』

3. 1988.

_____. "1890년 서울상인의 철시동맹파업과 시위투쟁." 『한국사연구』 67. 1989.

_____. "한말자본주의 열강의 이권침탈연구." 『역사비평』 겨울. 11호. 1990.

김대준. "조선말기의 국가예산에 관한 연구." 『경제사연구』 21. 1973.

김대희. 『20세기 조선론』. 중앙서관, 1907. 『근대한국공연예술사 자료집 1 개화기~1910년』. 1984.

김도형. "대한제국의 개혁사업과 농민층 동향." 『한국사 연구』 41. 1983.

_____. "대한제국시기의 외래상품 자본의 침투와 농민층 동향." 『학림』 6. 1984.

_____. "한말 계몽운동의 정치론 연구." 『한국사연구』 54. 1986.

_____. "한말 친일파의 등장과 문명개화론." 『역사비평』 23. 1993.

김도훈. "1910년대 초반 미주한인의 임시정부 건설론." 『한국근현대사연구』 10. 1999.

김동택. "한국 자본주의의 농업적 기원." 『정치비평』 제3호. 푸른숲, 1997.

_____. "19세기말 근대국가 건설과정에서 나타난 정치적 균열: 갑오개혁과 광무개혁을 중심으로." 『정치학회보』 34집. 4호. 2000.

_____. "근대 국민과 국가개념의 수용에 관한 연구." 『대동문화연구』 제41집. 2002.

김상기. "갑오경장과 갑오 을미의병." 『국사관 논총』 36. 국사편찬위원회, 1992.

김상연 강술. 『헌법』. 1908. 영인본. 관악사, 2004.

김석근. "식민지하(1919~1932) 한국농촌의 사회구조변혁운동에 관한 연구: 농민분화와의 상관관계를 중심으로." 한국정신문화연구원 석사논문. 1983.

김성보. "일제하 조선인 지주의 자본전환사례: 예산의 성씨가." 『한국사연구』 76. 1992.

김소영. 「한말 지식인들의 입헌론과 근대국가 건설」. 『한국학 연구』 43. 2012.

김소진. 『한국독립선언서연구』. 국학자료원, 1998.

김수암. 「한국의 근대외교제도 연구」. 서울대 대학원 박사학위논문. 2000.

김숙영. "1880년대 민씨 척족정권의 정치적 성격." 이화여자대학교 석사학위 논문. 1991.

김순덕. "1876~1905년 관세정책과 관세의 운용."『한국사론』15. 1986.

김신재. "독립협회의 중추원 개편운동과 그 성격."『경주사학』제10집. 1991.

김영모.『조선조 지배층연구: 관료양반의 사회학적 고찰』. 일조각, 1977.

김영모.『한국지배층연구』. 일조각, 1982.

김영작.『한말 내셔널리즘연구: 이상과 현실』. 청계연구소. 1989.

김영호. "조선후기에 있어서 도시상업의 새로운 전개."『한국사연구』2. 1968.

김영희. "대한제국시기 잠업진흥책과 민영잠업."『대한제국연구』5. 1986.

김옥균.『김옥균 전서』. 한국문헌연구소 편. 서울: 아세아문화사, 1979.

김옥균, 조일문 역주.『갑신일록』. 건국대학교 출판부, 1977.

김옥근.『조선왕조재정사연구』. 일조각, 1984.

김용구.『세계관 충돌의 국제정치학: 동양 예와 서양 공법』. 나남, 1997.

김용덕. "동학군의 조직에 대하여." 한국사상연구회.『한국사상』12. 1974.

김용섭. "서평 독립협회연구."『한국사연구』12. 1976.

_____. "한말에 있어서의 중답주와 역둔토지주제."『동방학지』20. 1978.

_____. "근대화 과정에서의 농업개혁의 두 방향." 조용범 외.『한국자본주의 성격논쟁』. 대왕사, 1988.

_____.『한국근현대농업사연구』. 일조각, 1992.

김용옥.『독기학설-최한기의 삶과 생각』. 통나무, 1990.

김운태.『조선왕조행정사: 근대편』. 일조각, 1984.

김원모.『근대한미교섭사』. 홍익사, 1979.

_____. "乾淸宮 멕케電燈所와 韓國最初의 電氣 點燈(1887)."『史學志』21. 1987.

_____. "정동구락부연구."『박영석교수 화갑기념논총』. 1992.

김원희. "대한제국기의 전기사업." 서울대 석사학위논문. 1996.

김윤식. 「陰晴史」.『韓國史料叢書: 6』. 國史編纂委員會, 1958.

김의환 외.『근대 조선의 민중운동: 갑오농민전쟁과 반일의병운동』. 서울: 풀빛, 1982.

김인걸. "조선후기 향권의 추이와 지배층 동향: 충청도 목천현 사례." 서울대학교 한국문화연구소. 『한국문화』 2. 1981.

_____. "조선후기 향촌사회통제책의 위기." 『진단학보』 58. 1984.

_____. "조선후기 향촌사회 권력구조변동에 대한 시론." 『한국사론』 19. 1988.

_____. "조선후기 촌락조직의 변모와 1862년 농민항쟁의 조직기반." 『진단학보』 67. 1989.

_____. "조선후기 향촌사회변동에 관한 연구." 서울대학교 대학원 국사학과 박사학위논문. 1990.

김인순. "조선에 있어서 1984년 내정개혁연구: 유길준의 개화사상을 중심으로." 청아편집부 편. 『갑신갑오기의 근대변혁과 민족운동』. 청아, 1983.

김재형. "노일전쟁직후 일제의 화폐금융정책과 조선상인층의 대응." 『한국사연구』 69. 1990.

김종원. "조중상민수륙무역장정에 대하여." 『역사학보』 32. 1966.

김종준. 「대한제국말기(1904년~1910년) 一進會 연구」. 서울대학교 대학원 국사학과 박사학위논문. 2008.

김준보. "한말의 화폐정리와 농업공황기구." 『한국사연구』 13. 1976.

김태영. "조선후기 지배체제의 이익집단화 경향." 『경희사학』 2. 1970.

_____. "과전법체제하의 토지생산력과 양전." 『한국사연구』 35. 1981.

김태웅. "1894~1910년 지방세제의 시행과 일제의 조세수취." 『한국사론』 26. 1991.

김필동. "갑오경장이전 조선의 근대적 관제 개혁의 추이와 새로운 관료기구의 성격. 『한국의 사회제도와 농촌사회의 변동』. 문학과 지성사, 1992.

김학준. 『한말의 서양정치학수용연구: 유길준, 안국선, 이승만을 중심으로』. 서울대 출판부, 2000.

김현영. "조선후기 남원의 사회구조: 사족지배구조의 변화와 그 성격." 『역사와 현실』 2. 1989.

김홍식. 『대한 제국기의 토지제도』. 민음사, 1991.

김홍식 외. 『조선토지조사사업의 연구』. 민음사, 1997.

김홍우. "독립신문과 사회계약." 『독립신문 다시 읽다』. 서울대 정치학과 독립신문강독회. 푸른역사, 2004.

김효전. 『근대한국의 국가사상』. 철학과 현실사, 2000.

나애자. "이용익의 화폐개혁론과 일본제일은행권." 『한국사연구』 45. 1984.

_____. "개항기 청일의 해운업 침투와 조선의 대응." 『이화사학연구』 17/18 합본. 1988.

_____. "개항기 유통구조연구의 현황." 『역사와 현실』 3. 1990.

나진·김상연 역술. 『국가학』. 1906.

남원우. "15세기 유통경제와 농민." 『역사와 현실』 5. 1991.

노영택. 『한말 국민국가건설운동과 민족교육』. 신서원, 2000.

노인화. "대한제국시기의 한성전기회사에 관한 연구." 『이대사원』 17. 1980.

노태구 편. 『동학혁명의 연구』. 백산서당, 1982.

도면회. "갑오개혁 이후 화폐제도의 문란과 그 영향." 『한국사론』 21. 1989.

_____. "광무 연간 금융과 금융정책." 『한국역사연구회회보』 14. 1992.

_____. "화폐유통구조의 변화와 일본 금융기관의 침투." 『1894년 농민전쟁연구』. 역사비평, 1992.

_____. "근대 자본주의 사회 기점으로서의 갑오개혁." 『역사와 현실』. 역사비평사, 1993.

_____. "정치사적 측면에서 본 대한제국의 역사적 성격." 『역사와 현실』 제19호. 1996.

도진순. "19세기 궁장토에서의 중답주와 항조." 『한국사론』 13. 1985.

동덕모. 『조선조의 국제관계』. 박영사, 1990.

려증동. "부왜역적 기관지 〈독립신문〉 주변연구." 배달말학회. 『배달말』. 1989.

류영렬. "독립협회의 성격." 『한국사연구』 73집. 1991.

마르크스, 칼. "루이 보나빠르트의 브뤼메르 18일." 『프랑스 혁명사 3부작』. 소나무, 1987.

망원한국사연구실 19세기 농민항쟁분과. 『1862년 농민항쟁: 중세말기 전국농민들의 반봉건 투쟁』. 동녘, 1988.

모리스 돕. "자본주의 개념." 『자본주의 이행논쟁』. 광민사, 1981.

무어, 배링턴, 진덕규 역. 『독재와 민주주의의 사회적 기원』. 까치, 1977.

_____. 『독재와 민주주의의 사회적 기원』. 까치글방, 1990.

미야지마 히로시. "이조말기(개항후) 면업의 유통 및 생산구조: 상품생산의
자생적 전개와 그 변용." 사계절편집부 편. 『한국근대경제사 연구』.
사계절, 1988.

_____. "민족주의와 문명주의: 3·1 운동에 대한 새로운 이해를 위하여."『3·
1 운동 기념 국제학술대회 발표문』. 성균관대학교 동아시아학술원.
2009.2월.

梶村秀樹, 김선경 역. 『한국근대사개설』. 한울, 1986.

민두기. "19세기 전반 조선왕조의 대외 위기 의식: 제1차, 제2차, 중영전쟁과
이양선출물에의 대응."『동방학지』 52. 1986.

민준기 외. 『한국의 학파와 학풍』. 우석, 1982.

박 섭. "식민지 조선에 있어서 1930년대의 농업 정책에 관한 연구."『한국근
대농촌사회와 농민운동』. 열음사, 1988.

박경식. 『일본제국주의의 조선지배』. 청아, 1986.

朴萬圭. "開港以後의 金礦業實態와 日帝侵略."『韓國史論』 10. 1984.

박명규. "식민지 지주제의 형성 배경."『한국 근대 농촌 사회와 제국주의』.
韓國社會史硏究會. 서울: 文學과 知性社, 1986.

_____. "근대 한국의 타자 인식의 변화와 민족 정체성."『사회사 연구의 이론
과 실제』. 한국정신문화연구원, 1998.

_____. "한말 '사회' 개념의 수용과 그 의미 체계."『사회와 역사』 59집.
한국사회사학회, 2001.

박상섭. 『국가·주권』. 소화, 2008.

박상태. "조선후기의 인구-토지 압박에 대하여."『한국 사회학』 21. 1987.

박석두. "농지개혁과 식민지 지주제의 해체: 경주 이씨가의 토지 경영사례를
중심으로."『경제사학』 11. 1987.

박수경. "개항후 인천항객주에 관한 연구."『대한제국연구 V』. 1982.

박순동. 『암태도 소작쟁의』. 청년사, 1986.

박영효 외, 신복룡 편역. 2006. 『갑신정변 회고록』. 건국대출판부.

박원선. "한국의 장시."『동방학지』 45. 1984.

박종근. "조선에 있어서 근대적 개혁의 추이: 1884년과 1894년의 개혁을 중심
으로." 청아편집부 편. 『갑신갑오기의 근대변혁과 민족운동』. 청아,
1983.

박준성. "17~18세기 궁방전의 확대와 소유형태의 변화." 『한국사론』 11. 1984.

박찬승. "한말 역토 둔토에서의 지주경영의 강화와 항조." 『한국사론』 9. 1983.

_____. "활빈당의 활동과 그 성격." 『한국학보』. 1984.

_____. "동학농민전쟁의 사회경제적 지향." 박현채·정창렬 편. 『한국민족주의론 3』. 창작과 비평사, 1985.

_____. "한말 자강운동론의 각 계열과 그 성격." 『한국사연구』 68. 1990.

_____. "20세기 한국 국가주의의 기원." 한국사연구회. 『한국사연구』. 2002.

박천우. "한말 일제하의 지주제 연구: 암태 문씨가의 지주로의 성장과 그 변동." 연대 석사학위논문. 1983.

반병률. "해외에서의 대동단 조직과 활동." 『한국근현대사연구』 28집. 2004.

방기중. "17, 8세기 전반 금납조세의 정립과 전개." 『동방학지』 45. 1984.

배영순. "한말 역둔토 조사에 있어서의 소유권 분쟁." 『한국사연구』 25. 1979.

_____. "한말 사궁장토에 있어서의 도장의 존재형태." 『한국사연구』 30. 1980.

_____. "한말 일제 초 일본인대지주의 농장경영: 수전농장을 중심으로." 『인문연구』 3. 1983.

_____. "한말 일제 초기의 토지조사와 지세개정에 관한 연구." 서울대 박사학위논문. 1988.

배항섭. "전봉준과 대원군의 '밀약설' 고찰." 『역사비평』 겨울. 역사비평사, 1997.

_____. "개항기(1876~1894) 민중들의 일본에 대한 인식과 대응." 『역사비평』 계간 27호. 1994.

브로델, 페르낭, 주경철 역. 『물질문명과 자본주의』. 까치, 1995.

비숍, 이사벨라, 신복룡 역. 『조선과 그 이웃 나라들』. 집문당, 2000.

빨레, 제임스 B., 이훈상 역. 『전통한국의 정치와 정책』. 신원, 1993.

샤프, A. 저, 김택현 역. 『歷史와 眞實』. 청사, 1982.

서길수. 『개항 후 이자부자본에 관한 사적고찰』. 단국대 박사학위논문. 1978.

서석홍. "구한말 지방아전의 경제활동에 관한 연구." 서울대 석사학위논문. 1983.

서영희. "1894~1904년의 정치체제변동과 궁내부." 『한국사론』 23. 1990.

_____. "개항기 봉건적 국가재정의 위기와 민중수탈의 강화." 한국역사연구회. 『1984년 농민전쟁연구 1: 농민전쟁의 사회경제적 배경』. 역사비평사, 1991.

_____. "광무정권의 형성과 개혁정책 추진."『역사와 현실』제26호. 1997.

_____. 『대한제국 정치사 연구』. 서울대학교 출판부. 2005.

서중석. 『한국 근현대의 민족문제연구』. 지식산업사, 1989.

서진교. "1899년 대한국 국제반포와 전제 황제권의 추구."『한국근현대사연구』제5집. 1996.

서희경. "대한민국 건국헌법의 역사적 기원(1898~1919): 만민공동회, 3.1운동, 대한민국임시정부헌법의 '민주공화' 정체 인식을 중심으로."『한국정치학회보』, Vol.40, No.5. 2006.

성경륭. "무어의 독재와 민주주의 비교연구."『비교 사회학: 방법과 실제』. 열음사, 1992,

성대경. "대원군 정권 성격연구." 성균관대학교 박사학위논문. 1984.

소불, 알베르. "아나똘리 아도의 논문에 대하여."『역사비평』여름호. 1992.

손정목. "일본인의 내지침투 내지 행상과 불법정착의 과정."『한국학보』21. 1980.

_____. "회사령연구."『한국사연구』45. 1984.

손태현. "구한말의 관영기선해운에 관한 연구." 동아대학교.『동아논총』7. 1971.

송 복. "양반체제의 지배 지속성: 중인계급의 구성과 기능을 중심으로" 서울대 사회학연구회 편.『사회계층: 이론과 실제』. 다산, 1991.

송병기. "광무개혁연구."『사학지』10. 1976.

_____. "광무년간의 개혁."『한국사』19. 1978.

송찬섭. "19세기 환곡제 개혁의 추이." 서울대 박사학위논문. 1991.

스카치폴, T.『국가와 사회혁명』. 까치, 1982.

스카치폴, 테다, 한창수 외 역.『국가와 사회혁명』. 까치, 1982.

신기욱. "1930년대 농촌사회 변화와 갈등: 그 기원과 유산."『동방학지』82. 1993.

신영우. "1894년 영남 서북부지방 농민군 지도자의 사회신분." 연세대학교 사학연구회.『학림』제10집. 1988.

신용하. 『獨立協會研究, 獨立新聞, 獨立協會, 萬民共同會의 思想과 運動』. 일
　　　조각, 1976.

＿＿＿. 『독립협회연구』. 일조각, 1976.

＿＿＿. "서평 『한국근대농업사연구』." 『한국사연구』 13. 1976.

＿＿＿. "광무개혁론의 문제점." 『창작과 비평』 가을호. 1978.

＿＿＿. 『조선토지조사사업연구』. 일조각, 1979.

＿＿＿. "갑오농민전쟁 시기의 농민집강소의 설치.2" 『한국학보』 41. 1985.

＿＿＿. "갑오농민전쟁과 두레와 집강소의 폐정개혁." 한국사회사연구회. 『한
　　　국사회의 신분계급과 사회변동』. 문학과 지성사, 1987.

＿＿＿. 『한국근대사회사연구』. 일지사, 1987.

＿＿＿. "1894년의 사회신분제의 폐지." 『한국근대사회사연구』. 일지사, 1987.

＿＿＿. "19세기 한국의 근대국가형성문제와 입헌공화국 수립운동." 한국사연
　　　구회. 『한국의 근대국가형성과 민족문제』. 문학과 지성사, 1988.

＿＿＿. 『한국근대사회의 구조와 변동』. 서울: 일지사, 1994.

＿＿＿. 『甲午改革과 獨立協會運動의 社會史』. 서울대학교출판부, 2001.

＿＿＿. 『韓國民族의 形成과 民族社會學』. 지식산업사, 2001.

＿＿＿. 『3.1운동과 독립운동의 사회사』. 서울대학교출판부, 2001.

＿＿＿. 『한국 항일독립운동사 연구』. 경인문화사, 2006.

신우철. "헌정사와 비교헌법(1): 중국의 제헌운동이 상해 임시정부 헌법제정에
　　　미친 영향: 임시헌장(1919.4.11)과 임시헌법(1919.9.11)을 중심으
　　　로." 한국법사학회 편. 『법사학연구』, Vol.29. 2004.

신욱희. "근대한국의 주권 개념." 하영선 외 지음. 『근대한국의 사회과학 개념
　　　형성사』. 창비, 2009.

신해영. 『倫理學敎科書 卷四』. 아세아문화사 편. 1908.

신희준. "일제하 농업금융의 전개." 서울대 농업경제학과 석사학위논문. 1984.

아렌트 레이파트, 박홍규 역. "비교정치연구와 비교분석방법." 김웅진 외 편역.
　　　『비교정치론 강의 1』. 한울, 1992.

안병욱. "조선후기 자치와 저항조직으로서의 향회." 『성심여자대학교 논문집』
　　　18. 1986.

＿＿＿. "19세기 민중의식의 성장과 민중운동: '향회'와 '민란'을 중심으로."
　　　역사문제연구소. 『역사비평』 1집. 1987.

_____. "19세기 부세의 도결화와 봉건적 수취체제의 해체." 『국사관논총』 7. 1989.

안병직. "일본제국주의의 식민지지배와 조선식민경제구조(1976~1945)." 『26 회 전국역사학대회 발표요지』. 1983.

안병직·김낙연. "한국경제성장의 장기 추세(1910~현재)." 『광복 50주년 기념 논문집 경제편』. 1995.

안병직·중촌철 편. 『근대조선공업화 연구』. 일조각, 1997.

안외순. "조선에서의 민주주의 수용론의 추이: 최한기에서 독립협회까지." 『사 회과학연구』 제9집. 2000.

앤더슨, 베네딕트. "오래된 국가, 새로운 사회." 신윤환 역. 『동남아 정치와 사회』. 동남아정치연구회 편역. 한울, 1992.

앤더슨, 베네딕트, 윤형숙 역. 『민족주의의 기원과 전파』. 나남, 2002.

앤드루 헤이우드 저, 이종은·조현수 옮김. 『현대정치이론』. 까치, 2007.

야노스, 장달중 역. 『비교 정치와 사회이론의 분석』. 서강대출판부, 1987.

야마베 겐타로, 안병무 역. 『한일합병사』. 범우사, 1991.

梁啓超, "政治學大家伯倫知理之學說," 『飮氷室文集之十三』. 1903.

양상현. "대한제국기 내장원재정관리 연구." 서울대 국사학과 박사논문. 1997.

엔더슨, 페리. "근대성과 혁명." 『창작과 비평』 80호 여름. 1993.

엔더슨, 페리, 함택영 외 공역. 『절대주의 국가의 계보』. 극동문제연구소, 1990.

연갑수. "대원군 집정의 성격과 권력구조의 변화." 서울대학교 국사학과. 『한 국사론』 27. 1992.

_____. "개항기 권력집단의 정세인식과 정책." 『1894년 농민전쟁연구』 3. 역사비평사, 1993.

鈴木敬夫. "法을 통한 朝鮮植民地 支配에 관한 研究." 고대민족문화연구소, 1989.

오두환. "갑오개혁기의 부세 「금납화」에 관한 연구." 『경제사학』 7. 1984.

_____. "개항기의 상품생산과 경제구조의 변모." 『경제사학』. 1985.

오세창. "활빈당고." 『사학연구』 21. 1969.

오연숙. "대한제국기 의정부의 운영과 위상." 『역사와 현실』 19. 1996.

오영섭. "갑오개혁 및 개혁주체세력에 대한 보수파 인사들의 비판적 반응."

『국사관논총』 36. 1992.

오지영. 『동학사』. 이장희 교주. 박영사, 1974.

왕현종. "근대 부르주아적 개혁운동." 『민족해방운동사: 쟁점과 과제』. 역사비
    평사, 1990.

_____. "광무양전사업의 다양한 성격과 좁은 시각." 『역사와 현실』 5. 1991.

_____. "갑오개혁기 권력구조 개편과 군주권의 위상." 『동방학지』 114. 2001.

_____. 『한국근대국가의 형성과 갑오개혁』. 역사비평사, 2003.

우 윤. "19세기 민중운동과 민중사상." 『역사비평』 봄. 1988.

우남숙. "한국 근대사에서의 국가유기체설 수용에 관한 연구." 연례학술회의:
    21세기 한국정치학의 도전과 선택. 한국정치학회. 『1999년도 한국정
    치학회 연례학술회의 발표문』. 1999.

우남이승만문서편찬위원회 편. 1998.

우명동. "일제하 조선재정의 구조와 성격." 고대 경제학과 박사논문. 1987.

울프, 에릭 R. 『農民』. 청년사, 1978.

원유한. "이조후기 청전의 수입유통에 대하여." 『사학연구』 21. 1969.

월러스틴, 이매뉴얼. 『사회과학으로부터의 탈피』. 창작과 비평, 1994.

유길준. 「개화의 등급」. 『서유견문』. 1895. 유길준 전서 I. 유길준 전서편찬
    위원회. 일조각, 1996.

유길준 저, 한석태 역주. 『政治學』. 경남대학교출판부, 1998.

유대현. 『한국근대정치사』. 정음문화사, 1984.

유봉학. "18, 9세기 경향학계의 분기와 경화사족." 『국사관논총』 제22집. 국사
    편찬위원회, 1991.

유석춘·국민호. "노만 제이콥스의 동양사회론과 한국사회." 한국사회사연구
    회. 『사회사연구의 이론과 방법』. 문학과 지성사, 1988.

유성준. 『법학통론』. 국민교육회. 1907. 아세아문화사. 1981.

유승우. "조선후기 금은동광업의 물주제 연구." 『한국사연구』 36. 1982.

유영렬. 『개화기의 윤치호 연구』. 한길사, 1985.

_____. 『대한제국기의 민족운동』. 일조각, 1997.

유영익. "갑오개화파 관료의 집권경위, 배경 및 개혁구상." 『갑오경장연구』.
    일조각, 1990.

_____. 『갑오경장연구』. 일조각, 1990.

_____. "갑오 을미년간 박영효의 개혁활동." 『국사관논총』 36. 1992.

유원동. 『한국근대경제사』. 일지사, 1977.

유정현. "1894~1904년 지방재정제도의 개혁과 이서층 동향." 『진단학보』 73. 1992.

유치형. 『헌법』. 1908.

윤수종. "토지조사사업 연구와 '신판근대화론'." 『역사비평』 15. 1991.

윤정애. "한말 지방제도 개혁의 연구." 『역사학보』 105. 1985.

윤진헌 편저. 『한국독립운동사』 상, 하. 한국학술정보, 2008.

윤천근. 『유학의 철학적 문제들』. 법인문화사, 1966.

이경식. "16세기 시장의 성립과 그 기반." 『한국사연구』 57. 1987.

이광린. "서재필의 「독립신문」 간행에 대하여." 진단학회. 『진단학보』. 1975.

_____. "한국에 있어서의 『만국의 공법』의 수용과 그 영향." 『동아연구』 제1집. 1982.

_____. 『개화당연구』. 일조각, 1985.

_____. 『韓國開化史의 諸問題』. 일조각, 1986.

이광린·유재천·김학동 저. 『대한매일신보연구』. 서강대학교 인문과학연구소, 1986.

이기동. 『비극의 군인들』. 일조각, 1982.

이나미. "독립신문의 자유주의 사상연구." 고려대학교 박사학위논문. 2000.

이남희. "조선중기 역관에 관한 연구." 한국정신문화연구원 부속 대학원 석사학위논문. 1987.

이배용. 『한국근대광업침탈사 연구』. 일조각, 1989.

이병천. "개항기 외국상인의 내지상권침입: 청상 일상을 중심으로." 『경제사학』 9. 1985.

이상윤. "일제에 의한 식민지 재정의 형성과정: 1884~1910년 세입구조와 징세기구를 중심으로." 『한국사론』 14. 1986.

이상조. 『한국미곡시장론』. 대성문화사, 1975.

이세영. "대한제국기 농촌사회의 계급구조." 『한국역사연구회회보』 2. 1989.

_____. "대한제국기의 호구변동과 계급구조." 『역사와 현실』 7. 1992.

이영학. "개항기 제염업에 관한 연구." 『한국문화』 12. 1991.

_____. "광무양전사업 연구의 동향과 과제."『역사와 현실』6. 1991.

_____. "대한제국의 경제정책."『역사와 현실』제26호. 1997.

이영호. "대한제국시기 내장원의 외획운영과 상업활동."『역사와 현실』제15
호. 1995.

이영훈. "한국사에 있어서 근대로의 이행과 특질."『경제사학』21집. 1996.

이영훈 외.『대한제국기의 토지제도』. 민음사, 1990.

이윤갑. "1894~1910년의 상업적 농업의 변동과 지주제."『한국사론』25.
1991.

이윤상. "일제에 의한 식민지 재정의 형성과정."『한국사론』14. 1986.

_____. "광무개혁연구의 현황과 과제."『역사와 현실』제8호. 1992.

_____. "대한제국기 황제주도의 정책운영."『역사와 현실』제26호. 1997.

이이화. "19세기 전기의 민란연구."『한국학보』35. 1984.

_____. "조선조 당론의 전개과정과 그 계보."『한국사학』8. 1986.

_____.『한국근대인물의 해명』. 학민사, 1988.

_____. "전봉준과 동학농민전쟁 2: 반봉건 변혁운동과 집강소."『역사비평』
봄. 1990.

이정은.『3·1독립운동의 지방시위에 관한 연구』. 국학자료원, 2009.

이종범. "1908~09년 일제의 과세지 조사에 관한 실증적 검토: 전남 구례군
토지면 오미동 사례."『역사와 현실』5. 1991.

李鍾日. "18·19世紀의 庶孼疏通運動에 대하여."『韓國史研究』58. 1987.

이준구. "조선후기 양반신분이동에 관한 연구: 上."『역사학보』제96집. 1982.

이준식.『농촌사회변동과 농민운동』. 민영사, 1993.

이진영. "갑오농민전쟁기 유생의 농민군 참여양상과 그 성격." 전북대학교 석
사학위논문. 1991.

이태진. "조선시대의 정치적 갈등과 그 해결: 사화와 당쟁을 중심으로." 이태진
편.『조선시대 정치사의 재조명』. 범조각, 1985.

_____.『조선시대 정치사의 재조명』. 범조사, 1985.

_____.『고종 시대의 재조명』. 서울: 태학사, 2000.

이헌창. "우리나라 근대 경제사에서의 시장문제."『태동고전연구』2. 1986.

이현옥. "일제하 1930년대 농촌진흥운동에 관한 연구." 서울대학교 석사학위

논문. 1985.

李鉉淙. "高宗때 減省廳設置에 대하여." 『金載元博士 回甲紀念論集』. 1969.

이현주. "1910년대 국제정세와 정부 수립운동." 한국근현대사학회 편. 『대한 민국임시정부수립 80주년 기념논문집(상)』. 국가보훈처, 1999.

_____. "3.1운동 직후 국내 임시정부 수립운동의 두 유형. '공화주의' 및 '복벽주의' 운동에 대한 일고찰." 『인하사학』 8집. 2000.

이현희. 『대한민국임시정부사』. 한국학술정보, 2003.

이형진. "일제하 투기와 수탈의 현장: 미두 증권시장." 『역사비평』 가을 18호. 1992.

이호철. "일제침략하의 농업경제를 형성한 역사적 배경에 관한 연구: 농민의 사회적 존재형태를 중심으로(상/하)." 『역사학연구』 20, 21, 22. 1978.

이호철·이영구. "17, 8세기 인구 증가율의 추계." 경제사학회 월례발표회 요지 문. 1988.

이화여대 한국문화연구원. 『근대계몽기 지식 개념의 수용과 그 변용』. 소명출 판, 2004.

_____. 『근대계몽기 지식의 발견과 사유 지평의 확대』. 소명출판, 2006.

_____. 『근대계몽기 지식의 굴절과 현실적 심화』. 소명출판, 2007.

이훈상. 『조선후기의 향리』. 대왕사, 1990.

임대식. "이완용의 변신과정과 재산축적." 『역사비평』 22호. 1993.

임재찬. "구한말 육군무관학교에 대하여." 『경북사학』 4. 1982.

임종국. 『일제침략과 친일파』. 청사, 1982.

임지현·이성시 엮음. 『국사의 신화를 넘어서』. 휴머니스트, 2004.

임현진. "사회과학에서의 근대성 논의." 『한국의 '근대'와 '근대성' 비판』. 역사 비평사, 1996.

장시원. "일제하 경영형 지주범위의 설정을 위한 문제제기." 『한국 방송통신대 학 논문집 1』. 1983.

장시원 외. 『한국근대 농촌사회와 농민운동』. 열음사, 1988.

張學根. 『朝鮮時代海洋防衛史』. 創美社, 1988.

장호익. "사회경쟁적." 『대조선유학생친목회회보』 6. 1897.

전강수. "농업공황기의 미곡 미가 정책에 관한 연구." 『경제사학』 13. 1989.

田美蘭. "統理交涉通商事務衙門에 關한 研究." 『梨大史苑』 24/25합집. 1989.

전복희. 『사회진화론과 국가사상: 구한말을 중심으로』. 한울, 1996.

전용우. "19세기 말~20세기 초 한인 회사 연구." 서울대 국사학과 박사학위논문. 1997.

정교 저, 조광 편. 『대한계년사(大韓季年史)』. 소명출판, 2012.

정석종. "조선후기 사회세력의 동향과 정변." 『한국 사학』 5. 1983.

_____. 『조선후기 사회변동연구』. 일조각, 1983.

정연태. "1930년대 조선 농지령과 일제의 농촌통제." 『역사와 현실』 4호. 역사비평사, 1990.

정옥자. "紳士遊覽團考." 『歷史學報』 27. 1965.

_____. "開化派와 甲申政變." 『國史館論叢』 14. 1990.

_____. 『조선후기 문화운동사』. 일조각, 1988.

정용화. "서구 인권 사상의 수용과 전개: 『독립신문』을 중심으로." 한국정치학회. 『한국정치학회보』. 2003.

_____. 『문명의 정치사상: 유길준과 근대』. 문학과지성사, 2004.

정재정. "한말 일제 초기(1905~1916) 철도운송의 식민지적 성격: 경인·경의 철도를 중심으로(상/하). 『한국학보』 28, 29. 1982.

정종섭. 『韓國憲法史文類』. 박영사, 2002.

정진상. "농민집강소를 통해서 본 갑오농민전쟁의 사회적 지향." 한국사회사연구회. 『한국의 전통사회와 신분구조』. 문학과 지성사, 1991.

정진석. 『한국언론사』. 나남, 1990.

정진영. "19세기 향촌사회의 지배구조와 대립관계." 한국역사연구회 편. 『1894년 농민전쟁연구 1: 농민전쟁의 사회경제적 배경』. 역사비평사, 1991.

정창렬. "한말 변혁운동의 정치 경제적 성격." 『한국민족주의론』. 창작과 비평, 1982.

_____. "갑오농민전쟁과 갑오개혁." 『한국사연구입문』 제2판. 지식산업사, 1992.

정태헌. "농민적 노선과 지주적 노선 대립구도 설정에 대한 검토." 『역사와 현실』 제8호. 1992.

정하명. "한말원수부소고." 육군사관학교 논문집. 13. 1975.

조기준. 『한국자본주의 성립사론』. 대왕사, 1973.

조동걸. 『일제하 한국농민운동사』. 한길사, 1979.

_____. "지계사업에 대한 정산의 농민抗擾." 『사학연구』 33. 1981.

_____. "임시정부 수립을 위한 1917년의 대동단결선언." 『한국학논총』 9. 1987.

_____. "임시정부의 헌법과 이념." 한국근현대사학회 편. 『대한민국임시정부 수립 80주년 기념 논문집(상)』. 국가보훈처, 1999.

조석곤. "조선토지조사사업에 있어서 소유권조사과정에 관한 한 연구." 『경제사학』 10. 1986.

조성윤. "조선후기 서울지역 중인세력의 성장과 한계." 『역사비평』 여름. 21. 1993.

조재곤. "한말 근대화과정에서의 보부상의 조직과 활동." 연세대 사학과 석사학위논문. 1990.

_____. "대한제국기 군사정책과 군사기구의 운영." 『역사와 현실』 19. 1996.

조항래 편저. 『1900년대의 애국계몽운동 연구』. 아세아문화사, 1993.

좌 담. "고종과 대한제국을 둘러싼 최근 논쟁: 보수 회귀인가 역사적 전진인가." 『역사비평』 여름. 역사비평사, 1997.

주봉규. "일제하 농촌진흥운동에 관한 연구." 『경제사학』 18-4. 1979.

주정균. 『법학통론』. 광학서포, 1908.

주진오. "독립협회의 경제체제개혁구상과 그 성격." 『한국민족주의론』. 창작과 비평사, 1985.

_____. "독립협회의 대외 인식의 구조와 전개." 『학림』 8. 1986.

_____. "한국근대집권관료세력의 민족문제인식과 대응." 한국역사연구회. 『역사와 현실』 창간호. 1989.

_____. "한국근대 부르주아지의 형성과정과 위로부터의 개혁." 『한국자본주의론: 주종환박사화갑기념논총』. 한울, 1990.

_____. "개화파의 성립과정과 정치사상적 동향." 『1894년 농민전쟁연구 3』. 역사비평사, 1993.

_____. "독립협회의 주도세력과 참가계층: 독립문 건립 추진위원회 시기를 중심으로." 연세대학교 국학연구원. 『동방학지』 77/78/79합집. 1993.

_____. "갑오개혁의 새로운 이해." 『역사비평』 가을 계간 26호. 1994.

_____. "해산 전후 독립협회 활동에 대한 각 계층의 반응: 황실과 언론을 중심으로." 무악실학회. 『실학사상연구』. 1997.

주한일본공사관기록(7). 기밀 제57호. 조선내각의 파열 별지 병호. 30-32.

中村哲. 『世界資本主義와 移行의 論理』. 비봉출판사, 1991.

지수걸. 『일제하 농민조합운동연구: 1930년대 혁명적 농민조합운동』. 역사비평사, 1993.

진덕규. "대한제국의 권력 구조에 관한 정치사적 인식 I." 『대한제국연구』 I. 梨花女子大學校 韓國文化硏究院, 1983.

_____. "대한제국의 권력 구조에 관한 정치사적 인식 II." 『대한제국연구』 II. 梨花女子大學校 韓國文化硏究院, 1984.

차남희. "후기 조선사회에 있어서의 자본주의 농촌침투와 농민운동." 『한국정치학회보』 25집 1호. 1991.

차문섭. "구한말 군사제도의 변천." 『군사』 5. 1982.

차선혜. "대한제국기 경찰제도의 변화와 성격." 『역사와 현실』 16. 1996.

채 백. "≪독립신문≫의 성격에 관한 일 연구: 한국 최초의 민간지라는 평가에 대한 재검토를 중심으로." 『한국사회와 언론』. 한국언론정보학회, 1992.

최기영. "한말 계몽기 '국민'과 '민족'에 대한 인식." 『나라사랑 독립정신 학술논문집 I』. 국가보훈처 편. 국가보훈처, 2005.

최덕수. "독립협회의 정체론 및 외교론 연구." 『민족문화연구』 13. 1989.

_____. "청일전쟁과 동아시아의 세력변동." 『역사비평』 가을 계간 26호. 1994.

최문형. "러시아의 태평양진출기도와 영국의 대응." 『역사학보』 90. 1981.

_____. "열강의 대한정책에 대한 일연구." 『역사학보』 92. 1981.

최병옥. "개화기의 군사정책연구." 홍익대 박사학위논문. 1987.

_____. "敎鍊兵隊(속칭: 倭別技)硏究." 『軍史』 18. 1989.

_____. "壬午軍亂後 親軍制의 成立과 그 矛盾." 『軍史』 26. 1993.

최부순. "의암 유인석의 독립운동에 관한 연구: 만주, 노령지역 활동을 중심으로." 『율곡사상연구』 2집. 1995.

최승희. "조선시대 양반의 대가제." 『진단학보』. 1985.

최영호. "한말 관인의 경력일반." 『사학연구』 21. 1969.

최완기. "조선중기의 곡물거래와 그 유형: 매출활동을 중심으로." 『한국사연구』 76. 1992.

최원규. "한말 일제하의 농업경영에 관한 연구: 해남 윤씨가의 사례." 『한국사연구』 50/51합집. 1985.

최종고. 『한국법학사』. 박영사, 1990.

최진식. "한국근대의 온건개화파연구." 영남대 박사학위논문. 1990.

최현숙. "開港期 統理機務衙門의 設置와 運營." 고려대 역사교육과 석사학위논문. 1993.

최형익. "한국에서 근대 민주주의 기원: 구한말 "독립신문", '독립협회', '만민공동회' 활동." 『정신문화연구』 제27권 제3호(통권 96호). 2004.

충남향토연구회. "분재기로 통해본 조선조 여권실태." 『향토연구』 16집. 1995.

커밍스, 브루스. 『한국전쟁의 기원』 1. 청사, 1986.

팔레, 이훈상 역. 『전통한국의 정치와 정책』. 신원, 1993.

폴라니, 칼, 박현수 역. 『인간의 경제』. 풀빛, 1983.

_____. 『거대한 변환』. 민음사, 1991.

폿지, 잔프랑코, 박상섭 역. 『근대국가의 발전』. 민음사, 1995.

피어슨, 크리스토퍼, 박형신 역. 『근대국가의 이해』. 일신사, 1998.

하영선. "유길준의 문명개화론: 전통과 근대의 복합화." 한국정치학회 9월 발표논문. 1997.

하영선 외. 『근대 한국의 사회 과학 개념 형성사』. 창비, 2009.

하원호. "개항후 방곡령 실시의 원인에 관한 연구." 상, 하. 『한국사연구』 49/50/51합집. 1985.

한국근현대사연구회. 『한국독립운동사강의』(개정판). 한울아카데미, 2007.

한국근현대사연구회 1930년대 연구반. 『일제말 조선사회와 민족해방운동』. 일송정, 1991.

한국언론사연구회 엮음. 『대한매일신보연구』. 커뮤니케이션북스, 2004.

한국역사연구회. 『3·1민족해방운동연구』. 창조사, 1989.

_____. 『1984년 농민전쟁연구 1: 농민전쟁의 사회경제적 배경』. 역사비평사, 1991.

_____. 『1984년 농민전쟁연구 2: 18, 19세기의 농민항쟁』. 역사비평사, 1992.

한국역사연구회 19세기 정치사연구반. 『조선정치사 1800~1863』 상, 하. 청년사, 1990.

한국역사연구회근대사분과 토지대장연구반. "내재적 발전론을 가장한 또 하나의 식민주의 역사인식." 『역사와 현실』 7. 1992.

한국정치사상학회 편. 『정치사상연구』 2호. 2000.

한상권. "16세기 대중국사무역의 전개." 『김철준화갑기념논총』. 1983.

한영우. "조선후기 중인에 대하여: 철종기 중인 통청운동 자료를 중심으로." 『한국학보』 제45집. 일지사, 1986.

_____. 『한국민족주의의 역사학』. 일조각, 1994

한우근. "동학군의 폐정개혁안 검토." 『역사학보』 23. 1964.

_____. "개항후 금의 해외유출에 대하여." 『역사학보』 제22집. 1969.

_____. 『한국개항기의 상업연구』. 일조각, 1970.

_____. 『동학란 기인에 관한연구』. 서울대학교 출판부, 1971.

한철호. "갑오경장 중 정동파의 개혁활동과 그 의의." 『국사관 논총』 36. 1992.

許東賢. "1881年 朝鮮 朝士 日本視察團에 관한 一研究." 『韓國史硏究』 52. 1986.

허재혜. "18세기 의관의 경제적 활동양상." 『한국사연구』 71. 한국사 연구회, 1990.

현 채. 『유년필독석의(幼年必讀釋義)』 4권 2책. 1909.

홉스봄, E. 『자본의 시대』. 한길사, 1997.

홉스봄, E., 강명세 옮김. 『1780년 이후의 민족과 민족주의』. 창작과비평사, 1994.

홉스봄, E., 김동택 역. 『제국의 시대』. 한길사, 1998.

홉스봄, E., 정도영 역. 『혁명의 시대』. 한길사, 1992.

홍성찬. "일제하 금융자본의 농기업 지배: 불이흥업(주)의 경영활동과 조선식산은행." 『동방학지』 65. 1990.

_____. 『한국근대농촌사회의 변동과 지주층』. 지식산업사, 1992.

홍순권. "'개항기'객주의 유통지배에 관한 연구." 『한국학보』 39. 1985.

홍원표. "독립협회의 국가건설사상: 서재필과 윤치호." 『국제정치논총』 제43집 4호. 2003.

丸山眞男·加藤周一, 임성모 옮김. 『번역과 일본의 근대』. 이산, 2000.

황하현. "일제의 대한식민지지배기구의 형성과정: 목가전개혁을 중심으로." 『동양학』 12. 1982.

Abrams, Philip. *Historical Sociology*. Ithaca, N.Y.: Cornell University Press, 1982.

Amsden, Alice. *Asia's Next Giant: South Korea and Late Industrialization*. Oxford and New York: Oxford University Press, 1989.

Anderson, Benedict. "Old state, New Society." *Journal of Asian Studies*, Vol.42, No.3. May 1983.

Anderson, Perry. *Lineages of the Absolutist State*. London: New Left Books, 1974.

Bendix, Reinhard. *Kings or People*. University of California Press, 1978.

Blackbourn, David, and Geoff Eley. *The Peculiarities of German History*. Oxford Univ. Press, 1984.

Block, Fred. "The Ruling Class does not Rule: Notes on the Marxist Theory of the State." *Socialist Revolution*. 7. 1977.

_____. "Beyond Relative Autonomy." *The Socialist Register*. 1980.

Boding, Jean. *On sovereignty: Four Chapters from the Six Books of the Commonwealth*. Julian H. Franklin, ed. and tr. Cambridge: Cambridge University Press, 1992.

Braudel, Fernand. *On History*. Chicago: University of Chicago Press, 1980.

_____. *Civilization and Capitalism 15th-18th Century*, Vol.II. Trans. by S. Reynolds. Harper & Row, 1982.

Brenner, Robert. "The Origins of Capitalist Development: A Critique of Neo-Smithian Marxism." *NLR*, Vol.104. 1977.

_____. "The Agrarian Roots of European Capitalism." *Past and Present*, No.97. 1982.

Chartres, J. A. "Introduction." Chapters from *The Agrarian History of England and Wales*. J. Thirsk, ed. Cambridge University Press, 1990.

De Vries, Jan. *The Economy of Europe in an Age of Crisis*. Cambridge University Press, 1976.

Eckert, Carter. *Off Springs of Empire: The Koch'ang Kims and the Colonial Origins of Korean Capitalism*. Seattle: University of Washington Press, 1991.

Eisenstadt, S. N. *The Political Systems of Empires*. New York: The Free Pess of Glencoe, 1963.

Eisenstadt, S. N., and Stein Rokkan. *Building States and Nations*. California: Sage Publications, 1973.

Genovise, Eugine. *The World the Slaveholders Made*. Wesleyan Univ. Press, 1988.

Gerschenkron, Alexander. *Economic Backwardness in Historical Perspective*. Cambridge: Cambridge University Press, 1962.

Gerth, H. H., and C. Wright Mills, eds. *From Max Weber: Essays in Sociology*. New York: Oxford University Press, 1958.

Gragert, Edwin. *Landownership Change in Korea Under Japanese Colonial Rule 1900~1935*. University of Hawaii Press, 1994.

Handerson, Gregory. *Korea — The Politics of the Vortex*. Harvard University Press, 1968.

Hinsley, Francis Hanry. *Sovereignty* 2nd ed. Cambridge: Cambridge University Press, 1986.

Hirschman, Albert. *The strategy of Economic Development*. New Heaven: Yale University Press, 1959.

Hobbes, Thomas. *Leviathan*. Clarendon Press, 2012.

Jones, E. L. *The European Miracle*. Cambridge University Press, 1981.

Levy, M. Jr. "Contrasting Factors in the Modernization of China and Japan." A. Etzioni and F. Dubow, eds. *Comparative Perspectives: Theories and Methods*. Boston: Little, Brown and Co., 1970.

Locke, John. *The Second Treatise of Government*. Basil Blackwell, 1976.

Macnamara, Dennis. *The Colonial Origins of Korean Enterprise, 1910~1945*. Cambridge: Cambridge University Press, 1990.

Macpherson, C. B. *The Political Theory of Possessive Individualism*. Oxford, 1975.

Mckenzie. F. A., 김복룡 옮김. 『대한제국의 비극』. 평민사, 1985.

Moore Jr, Barrington. *The Social Origins of Dictatorship and Democracy*. Boston: Beacon Press, 1966.

Moulder, Francis. *Japan China and the Modern World Economy: toward a Reinterpretation of East Asian Development ca. 1600 to ca. 1918*. Cambridge University Press, 1977.

Myers, Ramon, and M. Peattie, eds. *The Japanese Colonial Empires, 1895~1945*. Princeton: Princeton Univ. Press, 1984.

Paige, Jeffrey. *Agrarian Revolution*. N.Y.: Free Press, 1975.

Palais, James. B., 이훈상 역. 『전통한국의 정치와 정책』. 신원, 1993.

Pennington, Kenneth. *The Prince and the Law, 1200~1600: Sovereignty and the Rights in the Western Legal Tradition*. Berkeley: University of California Press, 1993.

Polanyi, Karl. *The Great Transformation*. Boston: Beacon Press, 1957.

Popkin, Samuel. *The Rational Peasants*. Berkely: University of California Press, 1979.

Scott, James. *The Moral Economy of Peasant*. New Heaven: Yale University Press, 1976.

_____. "Hegemony and the Peasantry." *Politics and Society*, Vol.7, No.3. 1977.

Skinner, G. W. *The City in Late Imperial China*. Stanford University Press, 1977.

Skocpol, Theda. "A Critical Review of Barrington Moore's Social Origin of Dictatorship and Democracy." *Politics and Society*. 1973.

_____. "Wallerstein's World Capitalist System: A Theoretical and Historical Critique." *American Journal of Sociology*, Vol.82, No.5. 1977.

_____. "What Makes Peasants Revolutionary?" *Comparative Politics*, Vol.14, No.3. 1982.

Somers, Margaret, and Goldfrank, Walter. "The Limits of Agnostic Determinism: A Critique of Paiges's Agrarian Revolution." *Comparative Studies in Society and History*, Vol.21, No.3. 1979.

Stinchicombe, Arthur. "Agricultural Enterprise and Rural Class Relations." *American Journal of Sociology* 67. 1961.

Tocqueville, Alexis. *The Old Regimes and the French Revolution*. Garden City: Double day Books, 1955.

Wallerstein, Immanuel. *The Modern World-System*. New York: Academic Press, 1974.

_____. *The Modern World-System II*. New York: Academic Press, 1980.

_____. *The Modern World-System III*. New York: Academic Press, 1989.

Walton, John. *Reluctant Rebels: Comparative Studies of Revolution and Underdevelopment*. N.Y.: Columbia University Press, 1984.

Weber, Max. *Economy and Society*, Vol.3. Guther Roth and Claus Wihich, eds. New York: Bedminster Press, 1968.

Wrigley, E. A. *People, Cities and Wealth*. Basil Blackwell, 1989.

색인

김동택

김동택은 1999년 서강대학교 정치외교학과에서 「대한제국 붕괴의 사회 정치적 기원」이라는 논문으로 박사학위를 받았다.

하버드대학교 옌칭연구소 객원연구원(1993~1994)과 성균관대학교 동아시아 학술원 연구전임교수(2000~2011)를 지냈으며, 지금은 서강대학교 국제한국학과 교수(2012~현재)로 있다.

지은 책으로는 『한국정치연구의 쟁점과 과제』(공저, 2001), 『세계사적 나침반은 어디에』(공저, 2001) 등이 있으며, 옮긴 책으로는 지그문트 바우만의 『지구화, 야누스의 두 얼굴』(2003), 에릭 홉스봄의 『저항과 반역 그리고 재즈』(공역, 2003), 피터 칼버트의 『혁명』(2002) 등이 있다.

한국 근대 정치와 개념사를 연구하면서 "대한매일신보(大韓每日申報)에 나타난 "민족(民族)" 개념(槪念)에 관한 연구(硏究)"(2008), "대한제국기 근대국가 형성의 세 가지 구상"(2010), "근대 한국 주권 개념 연구"(2017) 등의 글을 발표하였다.

또한 풀뿌리 경제에 대해서도 많은 관심을 갖고 있으며 최근 "풀뿌리 민주주의의 제도적 기반: 사회적 경제를 중심으로"(2017), "사회적 경제로서의 마을학교: 자급자족 원리의 제도화를 위하여"(2014) 등의 글을 발표하였다.